山西财经大学优势学科资助项目

B 表决权信托法律问题研究

BIAOJUEQUANXINTUO
FALÜWENTIYANJIU

李 辉 著

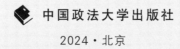
中国政法大学出版社

2024·北京

图书在版编目（CIP）数据

表决权信托法律问题研究 / 李辉著. —— 北京：中国政法大学出版社, 2024. 5.
ISBN 978-7-5764-1527-8

Ⅰ. D922.291.914

中国国家版本馆 CIP 数据核字第 2024M5G058 号

出 版 者　　中国政法大学出版社

地　　址　　北京市海淀区西土城路 25 号

邮寄地址　　北京 100088 信箱 8034 分箱　邮编 100088

网　　址　　http://www.cuplpress.com (网络实名：中国政法大学出版社)

电　　话　　010-58908586(编辑部) 58908334(邮购部)

编辑邮箱　　zhengfadch@126.com

承　　印　　北京鑫海金澳胶印有限公司

开　　本　　720mm×960mm　　1/16

印　　张　　13.25

字　　数　　230 千字

版　　次　　2024 年 5 月第 1 版

印　　次　　2024 年 5 月第 1 次印刷

定　　价　　56.00 元

　　公司法规则在公司与公司之间、国家与国家之间经年累月的长期演进过程中出现了某些共性模式，比如股东表决时"一股一票"以及股东行使权利时的"同股同权"。而现代公司发展对资本市场及其衍生工具的依赖，又不断强化着这种公司法规则的趋同性，此趋势在公众公司的立法规则中体现得尤为突出。然而自20世纪末随着计算机技术的发展与普及，人类跃入互联网时代、价值经济时代，诸多新兴行业不断涌起。他们在带来巨大经济价值的同时，亦迫使世界各国公司法开始逐步关注上述公司在公司规则上与传统公司的差异。近年来广受关注的"同股不同权"制度，又称双层股权架构，即为适应上述科技新兴行业的发展而产生的制度。

　　笔者理解并赞同公司法规则在趋向规范化的同时，还能够兼顾科技行业公司在规则订立上的差异性。但人们在积极接纳双层股权架构的同时，也应当注意到该制度的本质乃是：通过公司股权结构的固化，来完成公司创始人对公司控制权的锁定。该制度于众多非创始人股东而言，其风险不言而喻。其实，自19世纪以来，由大公司时代所造就的公司股权的分散以及股东所有权与控制权的分离，已经使得股东的表决权具备某种弹性，继而成为股东所有权、控制权、经营权三权之间的链接。而表决权信托制度正是这种弹性链接的最早演练者，相较于双层股权架构，表决权信托不仅能够实现公司股权结构的稳定，而且并不构成对传统股东权利的根本损害。因此，笔者认为在公司法渐呈多样性、差异性的今天，学界、实务界都有必要再次对表决权信托制度给予高度关注。

　　不过，必须承认即使在表决权信托的诞生地美国，该制度也已呈式微之势。然而，无论是《美国标准公司法》还是《特拉华州普通公司法》，至今仍可见其踪影。足见该制度尽管式微，但其所具备的功能与优势仍可构成我国公司法将之进行制度移植的技术基础。而且长期以来，推动我国公司法改革的主要动力乃是国家政策，而类似表决权信托这样遵循公司内在发展规律而逐步形成的重要制度并未引起足够重视。但只要我们承认公司有其自我发展所应当遵循的规律，承认我国公司的发展正日益呈现出多元化的样态，那么一旦存在与制度发展所能够匹配的条件，则表决权信托制度在我国就有再次发展甚至繁荣的可能。此外，由于大陆法系与英美法系之间在财产法原则、规则上的差异，因此多数大陆法系国家在引入表决权信托的过程中屡屡碰壁。因此，吸收他国的经验教训，破解制度融入的法理冲突，亦成为我国制度移植的研究重点。当然，在此之前，还必须认真回答的问题是，我国是否需要移植表决权信托以及我国是否具备实现移植的法律环境。正是以上述研究重点为起点，笔者通过以下六章围绕表决权信托在我国的实际构建进行了详细的论证：

第一章，表决权信托历史发展的总体解说。美国的表决权信托制度相对于其他国家而言，其发展历史最为悠久且发展过程最为完整，因此也最具借鉴意义。通过美国表决权信托的发展历史可以了解到，该制度的产生背景是大公司时代下的公司股权分散以及大型铁路公司所面临的大面积债券违约。正是在有效解决上述问题的过程中，表决权信托凭借其稳定公司股权结构、有效平衡公司内部利益以及受托人出色的专业能力，树立了自己在美国公司法上的重要地位。有鉴于对美国表决权信托制度优越性的了解，日本、韩国相继展开了制度引入工作。但上述国家却始终在何者为表决权信托客体以及股权与表决权能否分离等问题上无法达成共识，导致制度的移植工作或者难以展开，或者将制度适用限于狭窄领域。上述情态本质上体现出大陆法系诸国对表决权信托的矛盾态度，即一方面大陆法系诸国对表决权信托的制度功能普遍给予积极认可，但另一方面也对于引入信托所可能造成的与本国现行财产法体系的进一步冲突，在相当程度上抱有慎重态度。

第二章，表决权信托引入我国的法律价值解读。如果有必要对表决权信托制度进行移植，那么首先面临的质疑就是，缘何需要引入一个在美国业已式微的制度。笔者尝试通过详细分析该制度在我国可能发挥作用的四个领域，以明确制度移植于我国的现实价值。首先，在我国公司法性格的塑造上，我国现行公司法在引入公司合同理论后赋予封闭公司更强的任意性，而公众公司则被普遍认为其法律规则应以强行性为主。但麦克尼尔的公司关系合同理论告诉我们，公司合同乃是充满长期性、关系性以及不确定性的契约。因此，公司法仅仅关注封闭公司规则的任意性是不够的，而公众公司在其发展过程中，同样也应当赋予其规则一定的适应性，否则公众公司必然难以应对随时变化的公司经营形势。而引入表决权信托，不仅有利于打破在公众公司中将股东表决权作为其固有权利的僵化认识，同时也为公司股权在公众公司的灵活应用创造了理论条件。其次，在我国公司治理模式的选择上，长期以来，我国将股东会中心主义作为公司治理模式的首选。然而，伴随着我国资本市场的发展，公众公司中新兴家族式公司、股权分散型公司的出现，使得我国原本单一的公司治理模式已经无法满足企业发展的实际需要。而表决权信托中，受托人仅是以名义股东身份掌握公司实际控制权，因此引入该制度可以视为董事会中心主义在我国的初步演练，从而为我国公司治理模式的多样与丰富铺平道路。再次，在我国企业重整制度的再造上，目前我国企业所遭遇的核心问题是，在制度核心价值的选择上，一直游走于债权人利益与债务人利益之间难以抉择。而表决权信托制度最早出现的原因，正是为解决公司的债务危机。故此引入该制度可以在有效协调债权人与债务人利益的基础上，提高公司管理效率以及拓宽公司融资渠道，并最终实现公司重生。最后，在我国公司并购中，财务并购、杠杆并购是当今并购的主要方式。然而值得注意的是，公司不仅具有资产上的客体属性，同时作为法人也具有实体属性。可吊诡的是，在公司并购特别是外资并购中，公司的上述双重属性却常常无法协调，以致公司并购的结果往往预示着原有公司主体地位的消失。但实践中，曾发生在我国的青岛啤酒股份有限公司表决权信托，则向我们提示在该问题的解决上，或许引入表决权信托具有一定的现实意义。

第三章，表决权信托引入我国的法理基础理论解释。回顾表决权信托的发展历史，大陆法系国家在制度移植上并不成功的原因在于，对两个核心理论问题的阐释长期无法达成共识：其一，表决权与股权是否能够分离；

其二，信托受益权的法律内涵是什么。笔者拟从公司法、民法理论出发，试图就上述问题给出自己的答案。首先，关于表决权与股权的分离问题。该问题是所谓公司所有权与控制权分离的产物，正是它的出现改变了股权的含义，即将表决权从股东的固有权利发展成为与公司控制权、公司经营权密切联系的具有弹性的权利。股东可以根据自身需要，从公司境遇出发对其享有的表决权进行重新安排。但是笔者同时认为，表决权所具备的这种弹性并不意味着表决权与股权完全分离。因为这种分离对股东带来的消极影响可能远高于其所获得的利益，故此本书认为表决权信托中乃以股权为信托财产，而表决权仅是股东享有的一种权益，且该权益仅发生与股权的暂时分离。这也是现行有关表决权信托的立法会普遍在其具体规则中设有期限性条款的原因。其次，关于信托受益权的法律内涵问题。由于现行物债二分财产法理论对其的解释不能，故笔者主张引入霍菲尔德的剩余权概念。笔者以为，霍菲尔德的理论为我国认识现行物债二分体系提供了全新视角，在拓展我国现行财产法理论内涵的同时，也为表决权信托的顺利移植扎实了民法学基础理论的准备。

第四章，表决权信托引入我国的信托法理论解释。我国信托法将包括表决权信托在内的信托，以法律行为定性。然而在英美法体系中成长的信托，素以财产的转移作为信托成立的要件。这一法系间的理论冲突，严重影响信托在我国财产法体系的融入，并直接导致信托长期游离于我国现行物权体系之外。不过，笔者认为信托之所以将财产移转作为成立要件乃与英国信托法的产生背景即既早于英国契约法也早于其财产法体系有关，而现代商事信托的发展早已在事实上改变了传统信托成立的构成要件。此外，我国引入信托之时财产法体系业已完备，因此笔者提出对于包括表决权信托在内的信托行为，其成立要件应当适用现行的物权变动原则，即物权行为区分原则。具言之，关于表决权信托的设立问题，本书将分为表决权信托合同的成立与生效，以及信托权利的生效两部分法律事实给予分别考察。前者中关于表决权信托合同的生效条件，基于表决权信托的特殊性，笔者提出应当将其区分为一般要件和特别要件；而后者中关于表决权信托权利的生效，笔者认为可有两种思路，或完善我国现行公司股东名册制度，或在股东名册制度未能健全之前，通过将表决权信托协议进行公证以实现该信托对外公示效力的加强。

第五章，表决权信托中受托人权利边界的法律解释。受托人无疑是表决权信托中的核心与关键，信托目的最终能否顺利实现，完全有赖于其对信托事务的忠慎执行。依据现行法的相关规定，表决权信托受托人的权利范围，应当属于任意法的规范领域。然而，一方面，如若容许股东权利任由受益人下放、授权则难免产生严重的代理人成本问题；另一方面，如若对受托人的权利范畴处处设限，又难以实现公司管理效率提高的制度目标。因此在本部分，笔者以表决权信托存续时、表决权信托变更时以及表决权信托终止时三个时间节点出发，围绕表决权信托受托人的权利、义务、责任中所涉及的任意性规范的具体内容展开详细讨论。

第六章，表决权信托制度局限性的法律阐释。引入表决权信托作为丰富我国公司法现行制度的一种尝试，其现实意义重大。但是，越对该制度进行深入的研究越会发现，表决权信托制度的指向性十分明确，其主要的适用对象乃是出现某种经营困境的公司。而目前我国学界对表决权信托在制度功能的认识上多有误解，故此笔者在纠正上述错误认识的基础上，对表决权信托在适用过程中可能存在的制度局限以及针对上述局限所进行的相关规避与预防进行了深入阐释。

目　录

图表目录

导　论

第一节　选题的意义和背景

"（现代）公司制度起源（相对于其技术和法律起源）于投资银行、经纪行以及股票市场的产生，并服务于国家的制度框架."[1]换言之，公司现代性的体现之一，乃是公司扩张时对资本市场与金融及其衍生工具依赖性的不断增强。而资本市场本身所具有的公共特性，则意味着股票、债券乃至任何金融衍生工具的发行都要求公司行为的规范化。同时，伴随着全球经济大融合以及跨国市场间的经营、合作与竞争，亦迫使各个国家在公司治理、信息披露、财务管理等公司相关制度上不断强化着这种规范性。其结果是：相较于其他法律制度，世界各国在公司法规则的制定上出现了明显的相互借鉴与趋同。[2]然而，互联网时代的到来，新兴科技行业的出现，使人们逐渐开始关注公司规则的个性特征。近年来不断热议的"同股不同权"，也称双层股权架构，[3]正是在此种趋势下产生的制度之一。不过该制度自诞生起便极富争议，引发了公司法学界、实务界的广泛探讨。因此，

---

〔1〕　William G. Roy, *Socializing Capital: The Rise of the Larger Industrial Corporation in America*, Princeton University Press, 1997, p. 115.

〔2〕　其中最为典型的就是日本：2005年，日本对其公司法进行了重大的立法调整，制定了作为独立法典的《日本公司法》。该项立法最深远的意义在于，在取消了传统的有限责任公司的同时构建了全新的以种类股制度为基础的公司类型，实可谓是对美国公司法的全面吸收。

〔3〕　"同股不同权"，又称"双层股权架构"，是指资本结构中包含两类或多类不同投票权的普通股架构。同股不同权为AB股结构，A类股一般由管理层持有，而管理层普遍为创始股东及其团队，B类股一般为外围股东持有，此类股看好公司前景，因此甘愿牺牲一定的表决权作为入股筹码。

尽管有国家、地区相继引入该制度，[1]但以数量观察多数国家仍对其持观望态度。

2015 年底，前海人寿保险股份有限公司（又称"宝能系"）斥巨资向房地产龙头万科企业股份有限公司（以下简称"万科集团"）举牌发起收购，史称"宝万之争"。而正是该事件的发生，彻底动摇了我国对双层股权架构的传统看法。作为中国 A 股市场历史上规模最大的一场公司并购与反并购攻防战，"宝万之争"是我国资本市场中毋庸置疑的里程碑式的事件。它对于我国商业以及司法层面产生的影响，迄今余温不绝。学者除了关注"宝能系"用于收购的层层嵌套、设计复杂的 9 个资管计划其资金来源是否合法外，[2]另外一个引发热议的技术性话题是"宝能系"缘何向万科集团举牌。正如有学者正确指出，上市公司成为围猎目标通常包含的因素不外乎股权集中度与规模。如果加之目标公司还具有某种特性，自然容易成为金融资本围猎的目标。[3]在此背景下，围绕我国是否需要引入双层股权架构问题，形成的较为普遍的观点是：资本市场的活跃将不断对公司的股权架构造成冲击，如果没有双层股权架构，公司治理的稳定性将面临巨大的风险。[4]而除了部分学者已达成共识，认为我国应当尽快引入"同股不同权"制度外；在实务层面，2018 年中国证券监督管理委员会（以下简称"证监会"）业已通过的 CDR（中国存托凭证）制度在事实上给予"同股

---

〔1〕 2014 年，新加坡修改其《公司法》，允许同股不同权融入该国并于 2016 年第一季度开始正式实施。香港交易所在短短几年的时间对同股不同权的态度则是经历了天翻地覆的变化，先是于 2015 年 10 月宣布最终决定搁置修改同股不同权规则的计划，而后在不到三年的 2018 年 4 月，其全资附属公司香港联合交易所宣布修订《上市规则》，同意申请上市的新兴及创新产业公司进行同股不同权计划的安排。《港交所将大致落实上市规则修订咨询》，载 http://www.sohu.com/a/230384240_470117，访问日期：2018 年 5 月 4 日。

〔2〕 叶名怡：《结构化资管计划的私法规制——以"宝万之争"为例》，载《法学》2018 年第 3 期，第 29~46 页。

〔3〕 叶林：《大并购时代上市公司的治理问题》，载深圳市法学会、罗湖（法院）法律文化书院、深圳市蓝海现代法律服务发展中心编：《深圳法治论坛成果集萃》（第 2 辑），法律出版社 2017 年版，第 1~18 页。

〔4〕 冯果：《股东异质化视角下的双层股权结构》，载《政法论坛》2016 年第 4 期，第 126~137 页。

不同权"以实践操作空间,[1]而 2019 年 3 月发布的《科创板上市公司持续监管办法(试行)》则意味着中国版的"同股不同权"时代正式拉开帷幕。[2]

然而,尽管笔者认同资本市场的活跃将可能导致公司股权结构不稳定的观点,但对双层股权架构的落地仍抱以需要认真思考的态度。其原因在于,该制度不是仅仅要稳定股权结构,而是使股权结构固化。其本质乃以绝对牺牲其他股东对公司事务所享有的表决权为代价,用以实现公司创始人对公司控制权的锁定,在一定程度上是对资本市场功能的弱化。故此,如果没有其他措施与之配合、制衡,该制度将造成对股东法定权利的实质损害,因此对于众多资本市场的投资者来说难言公平。[3]其实放眼世界各国公司立法,目前接受双层股权架构的仍在少数。在笔者看来,即便我国已经引入该制度,但其究竟会对我国资本市场产生何种影响仍旧充满不确定因素。

我国引入"同股不同权"自可视为对传统"同股同权""一股一权"的革新,似乎印证着我国现行公司法在制度供给上的不足,笔者亦赞同此种认识。不过既然出于丰富、完善我国公司法的考量,而"同股不同权"又存在导致股东法定权利实质损害的可能,因此在逻辑上应当产生的合理问题是,在传统"一股一权""同股同权"原则下,是否存在着某种制度既能实现双层股权架构对公司控制权的锁定功能,又不使其他非管理层股东完全丧失管理公司事务的机会呢?笔者以为,这种制度是存在的。对此表决权信托应当再次进入学界、实务界视野。

----

〔1〕 略早于香港交易所,2018 年 3 月,我国证监会在《关于开展创新企业境内发行股票或存托凭证试点的若干意见》中就实质上承认了双层股权架构,规定试点红筹企业在境内发行以股票为基础证券的存托凭证应符合证券法关于股票发行的基本条件。相关内容亦可参见《存托凭证发行与交易管理办法(试行)》第 19 条、第 21 条的具体规定。

〔2〕 经党中央、国务院同意,我国证监会于 2019 年 1 月 28 日发布了《关于在上海证券交易所设立科创板并试点注册制的实施意见》。随后科创板新规接踵而至,其中《科创板上市公司持续监管办法(试行)》第 7 条就明确规定了"同股不同权"制度,这是我国创新经济发展的一项重要举措。

〔3〕 笔者以为也正是出于对广大投资者负责的考量,此次双层股权架构仅在上海证券交易所的科创板试行。而且虽未言明,但事实上由于我国的双层股权架构只能在科创板试行,因此希望通过修改公司章程而取得制度适用的公司目前尚缺乏法律依据。

表决权信托曾是美国公司法上显赫一时的制度，其历史地位不容小觑。种种迹象表明，始于 19 世纪下半叶的公司大扩张，即所谓"公司革命"正是在该制度的配合下完成的。[1]在笔者看来，表决权信托制度于众多公司法的后发国家而言，其价值是被低估了的。[2]实际上，当受托人利用表决权信托将公司控制权予以锁定时，表决权信托除了可以适用于公司治理领域，还存在其他可资利用、发挥的空间。

比如，公司融资方面。公司在生产、经营过程中，融资问题始终如影随形，虽然我国资本市场起步较晚，但其早已成为我国公司发展的重要驱动器。然而，随着全球经济增速放缓且中美贸易摩擦不断升级，多重压力下的我国资本市场面临巨大考验，近年来更是数次发生大幅震荡调整。在此情势下，我国公司的融资形势不容乐观。据相关资料统计，自 2017 年以来，我国资本市场走势疲软，主板、中小板、创业板跌幅分别达 6.2%、10.9%、12.5%。[3]如此行情于投资者而言，使其对资本市场特别是股权质押平仓风险的担忧与日俱增。尽管上海证券交易所等相关机构对此迅速做出反应，例如在 2018 年修订了该交易所的《股票质押回购办法》[4]，以期恢复与稳定市场信心；但笔者以为，此举固然有利于保障投资人的利益，却仍未解决融入方公司所面临的融资压力。具言之，股票质押实际上本为资金缺乏公司的融资手段，然而上述办法却规定融出方若发现融入方标的不足，有权按照

---

〔1〕 "公司革命"，也有学者称其为"经理革命""资本市场革命"，是指始于 19 世纪下半叶开始出现的公司大扩张，自此在社会经济生活中公司地位的重要性开始持续提升。不过所谓公司大扩张事实上仅指以铁路公司为代表的公用公司快速扩张，而美国铁路公司之所以能够完成此种扩张端赖当时的表决权信托制度。邓峰：《普通公司法》，中国人民大学出版社 2009 年版，第 2 页。

〔2〕 比如，日本学者因长期对表决权信托的效力问题进行论争，导致该制度止步于理论研究从而最终丧失了实践空间。[日] 中野正俊：《股东表决权的信托行使》，漆丹译，载漆多俊主编：《经济法论丛》（第 8 卷），中国方正出版社 2003 年版，第 377~402 页。

〔3〕 荀玉根：《股权质押必须了解的三大点》，载 inance. eastmoney. com，访问日期：2017 年 5 月 26 日。

〔4〕 2018 年 1 月 12 日，上海证券交易所为进一步聚焦股票质押式回购交易业务服务实体经济的定位，防范业务风险，规范业务运作，特修订了《股票质押式回购交易及登记结算业务办法》，简称为《股票质押回购办法》。

协议约定处置相应质押标的证券并优先受偿。[1]这对本就缺乏流动性的融入方而言，无异于雪上加霜。申言之，股权融资方式的单一化已经成为阻碍我国公司发展的桎梏。特别是那些已经发生财务风险的公司，如何在既能保持公司经营政策稳定执行的同时，又能摆脱公司的流动性危机，是市场向公司管理者、股东、债权人甚至监管者们提出的重大问题。回顾表决权信托的发展史，不难发现该制度产生的初衷、发展以及壮大的原因，正是在于有效解决了 20 世纪初美国多家铁路公司面临的大面积债券违约问题。换言之，对表决权信托进行深入研究，或许能够带给同样面临财务风险的中国公司以启发性的思考。

再比如，公司并购方面。表决权信托，曾被实际应用于我国的公司并购领域。2002 年，青岛啤酒股份有限公司（以下简称"青啤公司"）和世界最大的啤酒酿造商美国安海斯-布希公司签署战略投资协议。协议规定，安海斯-布希公司将其购买的青啤公司股票中的 20%股份，以表决权信托方式授权给当时的青岛市国资办。该案例至今仍被视为我国表决权信托实验的成功范本。[2]但是笔者以为该观点值得商榷，因为青啤公司属于典型的A 股+H 股交叉整体上市公司，而所设立的表决权信托其信托给当时的青岛市国资办的股东表决权全部来自 H 股。换言之，青啤公司的表决权信托与其港股背景密切相关，它的成功运作仅能说明表决权信托在公司并购领域存在可发挥的余地。事实上，无论在当时还是现在，无论是我国现行《公司法》[3]还是已经修订的上市公司收购及资产重组新规，迄今都未认可表决权信托制度。典型例证就是紧随青啤公司脚步的 TCL 集团股份有限公司（以下简称"TCL 公司"）。由于该公司在其员工持股计划中引入了表决权信托架构，导致公司的上市方案不断受到监管机构的质询。最终 TCL 公司不得

---

〔1〕　上海证券交易所：《股票质押式回购交易及登记结算业务办法（2018 年修订》），载 ht-tp：//www.sse.com.cn/，访问日期：2019 年 1 月 31 日。

〔2〕　熊宇翔：《表决权信托运用的一个成功范例——青啤股权变更案的深层次解读》，载《税收与企业》2003 年第 4 期，第 50~51 页。

〔3〕　《公司法》，即《中华人民共和国公司法》。为表述方便，本书中涉及我国法律文件直接使用简称，省去"中华人民共和国"字样，全书统一，后不赘述。

不取消该表决权信托计划，以避免公司整体上市失败。[1]当然，尽管已经出现在我国的表决权信托架构其结局各不相同，但足可说明倘若该制度能够获得相应法律支持，则其在我国的外资并购领域存在可发挥、利用的空间。

值得一提的是，不同于我国监管者的审慎，上市公司与市场一直表现出对表决权信托制度的期待，它们始终是表决权信托战术的积极演练者。比如，2014 年被深圳证券交易所叫停的常州天晟新材料集团股份有限公司（以下简称"天晟新材"）、2016 年的北京蓝色光标品牌管理顾问股份有限公司（以下简称"蓝色光标"）、北京四维图新科技股份有限公司（以下简称"四维图新"），新近的山东宝莫生物化工股份有限公司等，多家上市公司均试图突破法律限制，希望利用表决权信托机制以实现公司"易主"。而监管层也认识到表决权在公司并购中的特殊作用，开始逐步转变原先的严格监管态度。目前除了天晟新材，[2]监管层仅表达了对其他公司行为的关注而非全盘否定。而真正的风险则是来自现行法律，由于缺乏对表决权信托机制的法律定性与规制，导致实务界多将上述公司股东对表决权的实际应用以表决权委托定性、归类。问题在于，表决权委托并无法完成表决权信托所表达的制度功能。申言之，若将上述公司行为以表决权委托定位，则可能导致公司股权陷于长期的不稳定状态，极不利于公司的正常经营与发展。

总之，表决权信托是可以横跨现代公司法的三大核心领域，即公司治理、公司融资与公司并购的制度。该制度之所以有如此广泛的适用范围，主要原因在于：其一，它是围绕由股东信托其权利给受托人之后，针对受托人权利而对公司各方利益进行再分配的制度；其二，它也是通过股东对表决权利的灵活行使，从而在创新公司股东表决权利行使机制的同时，为丰富我国公司法上的其他制度提供了理论拓展空间。此外，无论是"同股不同权"抑或表决权信托都提示我们，应当对我国现行公司制度进行反思，

---

〔1〕 林嘉、李敏：《TCL 集团职工持股信托方案评析——运用信托方式解决职工持股问题的法律思考》，载《法学杂志》2005 年第 5 期，第 138~140 页。

〔2〕 陈浠：《遭深交所关注发函约谈 天晟新材取消委托投票权尝试》，载 http://finance. ifeng. com/a/20141028/13223744_ 0. shtml，访问日期：2014 年 10 月 28 日。

即在关注制度规范化的同时，亦应当重视公司本身的多样性以及规则的个性化。表决权信托的制度核心是对公司内外部关系的更新与衡平，它反映的是我国公司法应当从制度的规范化走向制度规范的多样化、差异化。因此，研究表决权信托必将有利于推动我国公司法相关基础制度的研究，有利于丰富我国公司行为的任意性规则。同时，研究表决权信托，也是对我国复杂市场经济环境下，公司制度发展多样化需求的现实回应。

第二节　研究对象与研究范围

信托因其对财产管理、运用、处分的灵活性被誉为"英国人在法学领域取得的最伟大、最杰出的成就"；[1]表决权则被誉为"公司法的第二特征"，[2]是基于其在所有权与控制权之间所发挥的连接作用。该两种重要制度结合而成的表决权信托，其本旨乃是对股东行使表决权机制的一种探索。然而，更自由的权利行使，亦伴随有更大的滥用机会。表决权信托自在美国诞生以来，虽然被称为独创的新兴制度，但在当时就因为制度的合理性、合法性问题而饱受争议。甚至其最终被美国公司法所承认，也是经过了漫长的司法博弈过程。故此，对表决权信托制度的研究本身就是一个复杂的过程。因为两种重要制度的结合不但意味着要吸收各自制度的优势，而且也意味着要承继各自制度的缺陷。此外，研究表决权信托制度的根本目的在于，期待我国可以引进、移植该制度用以解决实际问题。但产生于英美法系的表决权信托，其所依赖的财产权利概念、体系，与我国现行以物权为基础的传统民法体系存在一定差距。而日本、韩国最终放弃引入表决权信托的失败经验，亦提示我们应当对这一制度的背景进行深入的比较与研究。"任何制度学习、借鉴并不是一个孤立的、率尔操觚的过程，而是纲举

---

　　〔1〕　F. W. Maitland, *Selected Essays* (H. D. Hazeltine, G. Lapsley, and P. H. Winfield), Cambridge University Press, 1936, p. 16.

　　〔2〕　Frank H. Easterbrook and Daniel R. Fischel, *The Ecomomic Struckture of Corporate Law*, Harvard University Press, 1991, p. 63.

目张，甚至是一发全身的"，[1]笔者深以为然。职是之故，本书将表决权信托研究的对象、范围做如下界定：

首先，研究表决权信托制度的历史发展过程。任何制度的产生、发展甚至衰落，都不可能毫无根据，必然有其产生所必需的时间、空间条件。而历史本身是中性的，它是对事实的记录。因此，详尽了解制度历史是研究任何制度的前提，表决权信托概莫能外。然而，作为已经存在百余年的制度，表决权信托在其诞生地美国已经式微。这不仅给研究工作本身带来资料搜集整理的困难，同时还给研究者提出了必须回答的问题，即缘何我国还需要引入该制度。申言之，几经时代变迁，表决权信托原本依赖的时空条件已经发生改变，而我国同美国又有着不同的经济、政治、商业、文化、科技等背景条件，这些变化既可能是制度重获发展的动力，也可能是阻碍。故此必须对历史新、旧条件转换进行深入研究，如此才能再次发掘出表决权信托在我国的时代价值。

其次，研究表决权信托在制度移植中面临的法律冲突。具体包括：其一，表决权信托与我国现行物权法、合同法的冲突。表决权信托所依托的制度架构的来源——英美法系，实行的是判例法、衡平法以及所有权支分法结合而成的法律机制，且三者相辅相成缺一不可。[2]而我国也存在固有的法律传统，例如物债二元体系以及虽然物权法定主义有所松动，但是"一物一权"仍旧是不可动摇的财产权法的基本原则。因此在研究表决权信托时，不能回避两大法系中，因财产权利制度差异而产生的基础理论之间的矛盾、冲突。其二，表决权信托与现行公司法理论的冲突。我国《公司法》第4条明确规定，公司股东依法享有参与重大决策的权利。据此，长期以来股东表决权在我国公司理论中，被视为股东之固有权利。[3]问题在于，表决权信托似乎需要将表决权从股东的固有权利中独立出来，这就与股东权利的整体性产生了矛盾。尽管有学者认为，我国公司法并没有禁止

---

〔1〕 苏永钦：《寻找新民法》，北京大学出版社2012年版，第19~20页。

〔2〕 胡大展：《论信托法的源流》，载《法学家》2001年第4期，第74~82页。

〔3〕 柯芳枝：《公司法专题研究》，台湾大学法律学系法学丛书编辑委员会1976年版，第102页。

股东权利分离转让，也认同单就某一特定事项、某次会议而转让部分权利的效力；[1]但是如果这赋予的是持续、长期或者永久的权利，那么是否就应当被视为对禁止股东权利分离转让原则的违反，并进而导致对表决权信托制度的否定。该问题学界至今无准确回应。其三，表决权信托与现行信托法理论的冲突。信托财产在信托法律关系中居于重要地位，没有信托财产便没有信托可言。[2]而关于哪些财产可以成为信托财产，我国《信托法》第14条指出，法律、行政法规禁止流通的财产，不得作为信托财产。可见，我国对信托财产的范围规定得很宽泛。但能否就此得出表决权可以作为信托财产的结论，却仍未可知。由于表决权带有一定的人身权特点，因而实践中日本、韩国规定表决权均不能设立信托。故此，我国如何看待表决权信托的客体问题，也是研究表决权信托的重要问题之一。

再次，研究表决权信托制度移植过程中的技术问题。一是表决权信托的基本理论，具体包括表决权信托的内涵、外延以及表决权信托行为的属性、表决权信托的理论类型、表决权信托受益人权属性质、受益人信托证书的性质研究等。二是表决权信托配套制度阐释。前已述及，表决权信托的研究不应是孤立的，移植表决权信托必然需要其他制度与之匹配，例如表决权信托的公示与登记，表决权信托的税赋征收，表决权信托证书与优先股的关系问题等。三是表决权信托具体适用领域的阐释。关于表决权信托适用的领域，多数学者认为，其可用以保护中小股东的利益，以减少公司中大量存在的"搭便车"行为。但笔者以为，在目前关于表决权信托的研究中，对于制度的适用领域既存在误读的情况，又存在不当限制的情况。而就后者而言，表决权信托至少还可在公司资本筹集，家族企业继承，甚至国有企业改制等方面存在可发挥作用的空间。当然，鉴于篇幅和能力的限制，笔者无法进行一一阐释，而是择其中重点作为主要研究的内容。

特别要指明的是，制度本身没有好坏之分，只有认真分析制度适用的具体情境，方能明确哪一种制度是最为符合公司现实发展的具体要求。所

[1]　叶林：《公司法研究》，中国人民大学出版社2008年版，第88页。
[2]　李群星：《论信托财产》，载《法学评论》2000年第1期，第77~83页。

以，在表决权信托能够适用的领域中，或有其他制度亦可以适用。因此，必须通过对现行不同表决权制度进行比较分析，才能明确表决权信托所独有的制度特点与优势。故此，笔者也将表决权信托与我国现行的其他表决权制度的比较列为需要重点研究的内容，而上述制度具体包括表决权代理、表决权拘束协议以及表决权征集等。

最后，研究表决权信托制度的局限性及其预防。表决权信托在历史上是为解决公司债务危机而设的，然而随着制度的发展，表决权信托逐渐发展成为公司实现并购甚至行业垄断的手段。因此，同任何制度一样，表决权信托在解决原有问题的过程中亦会引发新的问题。而如果在制度移植的过程中，不对这些衍生问题详加研究，势必导致制度移植的成本升高。另外，表决权信托既然是对公司内外部利益关系的重构与调整，那么在引入该制度后，公司中新形成的成员间的利益组合是否构成对公司原有成员利益组合的侵害，亦是本书研究的应有之义。总之，对制度的研究不应仅涉及制度所具有的功能优势，还应囊括制度可能产生的不利影响。

第三节　国内外研究现状述评

一、国外研究现状与评价

关于表决权信托的国外研究，笔者尊重先前学者所框定的研究范围。美国的表决权信托，无论在理论研究还是立法研究上都相对成熟。缘何该制度没有在普通法系内部得以盛行？笔者以为，国与国之间的公司制度发展本身并不同步。况且，表决权信托的产生、发展都需要辅以适宜的时间、环境等外部条件。再加上，即使在美国，表决权信托也一直饱受争议。正是上述种种因素的存在，导致该制度未能像美国其他公司制度那样，广泛流行于其他普通法系国家。另外，在大陆法系国家中，日本在移植、学习信托制度的过程中，相继观察到了表决权信托。在试图实现制度移植的过程中，上述国家的许多学者也对其展开了广泛的探讨，其经验与教训亦殊值参考。故此笔者关于表决权信托的国外研究部分，将上述国家列为典型代表。

（一）表决权信托在美国的研究

毋庸讳言，美国关于表决权信托的研究成果对其他国家、地区而言是最具借鉴意义的。其思考维度、方式影响着任何试图通过制度移植，以实现预设目标的人或组织。尽管在还原一项一百多年的制度时，其中难免会掺杂言者的主观因素，[1]但笔者认为，纵观整个美国表决权信托制度发展、研究的历史，其制度解码的关键在于：如何确立表决权信托制度的有效性。围绕该问题，美国的法院、学界在以下方面进行了激烈的争论并最终达成共识。

第一，表决权是股东固有权利概念的松动。在早期美国公司法上，法院和学界普遍认为，股东的表决权必须被赋予股份（权）的法定持有者。因此，除非经过特殊授权，表决权不能被移转，不能被搁置，股东应当积极行使。然而，学者西蒙·E.鲍德温却列举了当时股东在行使表决权时受到限制的一些情形。[2]换言之，股东权利与其表决权利在某些时刻可能会出现不相匹配的情况，这无疑为表决权信托的发展撬开了理论缝隙。而随着股份类型多样化，比如优先股的出现，原先被普遍认可的表决权为股东固有权利的观念逐渐开始松动。

第二，行使表决权不再是股东对其他股东的义务。在公司制度的发展史上，随着公司的快速扩张、发展甚至膨胀，亚当·斯密在《国富论》中提出的"斯密的难题"也随之日渐清晰，即由管理层管理股东的财产，如何避免其不是为了自己的利益而是以股东利益优先？[3]后人将此发展成为"所有权与控制权相分离"，成为现代公司治理最具里程碑的标志。不过在此之前的相当时间内，特别是在公司发展的早期，人们则普遍认为，股东应是公司财产的实际所有者与管理者，并且公司每一个股东都应对其他股

---

[1]　例如，弗兰克·伊斯特布鲁克认为，表决权信托这种制定法规定的投票信托只适用于封闭公司。[美]弗兰克·伊斯特布鲁克、丹尼尔·费希尔：《公司法的经济结构》（中译本第2版），罗培新、张建伟译，北京大学出版社2014年版，第66页。

[2]　Simon E. Baldwin, "Voting Trust", *Yale Law Journal*, 24 (10), 1891, pp.445~467.

[3]　[英]亚当·斯密：《国富论：强国富民的西方经济学"圣经"》，胡长明译，江苏人民出版社2011年版，第276~287页。

东负有运用自己表决权的义务。唯如此，由股东亲自参与公司政策的制定与执行，才能促进公司和全体股东的利益；也唯有将公司的管理与经营处于股东的匡正之下才能使之趋于完善。然而，要求众多股东在同一时间、同一地点共同行使表决权，正如哈利·A. 库欣所说，无论是决定公司的管理者还是决定公司的经营计划，在大型公众公司面前常常会遭遇在股东们的犹豫中被迫放弃的命运。而表决权信托，正是摆脱此种厄运的一种补救。[1] 所以，原先股东对其他股东负有义务的理论，由于无法适应现代商业需要而得以修正。而股东行使股权观念的转变也让美国法院和学界纷纷开始对表决权信托采取比较开放的态度，其中最显著的例子就是，纽约州于 1901 年第一次在其《公司法》中明文规定了表决权信托。

第三，表决权信托目的合法的判断标准最终得以确立。在表决权信托深入发展其制度功能的同时，为积极应对彼时日益激烈的市场竞争，1882 年美国律师塞缪尔·T. C. 多德设计了一种新的表决权信托。然而，该信托设计的结果却导致了垄断的产生。而垄断的出现又再次引发了各界关于表决权信托有效性的争论，以至于表决权信托被反对者冠以"与企业绑票差不多"的恶名。[2] 直到 1918 年，莫里斯·沃默发表了一篇关于股东表决权信托效力的著名论文，才使得上述争论告一段落。在论文中，莫里斯·沃默再次强调了假如表决权信托的目的具有妥当性和合理性那么该表决权信托就应该被认定为有效的观点。[3] 随后，目的合法就成为表决权信托是否有效的衡量法则。申言之，所谓当事人成立表决权信托的合法目的，是指股东利用表决权信托时乃以促进所有股东之利益抑或以实现对公司整体有利之特定政策为目的。后来，这种目的有效性的判断标准转化为由立法确立的形式标准，成为美国各州在修订《公司法》时认定表决权信托成立的最低标准。

---

〔1〕 Harry A. Cushing, *The Voting Trusts: A Chapter in Recent Corporate History*, The Macmillan Company, 1927, p. 4.

〔2〕 〔美〕罗伯特·W. 汉密尔顿：《公司法概要》，李存捧译，刘李胜校，中国社会科学出版社 1999 年版，第 163 页。

〔3〕 Maurice Wormer, "The Legality of Corporate Voting Trust and Pooling Agreement", *Colubia Law Review*, Vol. 18, No. 2, 1918, pp. 123~126.

我国学者罗培新在评价美国法经济学对公司法的影响时，曾说“对于以解决商事纠纷为己任的公司法进行研究的学术流派，不可避免地带有实用主义倾向”。[1]笔者认为，实用主义倾向亦可概括形容美国在表决权信托相关问题上的研究。一个原本存在巨大理论障碍的制度，为满足经济发展的需要，实务界不停地尝试，法官与学者不断地争论，最终由公司法律制度将之确立。表决权信托制度的演进过程，实际践行了霍姆斯大法官广为传诵的名言：“法律的生命在经验，不在逻辑。”

（二）表决权信托在日本等国家的研究

与美国务实的研究风格不同，大陆法系各国在考量是否需要移植表决权信托制度时，更倾向于对该制度进行理性的逻辑分析。在它们对表决权信托的研究中，透露出在实现制度移植的过程中必须格外关注与既有制度的排异问题，这既是制度移植的前提也影响制度移植的成本。在它们看来，如果不能解决移植制度与现行制度的排异问题，则移植制度在理论逻辑上必然会产生错误，而由此演绎出来的各种实践也必将漏洞百出。因此，在《日本公司法》数次大修过程中，尽管也屡次面对学者提出的，公司法应当将表决权信托予以采纳的建议，但日本的立法者却始终表现出对该制度的谨慎态度。

不过，在日本学界，事实上相当数量的学者对于表决权信托的态度是比较暧昧的，他们一方面并不认为表决权信托当然无效，另一方面又普遍认为适当放宽表决权代理即可完全实现表决权信托的功能。[2]当然，还有少部分日本学者在对表决权信托展开深入研究后，就表决权信托的效力问题形成了针锋相对的“有效说”和“无效说”两种观点。其中持“无效说”的学者以日本学者岛本英父为代表，他认为表决权信托以表决权为客体，但信托是以信托财产或财产权利为核心，而表决权不属于财产权因而

---

〔1〕［美］弗兰克·伊斯特布鲁克、丹尼尔·费希尔：《公司法的经济结构》（中译本第2版），罗培新、张建伟译，北京大学出版社2014年版，第1页。

〔2〕漆丹：《我国股份公司股东表决权信托之法律问题研究》，中南大学2006年博士学位论文。

其在信托法上是无效的。[1] 而以中野正俊为代表的持"有效说"的学者则认为,尽管从股东权利中分离出表决权在公司法上是不允许的,而且从股东权利中分离出来的表决权也不是财产权,但这都不足以否认表决权信托的效力,因为表决权信托的客体是股份(权)而不是表决权,所以它应当是有效的。[2] 还有一部分日本学者如铃木竹雄,尽管支持中野正俊的观点认为表决权信托是有效的,但采纳的是美国学者的观点,即认为表决权是具有财产价值的权利,而表决权信托的效力仅与其是否构成违法目的相关。[3] 由以上观点可知,日本学者关于表决权信托的效力、表决权信托效力的认定标准、表决权信托的客体及其属性至今都没有形成一致看法。[4] 再加上实务中的多数案例也大都不了了之,因此日本缺乏在立法中承认表决权信托的动机与动力。

综上所述,大陆法系国家对于表决权信托制度的移植很难算得上成功,因此其移植过程中的经验教训值得我们深思。其一,美国表决权信托是以商业实践带动理论研究,进而在公司法、证券法上得以确立和发展的制度,显然此种制度的演进模式不可能直接套用于大陆法系诸国;其二,应当尊重大陆法系逻辑重于经验的制度发展模式,不能将制度跳跃式地直接引入,必须对表决权信托的基础理论问题做深入探讨;其三,任何制度移植的过程,都会对已经存在的现行制度造成冲击。因此对制度的研究不能仅限于制度本身,亦应当对移植制度国家的具体法制环境有所观照。

二、国内研究现状与评价

表决权信托是源自美国的公司法制度,但由于我国自清末开始便深受

---

〔1〕 [日]岛本英父:《关于表决权信托制度诸问题》,同志社商学4卷3号,第53~64、278页。

〔2〕 [日]中野正俊:《股东表决权的信托行使》,漆丹译,载漆多俊主编:《经济法论丛》(第8卷),中国方正出版社2003年版,第377~402页。

〔3〕 漆丹:《我国股份公司股东表决权信托之法律问题研究》,中南大学2006年博士学位论文。

〔4〕 肖平容:《股东表决权信托的理论困惑与立法构建》,载《理论导刊》2011年第5期,第96~98页。

大陆法系影响，因此学者们对于表决权信托的研习路径呈现出一种交叉样态。即一方面，多数公司法学者普遍将美国表决权制度作为制度移植的主要参照，对制度的基本内容进行了一定程度的了解；另一方面，在制度研究时，学者们也对日本在移植表决权信托时所遭遇到的理论难题有所认识，并同时对这些难题在我国的解决方案也进行了认真的思考。可以说，目前我国对表决权信托理论的研究就是围绕日本在移植表决权信托时所遭遇到的诸多理论难题而渐次展开的：

第一，关于表决权信托的客体问题。该问题由梁上上老师率先提出，他认为表决权信托的客体就是股东表决权本身。而若仅以赞同此观点的人数为衡量标准，则梁教授的观点在我国可被称为是主流。[1]赞同此观点的学者经过论证认为，表决权作为公司法的第二特征已经具备了一定的独立性。因此，表决权信托并不是股权的全部移转，而是仅以表决权移转为必要。但是随着表决权信托的理论研究在我国的深入开展，以覃有土、陈雪萍为代表的学者则认为依据美国法律的相关规定，表决权信托的移转标的就是股权本身。[2]两种观点针锋相对的结果是，围绕表决权信托的客体问题又演化出几个核心的争议焦点。其一，表决权的属性。以梁上上老师为代表的学者认为，表决权虽然不是财产权，但这不应当影响表决权信托的效力。他们还同时提出，通过在我国《信托法》中适当扩张信托财产范围的方法可以将上述问题予以解决；[3]而另有一些学者如李兴华则认为，表决权信托的客体就是表决权，而表决权就是财产权利的一种。只不过在制度移植过程中，信托财产的范围被大陆法系的立法者给缩小了。[4]尽管从结果上看，两者属于异曲同工，但是就表决权的权利属性而言，两者实可

---

〔1〕　林锦静：《股东表决权信托运作过程中的若干问题探析》，载《湖北第二师范学院学报》2015年第5期，第43~45页；杨潍：《股东表决权信托制度初探》，载《经济研究导刊》2011年第11期，第108~109页。

〔2〕　覃有土、陈雪萍：《表决权信托：控制权优化配置机制》，载《法商研究》2005年第4期，第89~95页。

〔3〕　梁上上：《论股东表决权——以公司控制权争夺为中心展开》，法律出版社2005年版，第13页。笔者梳理了2003年至今的有关表决权信托的我国文献，在引用数较高的近70篇文献中，大约有40篇认同梁老师的观点。

〔4〕　李兴华：《表决权信托法律制度研究》，中国政法大学2007年硕士学位论文。

谓南辕北辙。其二，表决权与股权能否分离。多数研究表决权信托的学者是赞同两者分离的。比如，郇志茹从公司合同理论出发，分析了表决权与股权相分离的可能性与可行性，进而证明了表决权信托在信托法上的正当性。[1]但是，学者朱春叶则认为不能因为由受托人行使表决权，就武断认定表决权信托的客体。他认为从受益人获得的乃是股利，而且从美国表决权信托公示登记的范围来看，表决权信托的客体应当是股权。[2]令人遗憾的是，当时由于我国多数公司法学者并不支持表决权与股权的分离，因此在基础理论条件尚未成熟的情形下，自然无法成立构建表决权信托制度的充分理由，而表决权信托制度也始终游离于我国公司法制度之外。

第二，关于表决权信托的适用范围。我国多数学者将保护中小股东权利作为该制度的核心要旨。学者胡智强在其文章中认为，我国公司股权集中的水平远高于世界其他国家和地区，控制权和所有权分离程度极低，而控制权对于控制者而言是最重要的。但站在其他股东的角度，则正好相反。为了实现对自身利益的维护，中小股东应当将表决权集中以持续性地影响对公司的控制，对此他进一步举例说明，表决权信托在类似职工持股等中小股东权利维护方面极具前景。[3]然而，事实上表决权信托在解决职工持股方面的效果并不理想。例如，欲借助表决权信托解决公司职工持股问题的 TCL 公司。该公司由于在上市方案中写有表决权信托持股计划导致几次被监管层质询，最终只得放弃该表决权信托方案，将职工股全部转让给国信证券股份有限公司，才使得其上市方案勉强通过。不过也有学者认为，TCL 公司将职工股转让给国信证券股份有限公司的最终解决方案，其本质仍可认为是表决权信托。[4]但笔者以为不妥，因为表决权信托乃以公司控制权为目标而绝非消极信托。况且，消极信托在我国的《信托法》中能否被承认

〔1〕 郇志茹：《表决权信托之理论正当性证明》，载《法学》2007 年第 10 期，第 116~121 页。

〔2〕 朱春叶：《刍析表决权信托客体——表决权抑或股权》，载《天津市政法管理干部学院学报》2006 年第 4 期，第 15~18 页。

〔3〕 胡智强：《论表决权信托——以小股东利益保护为背景展开的研究》，载《现代法学》2006 年第 4 期，第 68~73 页。

〔4〕 林嘉、李敏：《TCL 集团职工持股信托方案评析——运用信托方式解决职工持股问题的法律思考》，载《法学杂志》2005 年第 5 期，第 138~140 页。

至今仍然存有疑问，故此 TCL 公司职工持股的最终解决方案不能被认为是表决权信托。

　　总体而言，尽管我国学者在表决权信托制度的理论研究方面取得了一些成果，但在解决表决权信托如何有效融入现行法律体系的问题上，却始终没有取得重大理论突破，以致在既有的研究模式中无限循环。笔者认为，在现有表决权信托制度的研究中，我国尚存在如下问题未能突破：其一，关于表决权客体问题的研究，缘何只在大陆法系国家引发激烈争议。该问题背后的症结体现出，研究者对表决权信托最为本质的问题的忽视，即究竟什么是表决权信托。其二，将表决权与信托予以结合所发挥的空间是巨大的，然而在制度研习过程中，我国学者将大量的精力投入到了表决权信托与现行法的理论冲突上，这也导致了我国学者未能对表决权信托的制度功能进行深入了解，以致普遍存在制度价值上的理解偏差。其三，我国的已有研究多是关于表决权信托的常识性介绍，而对于该制度可能导致的制度摩擦则未能充分关注。比如，在我国现行《公司法》中，针对中小股东的保护措施已经规定了多项制度，缘何表决权信托制度比其他制度高效。该问题显示出，我国学者对表决权信托制度的研究较为空泛，缺乏深层次的、具体的、细节性的研究。在制度研究的过程中，一方面，我们确实常常会不自觉地提示自己不要仅以制度的实用性为考量，但表决权信托制度本身既是法系融合的产物，又与公司、证券等制度相关联，其制度复杂性要求我们必须深刻领悟该制度的实际功能指向；另一方面，如果仅是简单借鉴前人的成果，则容易在具体的研究中失去方向。故此，笔者认为在表决权信托的研究中，必须在制度的理论研究层面取得重大突破，否则无法破解原有理论窠臼对制度移植的阻碍。一言以蔽之，如果研究表决权信托乃以制度的实质落地为研究的目标，那么针对表决权信托制度的思考就必须构筑在制度价值探索和理论依据挖掘的双重考量之上，方能使制度的研究更加全面、实际。

第四节　研究思路和研究方法

将表决权信托制度作为研究对象，首先应当予以明确的是，其乃横跨民法、公司法、证券法、信托法，且具有一定综合性研究的选题，因此其所需要的研究方法亦带有明显的学科交叉性和综合性的特点。

第一，历史分析法。将以灵活著称的信托与公司股东的表决权相结合，是美国法律的独特创造。该制度经过一百多年的发展，已经得到了广泛的认可。所谓"一页历史抵得上一卷逻辑"，[1]是指通过对表决权信托的历史进行考察，我们可以知晓制度产生的历史背景，了解制度发展的脉络，明确制度所解决的主要问题，以及该制度在从否认到肯定的过程中，是凭借何种力量完成了转型等。

第二，法经济学分析法。法经济学对现代公司理论而言意义非凡，表决权信托作为公司法中的重要制度势必深受其影响。在法经济学的影响下，公司法的真正目的是推进市场交换，促成交易成本最低化。因此，本书所论的表决权信托，可以通过理性经济人假设等经济学工具，来解释表决权信托制度出现的原因；也可以运用公司合同理论，来论证表决权信托制度的适用领域和功能；还可以运用法经济学的反托拉斯理论，来论证表决权信托可能带来的制度风险。此外，笔者认为，法经济学家理查德·A. 波斯纳对于财产权属性的法律经济分析，若能与表决权信托财产属性问题研究相对接，或能在表决权信托客体问题的解决上取得重大突破。

第三，比较分析法。移植表决权信托的国家并非只有我国，20 世纪 70 年代日本出现的朝日报社股份管理信托事件，就曾引发激烈的争论。然而随着该事件的不了了之，日本在立法层面至今没有表决权信托的相关规定。不过，此后表决权信托在日本并没有销声匿迹，在公司的实务中仍旧存在一些表决权信托的事例，[2]如日本五十铃汽车公司与美国通用汽车公司合

---

〔1〕　孔祥俊：《司法理念与裁判方法》，法律出版社 2005 年版，第 221 页。

〔2〕　漆丹：《我国股份公司股东表决权信托之法律问题研究》，中南大学 2006 年博士学位论文。

作事件等。总之，比较这些来自域外的或成功或失败的实践经验的同时，分析研究我国与其他国家在制度移植背景上异同，也是全面论证我国引入表决权信托的可能性与现实性的重要途径之一。

第四，法律本体论研究法。除了域外经验，我国也存在表决权信托应用于上市公司并购的实例，尽管严格意义上讲，相关实例还不能算作表决权信托在我国应用的典型范例，但只有针对来自法律实践的实证分析，才能有效推动法治社会的发展。任何研究不应是无源之水。只有将对表决权信托的谨慎研究与思考深刻嵌入中国市场、中国环境以及中国问题之中时，研究所得出的结论才能具有指导意义和价值。

需要说明的是，关于表决权信托制度的研究，其所使用的方法绝不能是单纯的而是复杂的、综合的。因此，法学研究的传统方法，如法律解释方法、形式逻辑推理方法、案例分析方法亦会不断穿插其间，篇幅所限不再赘述。

第一章

表决权信托的历史与制度评价

第一节　美国表决权信托的历史沿革

　　表决权信托制度是在美国率先出现，并最终以立法形式予以确立的。[1]在此过程中有着极为深刻、复杂的历史背景。公司制度发展早期，公司设立的主要方式乃是由国王颁发特许状，比如经由英国伊丽莎白一世女王颁发特许状而成立的东印度公司。在重商主义时代，这种借由国家信誉作为担保组建而成的公司是西方世界垄断商业，实现其向其他国家和地区进行殖民扩张的重要工具。但是到了19世纪末期，由于特许公司与生俱来的"两栖性"特征，[2]使得它们中的大多数已经沦为利用国家强制力为自身进行敛财的工具。同时，随着殖民地人民反抗意识的不断增强，高昂的殖民成本亦使得特许公司逐步成为政府的包袱从而退出了历史的舞台。[3]

　　1776年，英国格拉斯哥大学教授亚当·斯密的《国富论》（全称《国民财富的性质和原因的研究》）正式出版。在这部影响深远的经济学巨著

　　〔1〕　梁上上：《论表决权信托》，载《法律科学（西北政法学院学报）》2005年第1期，第83~90页。

　　〔2〕　所谓特许公司的"两栖性"，是指既不属于公共性，也不属于私人性，而是介于两者之间。这种特许公司凭借政府的资金和支持会快速得到发展，但也会因为在短期内变得异常强大，极易在经济上引发泡沫甚至导致经济危机的出现。最典型的例证就是"南海泡沫"事件，该事件最为严重的后果是英国在百余年内未再成立股份公司。

　　〔3〕　以英国东印度公司为例。为了使东印度公司摆脱入不敷出的窘境，1773年，英国议会通过《救济东印度公司条例》，授予其对北美殖民地茶叶贸易的垄断权。但该条例不仅没有挽救该公司，反而导致殖民地与宗主国兵戎相见，成为美国独立战争的导火索。中央电视台《公司的力量》节目组：《公司的力量》（精装本），山西教育出版社2011年版，第33~37页。

中，亚当·斯密批判了依赖国家力量追逐货币财富的重商主义，倡导通过平等契约来发展经济的自由贸易。[1]他认为每个人都会为改善他的状况而自然地做出努力，当这种努力具有施展的自由和安全时，它就十分强而有力。[2]亚当·斯密进而指出，在市场经济中，个体间的自然交易将会创造出高效的资源分配模式，也更有利于促进市场经济创造出更高水平的收入。因此，并不需要借助其他，这种个人的努力就能够给社会带来财富和繁荣，这就是著名的"看不见的手"理论。[3]

在亚当·斯密"看不见的手"理论的指导下，自由设立的英国"小公司"如雨后春笋般出现，成为公司的主要模式。这些以追求个人利益最大化为目标的"小公司"，不仅成为制造国家财富的新鲜力量，而且为英国带来了一系列生产技术的革新，继而有力地推动了"第一次工业革命"的到来。不过，这些活跃于工业革命时期的"小公司"乃名实相符的小规模公司。申言之，由于这类公司在形式上主要采用的是合伙制，所以即使作为公司股东，这一事实合伙人身份也要求他对公司债务承担全部责任。而伴随着纺织、机械、冶金等新兴工商业日益壮大，这些小公司也逐渐发展成为新兴资本主义经济的重要支柱。与此同时，小公司的特征，即非法人地位以及无限责任就成为它们扩大规模、进一步发展的法律桎梏。因此，新兴的小工商业主们必然会迫切要求国家改变原有的公司法律制度。1862，《英国公司法》出台，作为世界上最早的公司立法之一，[4]它开启了现代公司立法的先河。在这部公司法中，人类历史性地首次将现代公司的三大核心理念，即公司的法人地位、投资权益的自由转让以及公司的有限责任紧

---

〔1〕《〈公司的力量〉解说词（二）：市场无限》，载 http://blog.sina.com.cn/s/blog_618950930100lauy.html，访问日期：2019年3月3日。

〔2〕［英］亚当·斯密：《国富论：强国富民的西方经济学"圣经"》，胡长明译，江苏人民出版社2011年版，第43~50页。

〔3〕［英］亚当·斯密：《国富论：强国富民的西方经济学"圣经"》，胡长明译，江苏人民出版社2011年版，第43~50页。

〔4〕关于世界上最早的公司立法说法不一，较为流行的观点包括：1673年法王路易十四颁布的世界上第一部商事法律——《法国商事条例》中已经存在关于公司成立的相关规定；还有英国于1856年颁发了世界上第一部单行公司法——《英国合众公司法》。不过毫无疑问的是，1862年的《英国公司法》应该是当时世界上最为先进的公司立法，标志着现代公司的诞生。

密结合在一起，从此公司逐渐成为社会经济生活的独立力量，并作为社会发展的重要一极影响着世界发展的格局。[1]而 1862 年的《英国公司法》则成为世界各国《公司法》的范本，深刻影响着包括美国大陆在内的其他同时期的英属殖民地国家。

早在 1851 年，英国的《经济学家》周刊就曾在一篇文章中评论道，美国既拥有英国的知识与技术，又拥有比英国更多的人口以及更少的制度束缚，因此"美国凌驾于英国之上，就像下一次日食一样必将出现"。[2]彼时"第一次工业革命"已经是成果丰硕，火车、铁路、运河、蒸汽轮船、石油、冶金等技术相继问世。尽管他们几乎都主要诞生在英国，但当这些"第一次工业革命"的硕果成为提高国家生产力的关键技术时，转化、运用上述技术所必须依赖的公共融资与统一市场，就超越了英国这样的小店主国家的承受能力。而美国则凭借其更为广阔的市场，更为宽松的融投环境，逐渐成为世界经济舞台的中心。与此同时，资金与技术的融合也赋予公司更强大的活力，公司本身亦迎来了其发展历史上的崭新时代。在此期间，许多与该时代相匹配的新的公司制度被美国的工商业者、立法者们共同开创性地发展出来，而表决权信托正是其中较为突出的制度之一。

一、美国表决权信托的产生原因与背景

（一）大公司时代的来临

1862 年 7 月，就在林肯总统发表著名的《解放黑人奴隶宣言》前两个月，他正式签署了《太平洋铁路法》。该法案的主要内容是，授权两家公司修建一条横贯北美的铁路线。[3]看似简短、精干的法案，其历史意义却不容小觑。如果说南北战争使美国在政治上巩固了统一国家的地位，那么《太平洋铁路法》则为美国在经济上创造了完整统一的超级市场。史料记

---

〔1〕 中央电视台《公司的力量》节目组：《公司的力量》（精装本），山西教育出版社 2011 年版，第 46 页。

〔2〕 纪录片《华尔街》主创团队：《华尔街 II 金融的力量》，中国商业出版社 2011 年版，第 22 页。

〔3〕 Alfred D. Chandler Jr. , *The Visible Hand*：*The Managerial Revolution in American Business*, Harvard Belknap Press, 1977, p. 17.

载，南北战争结束后，在这条横跨太平洋铁路的带领下，美国各州纷纷修建大型州际铁路，人类历史正式跨入火车时代。[1]而统一超级市场的最终实现，必须有相应的公司形式与之匹配。

前已述及，第一次工业革命时期的公司，其主要形式多是作坊式的小公司。这类公司没有独立的法人地位，乃以合伙制为企业发展模式，全体合伙人更是必须对企业债务承担无限连带责任。这类公司也可以称为"家族企业"，它们的企业发展规模也往往受到限制。不可否认，在亚当·斯密"看不见的手"理论的指引下，这些用合伙人名字命名的小公司，突破了以往国家对经济活动的束缚。它们以"自利"为目标，为追求各自的利润不断进行发明、创造，给全社会带来了经济能量的解放。但是当"第一次工业革命"向纵深发展，作坊式的小公司在面对修筑铁路、开凿运河，这些既依赖数以亿计的资金投入，又回报间隔较长的高风险项目时，往往显得无计可施。正是在此情形下，一个曾经饱受争议的经济组织形式——股份有限公司，终于迎来了浴火重生的机遇。

历史上，股份有限公司之所以饱受争议乃因两大著名的历史事件，即法国的"密西西比公司泡沫事件"和英国的"南海公司泡沫事件"。[2]上述事件的起因虽然不同，但结果却极为类似：其一，股市泡沫引发的经济危机使得法、英两国在经济上蒙受巨大损失；其二，两国政府同样采取了在当时最为简单也最为有效的善后办法，即在长达百余年间，国家不再授权开办任何新的股份有限公司。曾经辉煌一时的股票市场再也没有发行过任何一张股票，股份有限公司亦随之淡出公众视线。

率先对股份有限公司的立场发生转变的是英国人。他们意识到，股份有限公司的失败并不是有限责任和股份制的失败，而是一种国家特权所导致的不良后果。[3]申言之，当国家的权力与金钱嫁接，人性中的贪婪便失

---

〔1〕　William G. Roy, *Socializing Capital：The Rise of the Large Industrial Corporation in American*, Princeton University Press, 1997, p. 3.

〔2〕　叶林主编：《公司法原理与案例教程》，中国人民大学出版社 2010 年版，第 2 页。

〔3〕　史济春：《企业、公司溯源》，载王保树主编：《商事法论集》（第 1 卷），法律出版社 1997 年版，第 40 页。

去了节制。1856 年出台的《英国合众公司法》明确提出，成立公司不再需要国王的特别授权。从此公司被正式归还于市场，而设立公司则成为人人皆有的权利。[1]同时，小作坊式的家族公司由于无法满足大型工业化生产所提出的融资要求，为满足经济发展对企业形式的迫切需求，1862 年，英国在综合以往公司立法的基础上又再次更新《公司法》。该法案最突出的特点是，明确了公司有限责任与公司股份制的合法性。于是股份有限公司再次隆重登场，并且在经济高速增长的美国最终完成了涅槃重生。

事实证明，第一次工业革命后期，股份有限公司成为大工业生产最有效的载体以及最便捷的投资方式。经过法律所赋予的崭新内涵，股份有限公司这种经济组织形式所蕴含的惊人能量，在美国这个超级市场的刺激下被彻底激活。据相关资料统计，从 1895 年到 1904 年，全美股份有限公司的数量超过 26 000 余家，其生产的商品数额占全球的 53%。并且，当时就出现了世界上第一家拥有 10 亿美元的公司。[2]而公司数量激增，不但造就了美国经济的空前繁荣，而且也迎来了世界公司发展史上首次大规模并购的出现。一个绝无仅有，且至今对世界依旧产生深远影响的大公司时代随之而来。现代公司中的许多核心制度，诸如公司治理、财会制度以及公司的融资与并购等，正是在解决大公司时代所面临的一系列问题的过程中被提出，并逐渐发展、成熟的。其中，当然包括本书所论述的表决权信托制度。

（二）公司债券的大量违约

自 19 世纪 40 年代开始，随着铁路工业的迅速扩张，运输成本大幅降低，各个行业生产效益显著提高。于是资本的逐利性促使大量商业资本涌入以铁路为代表的大型公共事业股份有限公司之中。然而，正如马克思在《资本论》中所描述的，"资本主义生产的真正限制是资本本身。这就是说，资本及其自行增值既表现为生产的起点和终点，也表现为生产的动机和目

---

〔1〕 中央电视台《公司的力量》节目组：《公司的力量》（精装本），山西教育出版社 2011 年版，第 52 页。

〔2〕 William G. Roy, *Socializing Capital*: *The Rise of the Large Industrial Corporation in American*, Princeton University Press, 1997, p. 3. 文中作者还指出，当时美国联邦政府的年度开支才不过 10 亿美元，可见当时公司实力之强。

的。生产只为资本而生产，而不是反过来"。[1]正因如此，资本主义固有的、绝对依赖资本的生存方式，一旦发生利润率上升阻碍的情况，只有通过新资本的融入来加速资本价值的积累。长此以往，无序的大量资本就会扰乱资本的流通过程以及再生产过程，进而引发生产的突然停滞甚至是经济危机。而铁路这类大型公共事业公司，具有投入大、时间长、收效慢的特点，无疑更加速了美国经济停滞的出现。资料显示，自 19 世纪 50 年代开始，美国铁路公司陆续发生大面积债券违约事件。[2]

为实现公司重整，使公司摆脱经营困境，铁路公司的股东一开始便运用了一种名为联合投票协议（Pooling Agreement）的制度。联合投票协议是指，股东之间针对某一事项进行公司决议时就投票权利的一致行使达成的协议。该协议要求，在对所约定的事项进行股东投票表决时，若股东未能履行其约定则其他股东有权要求法院强制履行该协议。[3]该制度的目的在于，有效提升公司的管理效率。然而，铁路公司投资规模庞大且股东成员比较分散，因此协议签订本身就重重困难。此外，即便该联合投票协议已经签署完毕，仍会出现某些股东事后不愿履行的情况。而针对此类协议究竟能否由股东请求法院强制执行，美国法院的态度似乎并不明朗。此外，联合投票协议偏重对原有股东之间利益关系的处理，而并未重视对公司再融资问题的解决。详言之，如果采纳联合投票协议解决铁路公司的债券违约问题，则公司可能面临的窘境是：既无法有效平衡原有股东间的利益冲突，导致原有股东投资面临无法收回的风险；又无法提供新投资人与原有股东之间的利益协调机制，导致公司难以获得有效资金的支持。总之，借助联合投票协议以实现公司重整的目标常常是无功而返。

显然，铁路公司出现债券的大面积违约，是大公司时代下新出现的棘手问题。而在当时已有的公司各类制度中，尚缺乏对此种危机事务进行有效干

---

〔1〕［德］马克思：《资本论》（第 3 卷·第 2 版），中共中央马克思恩格斯列宁斯大林著作编译局译，人民出版社 2004 年版，第 278 页。

〔2〕 Harry A. Cushing, *The Voting Trusts: A Chapter in Recent Corporate History*, The Macmillan Company, 1927. p. 2.

〔3〕 薛波主编：《元照英美法词典》（缩印版），北京大学出版社 2013 年版，第 1065 页。

预的手段。事实上，当时美国铁路公司仅是陷入了暂时性的财务危机，公司所具有的真正价值尚未完全释放，公司股票仍存在相当溢价条件。只不过一方面，公司内部管理效率低下，无法对危机进行有效干预；另一方面，公司外部可能用于挽救公司的新资金，又因缺乏制度工具导致难以实现与公司的直接对接。因此，解决上述危机的关键是，在协调公司内外部利益的基础上，既能够提高公司的管理效率又能够完成公司的再融资。正是在此种背景下，表决权信托在美国应运而生。[1]

值得说明的是，我国一些较早研习表决权信托的学者认为，美国的 Brown v. Pacific Mail Steamship Company 一案是其表决权信托产生的标志。[2]但笔者以为，该观点值得商榷。从史料分析，该案件只是针对表决权信托的效力问题而展开的一次诉讼，或者在更严格意义上是表决权信托被记录的最早的一次诉讼。实际上，在美国太平洋邮船公司表决权信托成立之前，表决权信托不仅已经广泛应用于美国众多的铁路系统之中，例如伊利铁路公司表决权信托、南方铁路公司表决权信托等，而且在一些大型商贸公司和工业公司中也已经广泛存在。[3]这足以证明，由于表决权信托突出的社会效果，其在出现后不久就因适用频次的明显上升，而成为备受推崇的新兴制度。

（三）公司股份分散成为常态

第一次工业革命前期，主要生产力的提供者大都来自以合伙形式存在的家族式公司之中。换言之，这类公司中的股东不仅是公司的投资人，也是公司的实际管理人。在自由资本主义早期，这种股东多重身份的重合，更有利于新兴工商业者们完成其个人对财富的追求。[4]但是对个人能力的过分依赖，逐渐对公司的长远发展带来不利影响。而当时家族式公司股东的无

---

〔1〕 Maurice Finkelstein, "Voting Trust", *Michigan Law Review*, Vol. 24, No. 4, 1926, pp. 324~344.

〔2〕 王丽萍：《美国法上的"表决权信托"及对我国的借鉴意义》，载沈四宝、丁丁主编：《公司法与证券法论丛》，对外经济贸易大学出版社2005年版，第135页；李兴华：《表决权信托法律制度研究》，中国政法大学2007年硕士学位论文。

〔3〕 Harry A. Cushing, *The Voting Trusts: A Chapter in Recent Corporate History*, The Macmillan Company, 1927, pp. 3~7.

〔4〕 ［英］亚当·斯密：《国富论：强国富民的西方经济学"圣经"》，胡长明译，江苏人民出版社2011年版，第21页。

限连带责任，亦导致公司未来通往规模化发展的道路在事实上被限制。上述因素，使家族式公司无法适应第一次工业革命后期生产力爆发性式的增长。因此，股份有限公司逐渐取代家族式公司，成为大型工业化最有效的载体。换言之，由于家族式公司在规模上多有限制，故不可能存在股份分散问题。

同样，特许主义时代下的股份有限公司，也不存在股份的分散问题。彼时成立的特许公司，其公司管理模式基本都是照搬 1602 年成立的荷兰东印度公司模式，简称"荷兰模式"。[1]具言之，荷兰政府在组建东印度公司时，将其中 56.9% 的股份交由阿姆斯特丹商会，其余则面向全国招募。此外，荷兰东印度公司的股东大会乃公司最高权力机构，其既选出董事会作为公司决策机构，又选出公司经理会作为执行机构，主持公司日常事务。[2]仅从表象观察，"荷兰模式"似乎与现代公司治理结构极为类似。但实际上，荷兰东印度公司的股权仍然控制在政府手中。因为阿姆斯特丹商会乃服从政府的领导，由其掌握之公司股份自然亦由政府支配，而公众股份仅是作为融资的补充。换言之，特许公司的股份仍然十分集中，能够实现流通的仅是公司股份中的小部分，故也不存在股权分散的问题。

然而，当成立股份有限公司不再是特权而成为权利时，逐利的资本开始大量向股份公司涌入，普通民众开始取代政府成为投资主体。而当公众进入资本市场并晋升为公司股东时，公司股份的普遍分散就成为一种常态。该特征，亦将其与特许成立的股份有限公司相区别。申言之，大公司时代下的股份有限公司，乃由其向公众发行股票或债券而设立，公司股份高度分散则是常态。因此在公司股份分散的情况下，如何实现股东利益的最大化，就成为大公司时代下公司必须面对的新课题。事实上，该问题时至今日仍旧困扰着公司法学界与实务界。

另外，公司股份的大量分散，也导致外国投资人的股份存在虚置可能。由于大型铁路、航运等运输工业的高额利润，引发了历史上第一次大规模

---

[1] M. Schmitthoff, "The Origin of the Joint-Stock Company", *University of Toronto Law Journal*, 24 (19), 1939, pp. 74~95.

[2] M. Schmitthoff, "The Origin of the Joint-Stock Company", *University of Toronto Law Journal*, 24 (19), 1939, pp. 67, 93.

的跨国投资。当时包括英国在内的许多欧洲大陆国家，在向美国不断进行技术输入、人口输入的同时，也输入大量资金。以当时最为出名的美国伊利铁路公司为例，该公司几乎一半的股份都由英国人持有。[1]在通信工具并不发达的时代，大量外国的持股股东实际上根本无法行使其权利。于是如何保障外国投资者的利益，亦成为当时十分棘手的问题。不难发现，大公司时代下公司所具有的股权的分散特征，必然影响公司管理效率以及股东权益保护，而将股权集中并替代股东进行财富管理作为基本内容的表决权信托，成为当时众多公司解决上述问题的主要选择。例如，以前文提到的美国伊利铁路公司为例，作为最早设立表决权信托的公司之一，其信托直至1904年才正式宣告终止。[2]

（四）信托财富管理的传统

表决权信托之所以能够在美国出现，除了前述客观的背景条件，也与信托制度本身存在相当关联。信托（Trust）被誉为"英国人在法学领域取得的最伟大、最杰出的成就"，[3]其精髓在于，对财产权利进行了创造性运用。申言之，英国人将"双重所有权"架构，广泛应用于对土地权利的传承和管理之中，实现了受益人对利益追求的最大化。[4]自英国衡平法院的法官，在1536年《英国用益法》的灰烬中开始正式承认地权信托关系的合法性之后，信托作为财产管理的有效方式，经过几个世纪的发展，早已成为对英国社会生活颇具影响力的重要制度。[5]

---

〔1〕 Harry A. Cushing, *The Voting Trusts: A Chapter in Recent Corporate History*, The Macmillan Company, 1927, p. 12.

〔2〕 Harry A. Cushing, *The Voting Trusts: A Chapter in Recent Corporate History*, The Macmillan Company, 1927, pp. 70, 7~11.

〔3〕 F. W. Maitland, *Selected Essays* (H. D. Hazeltine, G. Lapsley, and P. H. Winfields), Cambridge University Press, 1936, p. 2.

〔4〕 所谓双重所有权理论，是指信托上的财产权是一分为二的——受托人享有信托财产法律上的所有权（legal title）、是受托财产法律上的所有人（legal owner），受益人享有信托财产衡平法上的所有权（equitable title）、是信托财产衡平法上的所有人（equitable owner），这就是英美信托法上著名的"双重所有权"理论。

〔5〕 陈颐：《英美信托法的现代化：19世纪英美信托法的初步考察》，上海人民出版社2013年版，第24页。

　　不过需要说明的是，英国信托对于信托的贡献主要在民事领域，即实现了信托对于财富传承从良心上的维护到法律上的客观衡平的转变。而作为继受英国信托发展而来的美国信托，它对信托的贡献则主要在商事领域。美国的商事信托完成了信托在财富管理领域的从团体看护到商业社会投资增值的转变。以制度所创造的社会财富总值衡量，显然后者是更为实质性的转变。

　　表决权信托，正是美国商事信托中的典型代表。它是信托基本法理在公司领域的一次拓展，是将"双重所有权"的财产权分割理论，创造性地应用于股东权利的一次尝试。具言之，美国的表决权信托乃将股东股权信托给受托人，[1]并确认其享有信托财产法律上的所有权（legal title），受托人成为公司股权法律上的所有权人（legal owner）；而在表决权信托存续期间，原股东则成为公司股权的受益人，仅享有信托股权的财产受益权，该股权受益权即所谓信托财产衡平法上的所有权（equitable title），原股东也就转变为信托财产衡平法上的所有人（equitable owner）。申言之，美国表决权信托制度的设计意图是，通过将公司股权（股票）向受托人移转，实现股东表决权的集中行使。该制度的目的在于，在公司重整计划得以顺利执行的过程中，公司能够摆脱财务危机获得重生。

二、美国表决权信托的发展与争议

　　法律史学家 F. W. 梅特兰在其著作《衡平法》中，除了认为信托是英国人在法学领域最伟大的成就，还指出了信托历经数百年日益壮大的原因。它不仅仅在于，信托所体现出的人性与道德约束，更因为信托是一种具有极大弹性和普遍性的制度。[2]之所以有如此论断，笔者以为，一方面是因为信托出现的根本目的是利用信托法律设计规避英国封建采邑法上沉重的地权负担；另一方面则在于，信托本身深刻地植根于教会权力、国王权力、新

　　〔1〕　我国学者对于表决权信托的客体存在不同观点，笔者在本书中认可其客体为公司股权的观点。对该观点的实际说理，将在本书第三章中详细展开，故此处不再赘述。

　　〔2〕　F. W. Maitland, *Selected Essays* (H. D. Hazeltine, G Lapsley, and P. H. Winfields), Cambridge University Press, 1936, pp. 6~9.

兴贵族各种阶级斗争的背景之中。[1] 因此，从用益出现再到信托被判例最终确认，其间经历数次政治经济环境的变化，信托被法律承认的过程可谓十分艰难、复杂。申言之，弹性、灵活固然是信托制度的优势所在，但其毕竟为规避法律所设，故极易引发与原有法律体系的冲突。当然，表决权信托的承认过程并不像早期信托那样，甚至在其被美国立法承认之前，信托早已成为美国财产法的重要内容。但表决权信托的发展道路也并非一帆风顺，同样经历了与原有法律制度的冲突以及复杂的博弈过程。

在表决权信托出现之初，其制度设计就呈现出较为复杂的结构安排。公司股东将代表其权利的股权凭证移转于受托人，受托人在向公司完成登记的同时，再向公司股东发放表决权信托凭证。在表决权信托协议存续期间，受托人以名义股权所有人身份行使表决权，而原公司股东则成为信托受益人，以表决权信托凭证享有受益权。尽管交易结构较为复杂，但表决权信托的社会效果却十分理想。当时曾有人评价表决权信托是"比较现代而又十分有效的公司管理模式，是被银行家和投资人所公认的现代金融较为理想的附属产物，对于公司的困难处境有突出的调整作用"。[2] 良好的社会效果，使得法官在审理关于表决权信托效力的案件时，往往作出有利于信托的判决。例如，前文所提及的 Brown v. Pacific Mail Steamship Company 一案。经过审理，法院认可了由布朗兄弟与太平洋邮船公司多数股东共同成立的表决权信托有效。[3] 随后在 Vanderbilt v. Bennett [4] 以及 Mobile and Ohio R. R. Co. v. Nicholas [5] 等一系列涉及表决权信托效力的案件中，法院均对信托效力给予认定。然而，随着表决权信托制度的深入发展，具体信托协议的内容日趋复杂，曾经被制度效果所掩盖的问题开始显现，于是围绕表决权信托效力的争论日趋激烈。

---

〔1〕 ［英］F. W. 梅特兰著，［英］大卫·郎西曼、马格纳斯·瑞安编：《国家、信托与法人》，樊安译，北京大学出版社 2008 年版，第 22~24 页。

〔2〕 Harry A. Cushing, *The Voting Trusts: A Chapter in Recent Corporate History*, The Macmillan Company, 1927, p. 4.

〔3〕 Brown v. Pacific Mail Steamship Company, 5 Blatch. 525, Fed. Cas. No. 2025, 1867.

〔4〕 Vanderbilt v. Bennett, 2 Rlwy. & Corp., L. J. 409.

〔5〕 Mobile and Ohio R. R. Co. v. Nicholas, 98 Ala. 12 No. 723, 1893.

第一个争议是，表决权过度集中是否会存在受托人滥用权利的可能。针对生效后的表决权信托，受托人乃以名义股东身份行使表决权。随着大量股权凭证移转到受托人手中，实际上形成了对表决权利的集中行使。据此，一些学者认为，理论上表决权的集中行使形成了对公司的控制，当权利过度集中时，自然极易引发滥用。[1] 据此，表决权信托导致的后果可能是：其一，公司被外部人控制，产生公司究竟是谁的公司的问题；其二，少数股东的合法权益受到威胁。其实，在表决权信托发展的早期，所谓因表决权过度集中而引发的上述情况罕见。主要原因在于：首先，公司股东对是否成立表决权信托十分谨慎，因此股东若决定成立表决权信托，则其所选择的受托人应当是在业务能力、道德品行方面都无可挑剔之人；其次，通常股东与受托人在表决权信托协议中，会对受托人的责任作出明确而清晰的限定。因此，尽管表决权信托协议在最大限度上保证了受托人责任的最小化，但作为具体执行协议的受托人团体，他们的行动以协调公司各方利益为基础，以寻求公司利益最大化为目标，故而在行使表决权时显得十分谨慎。至于前文提到的少数股东股权利益受到受托人威胁的情况，在实务中，几乎没有股东对表决权信托提出异议，其原因在于，受托人的谨慎行动往往使他们获益良多。况且，他们中的多数确实对于管理公司并无足够兴趣。

然而，随着受托人获得公司股东越来越多的信任，受托人在表决权信托协议中的地位也不断升高，股东又会因此不断给予受托人新的管理公司的权限。特别是当受托人对公司发行新股、发行新债以及公司董事选任等重大问题都具有相当的话语权时，以前受托人以公司利益为目标的集体讨论智慧，开始逐渐被受托人以其私利为目标而取代。因此，人们开始认为，表决权信托的成功是以公司控制权旁落换来的，实质上是以牺牲公司（原）股东利益为代价。于是，一些法官开始否认表决权信托存在的合法性。[2]

第二个争议是，银行是否成为最大赢家，并导致金融寡头的出现。对

---

〔1〕 Simeon E. Baldwin, "Voting-Trusts", *Yale Law Journal*, Vol. 1, No. 1, 1893, pp. 1~14.

〔2〕 马伦法官在 Warren v. Pim 一案中，经过研究认为表决权信托的诸多好处并不存在，反而是公司将沦为外部人控制的工具，其股东的利益无法得到保护，因此在判决中否认了表决权信托的效力。Warren v. Pim, 66 N. J. Eq. 353, 59 Atl. 773, 1904.

表决权信托最为猛烈的质疑，来自1913年以阿尔森·普若为委员长的美国下院银行与货币委员会的辅助委员会。该委员会受国会委托，对当时美国银行的财务状况进行了广泛的调查研究。在报告中，该委员会认为，表决权信托引诱了那些毫无防备的股票持有者，且这些人缺乏任何自我保护手段只能受到不公正的待遇。而银行作为表决权信托的受托人，则在借机敛财的同时，逐渐成为各个行业背后的共同出资人。因此，该委员会最终得出的结论是，"需要在一定程度上禁止表决权信托"。[1]笔者认为，该委员会所得出的结论确实反映了当时表决权信托在实际使用过程中存在的某些问题，但不能忽视的是表决权信托得以出现的时空背景条件，即铁路公司发生的大面积债券违约。故此，无论是公司的管理问题，还是新资金顺利投入公司的问题，其本身都会涉及大量的法律、金融知识。而上述问题本身，又正属于银行的业务范围。事实上，表决权信托之所以能够在解决债券违约的相关方案中脱颖而出，恰恰与受托人所普遍具有银行背景关系有关。由新投资人——银行所指定的受托人，既能够为公司引入资金，又能够实现公司的高效运作以及专业化地平衡公司各方利益。因此，银行介入公司管理是表决权信托能够成功的关键。

当然，必须承认，随着表决权信托的大量设立，众多公司的股权（票）纷纷向受托人也就是银行集中。整个银行业借助表决权信托的力量，规模得以迅速壮大，进而突破了银行传统的经营范围而发展成为足以影响一个甚至多个行业的力量。其中，最有代表性的就是 J. P. 摩根领导的摩根财团。有学者这样评价由 J. P. 摩根领衔设立的表决权信托，"在公司重整的过程中，（表决权信托）已经逐渐开始变得不那么令人愉快了，因为他们去屈从于更大的利益集团。在这种情况下，交出自己投票权的股东将无法保护自己的利益"。[2]

第三个争议是，是否构成对原有公共政策的消极影响。所谓表决权信

---

〔1〕 Edward Avery, "Voting Trusts and Holding Companies", *Yale Law Journal*, Vol. 13, 1904, pp. 109~123.

〔2〕 Marion Smith, "Limitations on the Validity of Voting Trusts", *Columbia Law Review*, Vol. 22, 1922, pp. 627~637.

托对公共政策造成的消极影响主要包括三个方面：其一，表决权信托是对股东权利转让的阻碍。在表决权信托出现之前，股东对其股权是自由支配的。但加入表决权信托后，如果依然对自由流动股权不加限制，恐将不利于信托目的的实现，故表决权信托在事实上势必限制股权的自由转让。其二，设立表决权信托，使得股东权利中的所有权与表决权分离，有损于股东权利的完整性，学者称此为"反股权分离原则"。[1]其实，表决权应由股东亲自行使的观点，即使在今天仍然十分盛行。表决权由股东行使始终被认为是股东意志充分表达以及维护自身利益的最好的体现。[2]其三，有一种观点认为，表决权信托实际上是创设了一种不可撤销的股权代理行为。美国当时的公司立法明确规定了公司不得设立不可撤销的股权代理。创设表决权信托的目的，恰恰是为了规避该法律规定而作出的变相处理。据此，表决权信托构成了对公共政策的违反。不过，笔者认为，关于表决权信托违反公共政策的第三种观点，实际上与第二种观点在本质上并无差别，即两者均体现出对股东亲自行使权利的破坏。

　　上述理论争议，事实上阻碍着原本顺利发展的表决权信托。最为突出的反映就是美国法院的判决，比如新泽西州的 Bache v. Central Leather co. 案[3]以及伊利诺伊州的 Venner v. Chicago City Railway Co. 案[4]等。由于案件中的公司董事是由表决权信托的受托人选任，而不是由股东通过股东会议亲自选任，因此法院认为这违反了董事应当由股东选举的公共政策，故而判决表决权信托违法乃属无效。除此之外，一些尚在讨论阶段的表决权信托，也因此被搁置了下来。比如 Frisco 公司的重整计划因其采用了表决权信托，而被密苏里州的公共事务委员会，以违反公共政策为由叫停。[5]

　　尽管一定数量的法院采纳了否定表决权信托的观点，但并不意味着对这一制度本身进行了全盘否定。例如，著名的霍姆斯大法官在他审理的

---

〔1〕　Bozert Cott. , "Abridgment of the Law of Trust", *Michigan Law Review*, 1963, p.4.

〔2〕　柯芳枝：《公司法专题研究》，台湾大学法律学系法学丛书编辑委员会 1976 年版，第 49 页。

〔3〕　Bache v. Central Leather co. , 78 N. J. Eq. 484, 81Atl. 571, 1911.

〔4〕　Venner v. Chicago City Railway Co. , 258 Ⅲ. 523, 101 N. E. 929, 1913.

〔5〕　Harry A. Cushing, *The Voting Trusts : A Chapter in Recent Corporate History*, The Macmillan Company, 1927.

Brighten v. Bates 案的判决中写道，在现行相关法律中没有任何规定，可以阻止股东将他们的表决权向受托人转移，甚至没有规定对这种移转进行限制。[1]新泽西州法院在类似案件审理中也表达了相同观点，而纽约州和马里兰州更是分别于1901年、1908年对州公司法进行修订，从而明确了表决权信托的合法地位。笔者以为，多数否定表决权信托效力的观点没有认识到表决权信托存在的事实前提，即其一，大公司时代下的公司股权结构分散，以致公司管理效率极其低下；其二，适用表决权信托架构的绝大多数公司，都是已经陷入了严重的财务危机的。换言之，正是在解决上述问题的过程中，表决权信托的优势才得以发挥。首先，为了避免破产，公司迫切需要确保新资金的有效融入。而除非公司新债券持有人能够得到某种类似债权的担保，否则公司将无法实现融资意图。表决权信托实际上是指，股东通过信托架构将公司管理权利让与债权人，以换取公司债券持有人的资金支持，这是股东与债权人利益博弈的结果。而在通常情况下，表决权信托中的股权都是信托于具有银行背景的受托人的，这样既可以帮助公司摆脱混乱的管理，又可以使公司获得来自银行资本的支持，从而为实现公司重整创造条件。其次，仅是完成股权信托，尚不能实现公司重整的目的，还需要受托人对公司进行稳定且长期的控制。因此，设立表决权信托，固然不利于公司股权的自由转让，但稳定的公司经营政策，既能够保证公司的偿还贷款计划，又可以避免因公司政策无法持续而导致的重整计划的失败。[2]从长远来看，表决权信托的设立，不仅能够保证公司利益最大化，同时还能实现公司股东、债权人利益的平衡。

而至于所谓表决权信托违反了多项公共政策。当时《纽约时报》就曾指出，公共政策并不是一个稳定的概念，它常常会变化。法院甚至会基于同一项公共政策而作出完全相反的判决，因此表决权信托违反公共政策的说法并

---

〔1〕 Brighten v. Bates, 175 Mass, 105, 55 N. E. 809. , 1903.

〔2〕 在南方铁路表决权信托中，公司股东仍能自由转让公司股权导致公司几度陷入权力争夺，结果不仅信托计划失败公司也随之破产。Maurice Wormser, "The Legality of Corporate Voting Trusts and Pooling Agreements", *Columbia Law Review*, Vol. 18, No. 2, 1918, pp. 123~136.

不牢固。[1]而挽救公司就如同使孩子获得重生，必须给予它襁褓式呵护。能
够提供如此保证又具备如此能力的，正是表决权信托下的受托人。尽管表决
权信托的确带给银行业巨大的行业控制力与影响力，但绝不能因此否定其在
商业实践，特别是在公司重整中的诸多好处。1918 年，著名学者莫里斯·沃
默发表文章，专门论述表决权信托的合法性，[2]得到广泛认同并且影响了
《美国统一事业公司法》的编撰。1928 年在这部具有示范法性质的法典中，
表决权信托制度被正式写入。随后从 1931 年开始到 1962 年，美国 50 个州中
有 41 个也对该制度作出了明确规定。而即使在未明确规定表决权信托的州，
也没有再出现否认表决权信托效力的判决。至此，表决权信托在美国已经获
得了全面认可。

第二节　日本表决权信托的争议与借鉴

　　一般认为，在诸多大陆法系国家中，日本是借鉴信托最为成功的国家
之一。然而，无论在《日本商法典》还是在《日本公司法》中，至今都没
有关于股东表决权信托的相关规定。这对于自第二次世界大战后，便开始
积极致力于在各个方面学习美国的日本而言，的确是个奇特的现象。不过，
尽管法律上未有规定，但在实务中却能够发现有关表决权信托的实例。例
如，朝日报社股份管理信托案。由于最大股东董事长村山长举氏利用职务
之便在很多方面损害了公司传统以及公司作为报业的使命，于是众多小股
东以持有公司大量股份的几个股东为共同受托人，通过共同签订信托条款
成立股份管理信托，将自己持有的股份信托给这几个大股东。但董事长村
山长举氏认为，该股份管理信托实际上是表决权信托。因为所签订的信托
协议第 12 条第 1 款规定，受托人基于报纸的公益性，在尊重朝日报社传统

---

〔1〕　Marion Smith, "Limitations on The Validity of Voting Trusts", *Columbia Law Review*, Vol. 22, 1922, pp. 627~637.

〔2〕　Marion Smith, "Limitations on The Validity of Voting Trusts", *Columbia Law Review*, Vol. 22, 1922, p. 92.

的同时，为公司经营稳定与发展应当行使表决权。[1]然而，《日本信托法》明确规定，该法中的信托是为了将财产权作转移或者其他处分，由他人根据一定的目的而管理或处分其财产。申言之，《日本信托法》将能够信托的对象仅限定为财产权利。而《日本公司法》中的表决权，被视为股东的固有权利，并不属于《日本信托法》所规定的财产权利范畴。据此，董事长村山长举氏向法院提出诉讼，认为公司其他股东所设立的股份管理信托属于表决权信托，乃日本法中不被承认的无效信托。

尽管后来由于焦点人物村山长举氏的突然去世，使得朝日报社股份管理案件的诉讼不了了之，但此案仍引发了日本学界关于表决权信托合法性的大讨论。而讨论的核心问题是，股东表决权的属性究竟是财产权还是人身权。其中相当数量的学者认为，表决权信托是将表决权从股权中单独分离，并仅针对表决权所进行的信托法律行为。但其一表决权不属于财产权，其二日本公司法也并不支持这种分离表决权的破坏股东权利的行为，基于上述理由，便可得出表决权信托是无效信托的结论。[2]而另一部分学者，以中野正俊为代表，认为表决权信托并非单纯的表决权的信托，其本质是对全部股东权利的信托，因此在信托法上应是有效的。上述两派观点，始终无法达成共识。而近年来，又有学者认为表决权信托的制度功能完全可由表决权代理所替代，因此亦主张暂缓表决权信托的引入。显然，由于理论研究长期停滞于表决权属性问题的论争，故而日本法学界至今未能在立法上认可表决权信托。

值得玩味的是，尽管在正式制度层面日本没有认可表决权信托制度，但在现实经济活动中却不能阻止公司对表决权信托的运用。比如引进外资时，为保持对本国资本的控制权，日本五十铃汽车公司与美国通用汽车公

---

〔1〕［日］铃木竹雄：《表决权信托的效力（现代商法学问题）》，载《田中诚二老师古稀纪念论文集》，千仓书房1967年版，第261页，转引自漆丹：《我国股份公司股东表决权信托之法律问题研究》，中南大学2006年博士学位论文。

〔2〕［日］四宫和夫：《信托法〔新版〕》，有斐阁1989年版，第50页，转引自漆丹：《我国股份公司股东表决权信托之法律问题研究》，中南大学2006年博士学位论文。

司成立了表决权信托；还有 1983 年监事选举决议无效诉讼案，[1]对于该案中成立的职工持股信托，有一些日本学者认为，其本质亦应被看作表决权信托。而上述案件所反映的事实是，尽管日本存在表决权信托理论研究上的困难，但并不能妨碍有识之士们不断在实践中竞相探索表决权信托在日本的制度价值。

第三节　表决权信托的制度评价

在大陆法系诸国引入表决权信托的过程中，有一点值得注意，即甚少有国家将其正式纳入国家立法。[2]究其原因不外乎两点：一是，关于表决权信托客体的法律属性，大陆法系各国长期无法达成共识；二是，信托乃是源于英美的财产权利体系，它始终存在如何解决与大陆法系传统物权制度兼容的问题。不难发现，大陆法系诸国在探讨是否引入表决权信托时，高度关注的主要是表决权信托的理论问题。而在笔者看来，以表决权信托制度自身发展的历程观察，阻碍各国将之有效融入的还有一深层次原因，即在事实上，表决权信托已趋于式微。即便在其诞生地美国，该制度也大有成为"书本上的制度"的态势。缘何如此，笔者尝试作进一步分析。

一、表决权信托之式微与原因分析

表决权信托之所以能够勃兴，乃因其在解决美国铁路公司大面积债券违约危机中的突出表现。因此，尽管其在制度发展过程中屡遭质疑，但却

---

〔1〕 漆丹：《我国股份公司股东表决权信托之法律问题研究》，中南大学 2006 年博士学位论文。

〔2〕 例如，《韩国公司法》也没有表决权信托的规定，韩国公司法学者李哲松在论述表决权的有偿交易时说道，由于在韩国法律上表决权的信托性转让或者资格转让是不可能的，作为有偿确保表决权的方法只有上述的有偿签订约束表决权之协议的方法和有偿取得表决权代理权的方法。所以，韩国法律还没有为表决权信托提供生存空间；法国仅将信托适用于特定领域，因此在《法国商业公司法》中也没有规定表决权信托；《德国股份公司法》第 135 条规定了寄托表决权，我国有学者认为其有与表决权信托类似之处，但依据德国学者对该条内容的解释，笔者认为两者差异巨大。表决权信托乃依据具体业务需要实行，由于其是对公司控制权的概括行使，故德国亦未规定表决权信托。

一直有美国法院承认其效力。加之 20 世纪初，美国展开了州际公司法的朝底竞争，因此多数州均对表决权信托的效力予以肯认。但是，随着美国铁路公司债券违约问题得到有效缓解，表决权信托制度的边际收益开始降低，而与其相关的边际成本问题则逐步显现。

第一，表决权信托分割了股东权利，是对股东权利的实质减损。前已述及，表决权信托产生的原因之一是，铁路公司出现大面积的债券违约。然笔者以为，这只是制度生成的表层原因，更为深层次的原因则是公司股权高度分散。在公司发展初期，无论是特许公司还是自由注册成立的"小公司"，公司管理者与公司股东很大程度上在身份上是重合的。申言之，在铁路公司这种大型实业公司出现之前，公司的所有权与经营权是统一的。而大公司的出现改变了原先公司的结构安排，一家公司动辄拥有成千上万名股东，因此公司管理效力问题就成为摆在公司股东面前的难题。表决权信托的问题解决思路是：利用信托架构将公司股权集中，将股东的表决权利统一由受托人行使，从而实现公司所有权与经营权的强行合一。然而，该制度虽有利于公司管理的高效运行，但在事实上却是以分割股东权利为代价，在一定程度上导致原股东权利的实质减损。

第二，表决权信托实际上限制了公司股权的自由转让。当表决权信托成立并生效后，公司股权则由受托人名义持有。除非信托终止或失效，否则在表决权信托存续期间，原则上不发生股权名义归属的变动问题。然而，包括 1913 年的辅助委员会在内的不少人认为，这显然是对股权自由转让原则的破坏，并基于此点反对表决权信托的有效性。[1]问题在于，倘若容许加入允许公司原股东可以任意退出信托，则实际上又有损于受托人对公司的控制力，导致表决权信托成立的目的无法实现。为解决该问题，实务中将是否能够自由退出表决权信托的权利，给予了签订信托协议双方。尽管中途要求退出表决权信托的事件很少发生，但就实际效果而言，表决权信托架构确实限制了股权的自由流通。

---

〔1〕 Marion Smith, "Limitations on The Validity of Voting Trusts", *Columbia Law Review*, Vol. 22, 1922, pp. 627~637.

　　也有学者提出，表决权信托并没有限制股东权利的自由转让。因为信托成立之初，受托人在接受股权信托的同时，向原公司股东发行了表决权信托凭证，而该凭证是可以自由转让的。因此，只要表决权信托凭证能够自由流通，那么就可以在不妨碍信托目的的前提下，实现受益人权利的自由流通。[1]不过，在笔者看来，上述理论和现实还是存有一定差距：当时表决权信托凭证主要流通于美国纽约证券交易所，但由于当时的技术条件有限，为了使表决权信托凭证能够在交易所进行流通，必须首先将之与普通公司股票相区别。因此，实现表决权信托凭证流通的前提是，证券交易所往往需要完成十分复杂的登记手续。这直接导致了表决权信托凭证始终无法取得与普通公司股票相同的地位，故其不仅价格相对较低，而且流动性亦大受限制。

　　第三，表决权信托导致了垄断的出现。[2]美国律师缪塞尔·多德在1882年将表决权信托改造成为一种法律上的垄断手段，其标志就是于该年成立的标准石油托拉斯（Standard Oil Trust）——美孚石油公司。[3]当时，石油大亨洛克菲勒合并了40余家公司并希望组建美孚石油公司。然而，当时的《美国公司法》规定，美国公司之间相互不能持股而且也不允许公司进行跨州的经营。因此，洛克菲勒采纳了缪塞尔·多德的建议，采用表决权信托方式实现公司合并的目的。具言之，缪塞尔·多德将原先40余家公司的股东所持有的股票，信托给以洛克菲勒为首的9名董事，由该9名董事作为表决权信托受托人，行使股东表决权及利润分配领受权等股东应享有的一切权利。股东则从董事会处领取表决权信托凭证，作为领取股息和享受其他经济权益的凭证。[4]继美孚石油公司成为石油托拉斯之后，美国棉籽油

---

　　〔1〕　Gary D. Berger, "The Voting Trust: California Erects a Barrier to a Rational Law of Corporate Control", *North Carolina Law Review*, Vol. 48, 1970, pp. 309~422.

　　〔2〕　郑明辉：《表决权信托制度研究》，中国政法大学2011年硕士学位论文。

　　〔3〕　有研究者将缪塞尔·多德的表决权信托设计视为美国表决权信托制度的起点，笔者以为不妥。这一观点显然是将表决权信托的起源与表决权信托运用于垄断的起源相混淆。王丽萍：《论美国法上的"表决权信托"及对我国的借鉴意义》，对外经济贸易大学2003年硕士学位论文。

　　〔4〕　雷晓冰：《美国表决权信托制度的发展脉络》，载《公司法律评论》2006年第0期，第207~213页。

业、酿酒业以及牛饲料业等行业均相继采用表决权信托制度，目的是成立联合企业，实现行业垄断。[1]

然而，上述联合企业产生后不久，它们就利用其优势地位逐渐形成了对产业的垄断。它们或者大量攫取高额垄断利润，或者实施价格欺诈。于是缪塞尔·多德利用表决权信托成立联合企业的做法的合法性开始遭受质疑。而随着这种所谓企业托拉斯（trust）的泛滥，市场调节机制被扭曲直至失灵，进而严重损害了广大普通民众的利益。不久之后，全美开展反托拉斯运动，《谢尔曼法》正式通过。在其影响下，美国各州也纷纷开始制定反垄断法，而主要措施就是对采用表决权信托模式的垄断组织进行拆解。在美国反托拉斯运动的背景下，表决权信托制度的发展出现停滞。[2]

第四，表决权代理取代表决权信托。当以股权分散为特征的大公司时代来临，公司所有权与公司经营权的分离就成为不可避免的趋势，这是公司发展历程上的必经阶段。而这种所有权与经营权分离的结果是，公司股东类型分化以及公司管理专业化。其实在表决权信托出现之前，为应对上述所谓两权分离的结果业已有制度与之匹配，即不可撤销的表决权代理。不过在大公司时代初期，公司法的理论与实务皆不承认股东所有与经营的两权分离，因此法院普遍认为，所谓不可撤销的表决权代理乃是对股东权利的减损，从而对该制度未予认可。

然而，随着公司理论的发展，特别是对公司所有权与公司经营权分离的承认，人们发现若表决权代理不被赋予不可撤销的特点，则该制度就可以在解决大公司所面临的棘手的管理难题的同时，又避免股东权利长期处于被分离状态。因此，法院开始逐步缓和对表决权代理的态度。与此同时，美国高度发达的资本市场也迅速赋予了表决权代理制度以活力。1934年，股东委托投票规则被写入《1934年美国证券交易法》，1935年又再次写入SEC（美国证券交易委员会）《投票代理规则》。更为重要的是，采取表决

---

〔1〕 Maurice Finkelstein, "Voting Trust Agreements", *Michigan Law Review*, Vol. 24, 1926, pp. 344~369.

〔2〕 Gary D. Berger, "The Voting Trust", *Stanford Law Review*, Vol. 18, No. 6, 1966, pp. 313~340.

权代理能够摆脱表决权信托所带来的垄断问题。

此外，海外投资者对其投资公司股权无法有效控制的问题，由于先进通信工具的出现而得以解决。因此，表决权信托所具有的名义持股功能，也逐渐失去其现实意义。可以说，表决权信托制度的式微在当时已经成为事实，其中既有客观环境发生改变的原因，也有制度本身尚存理论争议未能解决的原因。然而，即使表决权信托原先的辉煌难以维持，但是其在公司发展过程中的历史地位和独特功能，却不能因此被遗忘。

二、表决权信托的功能与历史地位

（一）表决权信托的功能与作用

表决权信托制度从其出现到被立法承认的整个发展历程，可谓一波三折。该制度尽管已经趋于式微，但却至今仍旧留存于美国公司法之中，足见其所具有的独特制度功能无法为人们遗忘。因此，一旦出现与制度相契合的外部环境，该制度就存在被再次激活的可能。笔者尝试总结其制度功能如下：

首先，表决权信托在保持公司股权结构稳定上成效非凡。表决权信托之所以在解决铁路公司大面积债券违约问题时能够脱颖而出，其关键之一是，在公司面临重整时期，管理层能够持续、稳定地执行相关事务。申言之，表决权信托生效后，受托人可以名义股东身份决定并执行公司事务，除非出现足以推翻信托协议的事由，否则公司在相当长时间内不会发生股权变动。而产生这种效果的根源在于信托财产的独立性。依据信托的一般原理，经过信托的安排，信托财产成为目的财产，因此无论受托人还是受益人甚至包括公司债权人，非为信托目的皆不得擅自处分信托财产。正是由于信托的独立性，造就了公司股权结构的稳定，使得公司可以抵御来自公司内外部利益集团对自身事务的不当干涉。

其次，表决权信托有利于公司各方利益的有效平衡。表决权信托在当时受到银行家、投资人的广泛认可，被称为令人满意的"现代管理公司工具"。其原因还在于，表决权信托在面临公司重整时，能够有效协调类似银行这样的债权人与公司债务人间的复杂利益。公司重整与公司破产不同，不能仅以债权人保护为目标。实际上，它是对陷入财务困境的公司所进行的公司管理上的全面更新。因此，以表决权信托架构安排的公司重整计划，其目的是令公司恢复生产、经营。[1]申言之，表决权信托制度发挥了信托本身提供的巨大想象空间，一方面通过金融工具的运用，赋予公司债权人一定的公司经营权；另一方面又通过信托架构下的专业人员，对公司进行有效治理，使公司中的各种复杂利益能够在最大限度上实现衡平、共赢。

最后，表决权信托有利于受托人管理公司事务的专业化。在西方，接受委托人委托由专门金融机构管理其财产，历史久远，最早可追溯至欧洲中世纪的圣殿骑士团时代。[2]不过，发端于英国的信托在当时主要适用的还是民事领域，而完成信托从民事领域向商业领域跨越的是美国。表决权信托的出现，又实现了信托制度在美国公司管理领域的运用，其重大意义不能小觑。笔者以为，正是在表决权信托制度的影响下，公司治理概念才逐渐被开启。

同时，表决权信托中的受托人，多是拥有精湛的金融、法律知识的专业人员。在与公司股东签署表决权信托协议之后，他们不仅利用自身的专业知识对公司进行精细管理，而且还能凭借信托架构促使自己忠实履行各项约定职责，并谨慎执行信托事务。著名的 J. P. 摩根，就是他们中的杰出代表。[3]当时的《纽约时报》就曾评价过由他领衔的摩根财团的表决权信托，认为该公司之所以能够迅速摆脱公司衰退困境，就是因为 J. P. 摩根在执行公司重整事务时能够做到公平、合法以及对各方利益充分考虑。当然，正是上述表决权信托突出而独特的功能、作用，奠定了它在公司发展史上，不能也不该被遗忘的历史地位。

---

〔1〕 参见李震东：《公司重整中债权人利益衡平制度研究》，中国政法大学出版社 2015 年版，第 7~14 页。

〔2〕 圣殿骑士团，是欧洲中世纪的一个神秘机构。到 14 世纪，圣殿骑士团成为一个大型的超政府机构，经营欧洲各国国王、贵族之间的金融业务，包括资金汇兑转移、账户管理，信托理财，吸储放贷，发行土地抵押债券。它甚至被认为是银行的前身，且整个现代欧洲的金融体系也是建立在其基础之上的。香帅无花：《东і다与西就：金融的东西方大分流》，载 https://mp. weixin. qq. com/s/k34Tma3LN9pqcWh AScO90Q，访问日期：2017 年 8 月 30 日。

〔3〕 纪录片《华尔街》主创团队：《华尔街Ⅱ金融的力量》，中国商业出版社 2011 年版，第 79 页。

（二）表决权信托的历史地位

回顾表决权信托的发展历程，应当说该制度曾经在世界公司制度的发展历史中留有浓墨重彩的一笔。然而，由于年代久远，前人在其研究中大多对表决权信托的历史地位未能给予关注。为全面了解制度的作用、功能，笔者将表决权信托的历史地位做如下总结：

第一，表决权信托标志着美国公司开始从股东会中心主义向董事会中心主义转变。公司设立时，投资人将出资财产出售给公司。投资人在成为公司股东的同时，获得相应的股东权利，而其中最为重要的一项便是公司的经营权。事实上，在相当长的公司发展历史中，公司股东与公司管理者在身份上就是重合的。盛行百余年的以公司股东会为公司主要经营机构的荷兰模式，正是公司股东会中心主义的典型代表。然而，在美国的大公司时代背景下，公司股东数量成百倍增加，具体类型也开始逐渐分化，因此原先合一的公司所有权与经营权也开始分离。虽然从形式上看，表决权信托乃是将股东所有权与经营权强行集中，受托人因此取得名义股东身份，但应当意识到，这正是承认两权分离之后的应对手段。从此，公司股东未必经营管理公司成为常态，也标志着美国公司通过表决权信托开始向董事会中心主义转变。

第二，表决权信托开启了美国公司历史上第一个公司大并购时代。在资本主义发展初期，公司间的合并、重组并不常见。概因在国家特许时代，设立公司并非自由意志的产物。而在自由设立的"小公司"时代，公司的规模尚不足以形成彼此之间的竞争，又谈何并购问题。随着自由资本主义的发展，公司如雨后春笋般不断涌现，故此围绕市场、资金等以资源整合为目的的竞争不可避免，大公司时代来临。不过在当时公司间的并购并非易事，公司长期以来被视为法人主体，因此实施公司并购所要耗费的财力、物力减缓了公司完成并购的实际速度。表决权信托的出现则开始转变人们对公司的传统认识，公司控制权概念开始显现。申言之，即使没有购买公司的全部财产，仅依靠收购足够的股权就可能完成对公司的实际控制。从此公司不再仅是一个实体概念，而是被注入了一定的财产属性。换言之，公司具备了客体性。在这种划时代认识的指引下，美国历史上或者更准确地说是公司发展历史上，第一个公司大并购时代被造就出来。

第三，表决权信托造就了现代公司发展的重要力量，即职业公司管理层。表决权信托中，为使公司摆脱财务危机获得重生，公司股票通过信托方式完成向受托人的移转。其结果是促成受托人集中行使表决权，以便保证受托人能够使重整计划得以顺利执行。对此可以预见受托人在表决权信托中的重要作用，而受托人中的绝大多数之所以具有银行背景，乃因在当时他们是为数不多的拥有精湛金融与法律知识的专业人员。然而，尽管表决权信托有力地提升了公司经营效率，但却使得股东权利长期处于分离状态。为了在公司所有权与经营权分离的情况下，仍然保证股东权利不受损害，董事会中心主义顺势而生。而由表决权信托造就的这批从事公司管理的专业受托人，也伴随着董事会中心主义时代的到来，在某种意义上成为公司职业经理人的前身。

综上所述，无论曾经铸就过怎样的辉煌，表决权信托确实走向了制度的衰微。但与美国自下而上的公司发展历程不同，我国公司制度的主要推动力乃是国家政策。因此，一些曾经在公司发展史中十分重要的制度，可能由于缺乏与制度相配合的环境而未引起重视。应当明确的是，公司存在自我发展所遵循的内在规律，因此只要存在与制度发展相匹配的条件，公司历史上的任何制度都有重生的可能。具言之，只要具备适宜于表决权信托制度发展的外部环境，该制度于我国就有借鉴的必要。故我国是否具有契合表决权信托发展的外部环境，就成为引入该制度前必须回答的问题之一。

第二章

表决权信托的当代中国性

——表决权信托法价值构建

第一节　表决权信托与我国公司法性格的重塑

一、我国公司法性格的变迁——公司法强行性的矫正

公司法的性格，是有关公司法规范结构的讨论内容。它主要解决的是公司法在适用过程中如何协调自由与强制的问题，该问题乃是公司法理论与政策争议的核心。[1]然而目前我国对该问题讨论甚少，其原因绝非答案了然，而是关涉公司复杂利益权衡。我国公司法学界与实务界，至今难以就当事人可享有的意思自治范围达成共识，以致该问题无法在公司法中予以明确规定。

在 2005 年我国《公司法》进行首次修订之前，可以说该法的性格十分稳定，突出强调了其强制性的一面。比如，1993 年《公司法》第 5 条第 2 款明确规定，公司应在国家宏观调控下，按照市场需求自主组织生产经营；而第 23 条则不但规定了有限责任公司的资本实缴制度，还细化规定了公司应当依照营业范围缴纳其相应出资。[2]而本应体现当事人意思自治的公司

---

〔1〕　王保树：《从法条的公司法到实践的公司法》，载《法学研究》2006 年第 6 期，第 21~29 页。

〔2〕　1993 年《公司法》第 5 条第 2 款之规定如下，公司在国家宏观调控下，按照市场需求自主组织生产经营，以提高经济效益、劳动生产率和实现资产保值增值为目的；而第 23 条第 2 款更是依照营业范围详细规定了有限责任公司的注册资本，具体如下：①以生产经营为主的公司人民币 50 万元；②以商品批发为主的公司人民币 50 万元；③以商业零售为主的公司人民币 30 万元；④科技开发、咨询、服务性公司人民币 10 万元。

章程，亦并未体现出明确的私法属性，仅是公司法规定的翻版。[1]如此明显的强行法色彩，导致我国公司法在理论上一直被定性为私法公法化的典型代表。[2]

公司法以强制性为性格，既非始于我国更非我国首创。实际上，它是现代公司结构演化的突出特点。公司最早乃以特许形式出现。换言之，公司的设立须以国王许可作为先决条件。所谓国王特许状，在实质上相当于国王与公司之间就相关利益分配问题订立的"契约"。其内容不仅包括国家授予公司的垄断经营地位，还涵盖了公司发行股票的数量，公司高级职员的任选方式，甚至囊括了公司如何经营、利润如何分配的具体方案等。[3]故此，特许状虽非现代意义上的公司法，但在相当程度上可以作为国家设立公司的法律依据。由于公司设立之特许授权来自国王，故特许状的强行色彩十分浓郁。事实上，在英国南海公司事件全面爆发，特许公司沉寂之前，尽管人们普遍相信股东皆是有能力保护自己的资本家，但同时亦始终认为，对公司应该采用严格的措施以保障其经营安全。在当时所采取的最为典型的方式，主要包括三种，即严格限制公司的业务范围，严格监督股东出资的实际缴纳以及严格规定公司的资本结构。[4]

而承继英国公司法的美国，尽管摆脱了王权对公司的束缚，但各州政府显然将自己视为王权的替代，将公司章程作为特许状的替代。换言之，美国公司的经营权已由国王授予转为州政府授予，而各州政府亦凭借对公司章程内容的控制继续实现对公司的监管，因此承继英国的美国公司法其强行性仍旧突出。

同样，我国公司的经营权也经历了由国家授予的过程。在相当长的一段时间，公司一直以来并非我国企业的法定形式。直到改革开放政策实施，

---

[1] 1993年《公司法》第22条第1款是关于公司章程所应当载明的事项，在全部10项应当载明的条款之外，该法赋予股东在制定公司章程上一定的任意性，即其认为需要规定的其他事项可由股东自行约定。然为方便通过工商部门的公司设立审查，在实践中该条规定鲜少被公司适用。

[2] 赵中孚主编：《商法总论》（第4版），中国人民大学出版社2009年版，第22~23页。

[3] 葛伟军：《英国公司法：原理与判例》，中国法制出版社2007年版，第6页。

[4] ［美］阿道夫·A.伯利、加德纳·C.米恩斯：《现代公司与私有财产》，甘华鸣、罗锐韧、蔡如海译，商务印书馆2005年版，第142~145页。

在相关吸引外资政策的指引下，以 1979 年《中外合资经营企业法》为契机，我国的"公司制"之门才得以重启。此后，国家又陆续颁布《外资企业法》《私营企业暂行条例》（现均失效）等多部法规。1993 年为全面保护公司、股东及债权人的利益，我国首部《公司法》正式颁布。在这部公司法的巨大影响下，公司作为现代企业最为重要的形式，得以在我国迅速发展壮大。但是受我国长期计划经济模式的影响，1993 年《公司法》从一开始就承担起对国有企业进行改制的任务。[1]同时，出于对国家授予公司经营权的担忧，比如是否会造成国有资产的流失等，也导致了我国首部公司法表现出浓郁的强制色彩。这不仅是因为政府作为公司的大股东，顺理成章地主导着公司的制度供给，还因为大量由国有企业转制而来的公司，仍旧承担着保证就业等多重政府目标。因此作为"合约"的签约方，政府自然无法给公司预留更多的发展空间。申言之，公司发展的历史向我们昭示：在市场发育不成熟，私人秩序尚未健全的条件下，公司经营权通常由国家或政府授予，因此公司法的强行性是历史的也是合理的。

我国公司法性格转型的破冰，发生在加入世界贸易组织（WTO）组织之后。伴随着国民待遇、透明度等外生性约束规则的导入，我国在经济领域进一步明确了改革的深化方向，产权明晰、政企分开被视为国有企业改革能否成功的关键，故此相关配套制度陆续落地。2002 年《合格境外机构投资者境内证券投资管理暂行办法》正式颁行，次年国务院国有资产监督管理委员会正式成立，该委员会代表国家成为我国国有资产的出资方。上述举措的实施，不仅实现了我国政企分开格局的初步建立，也为我国公司持股的多元化奠定了良好的基础。当时包括瑞士银行、野村证券等多家著名国际金融机构争先成为第一批 QFII（合格的境外机构）投资者。[2]国有股垄断格局被打破，作为新兴公司参与方，国内外的众多投资者对我国公司规则的可预期性要求随即上升。其突出表现为，积极要求在现行公司法

---

〔1〕　施天涛：《公司法的自由主义及其法律政策——兼论我国〈公司法〉的修改》，载《环球法律评论》2005 年第 1 期，第 81~88 页。

〔2〕　林邑：《QFII 十年记忆：未来扩容十倍恐不再单纯为救市》，载 http://www.360doc.com/content/13/0223/23/1547893_267527179.shtml，访问日期：2019 年 1 月 18 日。

中扩大当事人意思自治的空间。[1]

另外，公司合同理论的引入也对我国公司法性格的塑造产生了重大影响。19 世纪的美国公司早已摆脱州政府的控制而正式成为私人法律实体，到了 20 世纪则完全具备被视为国家经济组织主体的资格。实际上，当公司成为集中大量人力、物力的财富组织之时，人与财产的关系就逐步开始被公司所重新界定。换言之，现代公司投资财产的所有者，由独立所有人变成了资本报酬的求偿人。[2]于是以新古典主义经济学为代表的"公司合同理论"开始呼吁，在美国公司法中应当反映此种变化，即在公司法中强化合同的自由。[3]其中最为典型的案例是，在 1985 年特拉华州最高法院审理完 Smith v. Van Gorkom 一案之后，[4]为缓解来自董事层的舆论压力，特拉华州立法机关颁布一项法令，其内容是授权公司可以通过修改章程对董事注意义务的赔偿责任适当予以限制或免除。[5]在新古典主义经济学家看来，公司长期以来被认为是法律限制的重点，但是公司的本质是合约，是个人契约关系的联结。[6]甚至在某些更为偏激的新古典主义经济学家看来，公司成为实体仅是便于描述所谓公司实体并不存在，真正存在的是合约和交易各方。[7]"公司合同理论"深刻地影响着传统公司法学，并随着"法经济学"的快速崛起成为新近影响法学理论研究和发展的重要方法。其中以理查德·A. 波斯纳法官为代表的法经济学家是公司合同理论的坚定拥趸，他

---

〔1〕 罗培新：《公司法的合同解释》，北京大学出版社 2004 年版，第 4~5 页。

〔2〕 蒋大兴、金剑锋：《论公司法的私法品格——检视司法的立场》，载《南京大学学报（哲学·人文科学·社会科学）》2005 年第 1 期，第 39~46 页。

〔3〕 公司合同理论是指，公司是许多自愿缔结合约的当事人——股东、债权人、董事、经理、供应商、客户、司法机构——之间的协议。既然公司是当事各方自愿缔结的合约结构，如果这种结构没有造成外部的消极成本，那么法律就应当对其采取宽容的态度。［美］理查德·A. 波斯纳：《法律的经济分析》，蒋兆康译，林毅夫校，中国大百科全书出版社 1997 年版，第 519 页。

〔4〕 L. S. Sealy, *Cases and Material in Company Law*, Butterword, 1985, 250.

〔5〕 张开平：《英、美公司法上的董事注意义务研究》，载王保树主编：《商事法论集》（第 2 卷），法律出版社 1999 年版，第 345~346 页。

〔6〕 Christopher D. Stone, "The Place of Enterprise Liability in the Control of Corporate Conduct", 90 (1), 1980, 65~76.

〔7〕 罗培新：《公司合同理论——公司和公司法漫谈之二》，载《金融法苑》2003 年第 3 期，第 77~81 页。

们认为，既然公司是当事各方自愿缔结的合约结构，那么公司法在实质上就仅是一套示范文本。尽管该公司规则是由国家提供的公共产品，但只要公司合约没有造成消极的外部成本，那么公司法就应该对公司合同采取尊重和宽容的态度。一言以蔽之，公司法应当是任意法。[1]

"公司法应当是任意法"，该论断一经提出旋即遭到经济学家施密德和法学家德沃金等人的强烈批评。而对其产生责难的主要原因是：法律制度是价值多维的体系，法经济学仅以"效率"为衡量是否能够完全与法律意义上的公平、正义相等同。[2] 而围绕公司合同理论的是与非，支持者与反对者的数次交锋则淋漓尽致地揭示了公司性格理论研究的深刻与复杂。

前已述及，一方面，外国投资者积极努力寻求在我国公司法中的话语空间；另一方面，渴望融入世界经济的我国，正顺应时代发展面临对《公司法》的首次修订。因此，彼时诞生于大洋彼岸的"公司合同理论"及其争议，亦不可避免地影响着我国。国内学界、实务界结合我国公司发展的实际情况，对我国公司法是否全盘接纳"公司合同理论"提出了自己的看法并逐步达成共识。[3] 多数学者认为，公司法调整的是理性经济人在公司运作过程中所产生的经济关系，盈利是参与各方共同的趋同性目标，但对情感、伦理等在其他法律场域中可能会被考量的多维价值取向少有顾及。公司财富与效率的最大化是公司法的制度本旨，故此我国公司法原则上应当吸收和借鉴公司合同理论。但同时多数学者也认为，我国市场机制初建，公司法面临管制型向市场型的全面转轨，该过程存在较长适应期，因此在公司法中肯定其强行法的作用及意义同样十分必要。最终关于我国公司法的性格理论，学界初步达成如下共识：首先，现代公司发展中，由所有权与经营权分离而产生的代理成本问题是趋势性的。公司合同理论所认为的市场机制，的确能使该问题得以控制，但市场机制对该问题无法发挥一劳

---

〔1〕〔美〕理查德·A. 波斯纳：《法律的经济分析》，蒋兆康译，林毅夫校，中国大百科全书出版社 1997 年版，第 520~522 页。

〔2〕〔美〕道格拉斯·C. 诺思：《经济史中的结构与变迁》，陈郁等译，上海三联书店、上海人民出版社 1994 年版，第 44 页。

〔3〕罗培新：《公司法强制性与任意性边界之厘定：一个法理分析框架》，载《中国法学》2007 年第 4 期，第 69~84 页。

永逸的功能，因此公司法的强行法属性不可或缺。而在任意性与强行性的规则厘定上，应当对具体的公司场合进行成本和收益分析，即尊重所谓产出规则。[1]其次，我国公司类型呈现出有限责任公司、未公开发行上市的股份公司，境内上市股份公司以及境外上市股份公司等多种复杂类型，而各类型公司所面临的利益衡量、产出规则差异显著，因此针对各类型公司的具体规则结构，我国公司法也应当进行差异化的区别对待。

在此基础上，有学者将我国公司法的性格理论作如下具体概括：在有限责任公司中，各公司参与方能就有关公司的组织、权力分配、运作以及公司资产、利润分配进行真实的协商，通过订立协议实现各方共赢的公司治理目标。只要此种合意不产生消极外部性的后果，则公司法理应保护当事人的表意自由；[2]而在股份有限公司特别是上市公司中，管理层与股东的效用函数存在显著差异，由于股东意思可能存在瑕疵，导致市场和其他激励机制无法从根本上解决代理问题，因此强行法有存在且完善的必要。[3]一言以蔽之，我国《公司法》中，有限责任公司的普通规则以任意性规范为原则、以强行性规范为例外，而其基本规则正好相反，应以强行性为原则、任意性为例外；股份有限公司的基本规则和有关权利分配的普通规则由于其适用于管理层与股东之间利益冲突最激烈的领域，因此原则上它们应该是强行性的；而有关利润分配的普通规则可以允许其具有一定的灵活性。[4]

二、麦克尼尔命题：关系合同理论对我国公司法性格理论的影响

2005 年我国《公司法》的首次修订完成，从法条的具体内容来看，基

---

[1] Robert S. Pindyck & Daniel L. Rubinfeld, *Microeconomics* (third edition), Printice-Hall International Inc. , 1995, pp. 594~600.

[2] 宋从文：《公司章程的合同解读》，载《法律适用》2007 年第 2 期，第 56~62 页。

[3] 罗培新：《从政府管制走向市场导向：公司法修改的合同路径分析》，载《金融法苑》2003 年第 5 期，第 2~34 页。

[4] 汤欣：《论公司法的性格——强行法抑或任意法?》，载《中国法学》2001 年第 1 期，第 109~125 页。

本上采纳了前述学者关于公司法性格理论的最新研究成果。在当时有学者赞誉全面修葺一新的我国《公司法》，以鼓励投资、放松管制、强化责任见长，堪称"21世纪最先进的公司法"。[1]但或许是对公司法规范结构问题的复杂性预期不足，抑或是抽象的边界厘定难以满足复杂商业实践的严酷考量，依照我国公司法性格最新理论成果进行修订的具体条文一经适用，围绕条文释义时存在的任意性与强行性边界厘定旋即成为学界、实务界长期争议的焦点，至今余温不绝。而其中首当其冲的就是，针对2005年《公司法》第72条股权对外转让的法律解释。

按照学者对封闭公司法律规范的划分标准，[2]2005年《公司法》第72条乃属股东之间可充分协商其结果且法律应当予以尊重的普通规则，属于典型的任意性规范。故此立法者在该条第4款，对公司股权的对外转让进行了充分授权。然而，这种放任态度直接导致了法律实践的混乱以及公司、股东行为的失控。笔者通过对中国裁判网最近五年的商事纠纷案件进行简单统计，发现股权转让纠纷案件仍是司法裁判工作的重中之重。[3]我国有学者曾正确指出，任意性规范并不具有优先具体表意行为内容的效力，其仅具有意思推定作用，是为了弥补当事人具体意思的不明确与不完整而产生的。申言之，任意性规范绝不是对当事人意思的放任，若确定适用其与强行法无异。换言之，任意性规范可以弃用，但需得当事人预先作出反对表示，否则其仍具备法律适用效力。而反观2005年《公司法》第72条第2、3款，其所订立之股权对外转让之具体示范内容，当事人亦确有反对的必要。具言之，我国股权对外转让采取的是同意权+优先购买权，这是一种与世界各国皆迥然有别的模式。该模式的逻辑问题在于，将同意权完全空置，只有

---

〔1〕 江平、陈甦、赵旭东：《纵论〈公司法〉的修改》，载 http://blog.sina.com.cn/s/blog_4760000f010000tj.html，访问日期：2014年4月12日。

〔2〕 "封闭性"是英美公司法上的术语，强调股权转让受到的限制。我国公司法学术界通常采用"人合性"的术语，旨在描述股东之间的信任和信赖。"人合性"的认定标准带有较强的主观性，"封闭性"在认定上采用了客观标准，笔者在本论文中主张采用"封闭性"的提法。另外，与封闭性相对，笔者将我国的上市公司以公众公司指称。

〔3〕 笔者在北大法宝提供的司法判例中，输入查询近五年的股权纠纷案件：其中法宝推荐案例达到3万左右，而由最高人民法院发布的公报案例中股权转让纠纷占到13个，指导案例占到1个，如果再将案件审级下放则股权转让纠纷达到5万有余，远高于其他类型的公司纠纷数量。

选择不同意才是理性人的判断。[1]尽管法律给予当事人制定股权对外转让规则的充分授权，似乎能够对法律规则的逻辑失当提供补救，但却未对公司股权转让时所涉及的公司股东间的信任关系给予关注，故此导致股东在进行任意规则的具体设计时，常常会滥用各自意思自治的空间。故而多数公司又只能转而适用现行公司法提供的逻辑失当的规则，由此我国股权对外转让在实务层面问题较多也就不难理解了。

公众公司也遭遇了类似的情境。由于公众公司股东在意志上存在瑕疵，作为关涉管理层与股东之间利益冲突最激烈的领域的规则，即有关两者权力分配的规则必然是强行性规则无疑。由于公司法理论上认可股东本身在化解公众公司代理成本问题上具有的重要作用，因此我国公司法殊为强调股东对表决权的行使。然而，与美国公众公司的具体情形不同，我国公众公司长期面临的乃是"一股独大"的情形，因此对股东表决权行使的强调，实际上又转化成对中小股东利益的保护，最为典型的做法是在我国《公司法》以及《上市公司治理准则》中引入了累积投票机制。[2]但是累积投票不仅直接构成对"一股一票"原则的违反，而且在赋予小股东超乎其剩余索取权的表决权重的同时，又无法使其获得额外盈余，由此小股东自然不会本着实现公司最大利益目的行事。因此，实际上累积投票根本无益于公司代理成本问题的解决。此外，真正的悖论在于，由于殊为强调作为公司第二特征的表决权乃由股东行使，表决权势必作为最为重要的股东共益权利岂能轻易褫夺。其必然得出的结论就是，表决权乃股东之固有权利，该观点长期占据理论主导影响着我国股东表决权理论的深入发展。

当然，或许将上述在公司法适用过程中出现的种种问题，全部归咎于公司法的性格理论有欠公允。但至少可以说明，现行有关公司法性格的理

---

〔1〕 朱建军：《我国有限责任公司股份转让法定规则的立法技术分析》，载《政治与法律》2014年第7期，第87~93页。

〔2〕 我国证监会在2018年新修订的《上市公司治理准则》第17条中，再次明确规定董事、监事的选举，应当充分反映中小股东意见。股东大会在董事、监事选举中应当积极推行累积投票制。而且单一股东及其一致行动人拥有权益的股份比例在30%及以上的上市公司，则是必须采用累积投票制。

论存在偏差。其实早在我国有学者主张接纳公司合同理论之际，就另有学者认为，公司是合同的联结乃新古典主义经济学派的观点，它忽视了"个别契约"与"公司合同"的差异，公司合同应当被置于更宽泛的社会关系背景之中进行考察，这里主张的麦克尼尔的公司关系合同理论。[1]

麦克尼尔把契约现象分成两种理想状态，即"个别契约"和"关系性契约"。前者除了物品的单纯交换，当事人之间不存在关系。这种以一次为限的个别契约，在现代社会中并不普遍。而以关系交易为代表的契约行为才是现代社会中的主要形式，它是更为高级的契约关系链锁。总之，契约应当在社会关系中才有实质意义，而这正是被许多新古典主义经济学家和法经济学家所遗忘的。以关系合同构筑公司合同理论会发现，其与新古典主义经济学的公司合同理论显著不同。

首先，公司合同中存在紧密的人身关系。与以个别交易为背景的个别契约不同，公司合同不是松散的，很少涉及人格甚至信任。公司合同的具体内容丰富多样，包括与提供原材料或服务的卖方签订的合同，与向企业提供劳动力的个人签订的合同，同债权人、银行及其他资本供应方签订的借贷合同等诸多合同。[2]这些合同既涉及公司商誉又事关员工自身利益，需要在公司内部科层组织的安排下，以公司利益与自身利益为双重目标，对合约各方利益进行有效协调以减少交易成本。可以说，在上述或隐性或显性且利益相互交织的公司合同中，公司与员工、公司与股东甚至股东与股东，在长期合作中形成了信任关系，在封闭公司中这种情况尤甚。

其次，公司合同涉及当事方数量众多。公司合同绝不仅仅涉及当事人的双边、多边关系，在公众公司中其数量可谓相当壮观，直接影响着合约的链条与复杂程度。在这种关系合同众多，相互之间呈网状结构的合作中，

---

〔1〕 所谓公司关系合同理论，是指公司不仅是契约主体，而且其本身就是契约关系体，而介于市场和企业之间的关系性活动是关系契约生长和发展最肥沃的土壤。[美] 麦克尼尔：《新社会契约论》，雷喜宁、潘勤译，中国政法大学出版社 1994 年版，第 61 页。

〔2〕 罗培新：《公司合同理论——公司和公司法漫谈之二》，载《金融法苑》2003 年第 3 期，第 77~81 页。

人们发生关系的方式不仅是交互的、复杂的，有时甚至是系列的。[1]因此，在公司合同中必须做好在交易前、交易中甚至包括交易后，仍旧需要不断解决各种问题的准备。而公司合同由于关涉当事人众多，因此也要求公司各参与方，不能仅以个人利益为出发点，有时还应当适当放弃部分个人利益。[2]

再次，公司合同受时间维度影响较深。个别契约自当事各方合意一致开始，包括违约、合同终止等情形亦清楚、明确。而公司合同即使投资各方于公司章程中表意明晰、完整，但是由于长期的合作关系使得各方在获得信息的能力上存在差异，因此各方承诺在事实上无法完整。其合同内容，也仅能是涵盖部分情形难以做到完整。易言之，在公司合同中，当事各方的意思表示受时间维度影响，因此其对外意思之表达始终无法周全，当事人之间常常需要"刻意留白"以适应长期持续性契约存在的种种不确定。

最后，公司合同中还存在契约参与各方的复杂同质性。在个别契约中只有交易对方，短暂合约完成后合约各方又各自形同陌路，因此自利倾向明显。而在公司合同中，一方面，股东之间、管理层与股东之间、公司内部等的确存在诸多复杂的利益纠葛；另一方面，在长期的合作关系中，公司内部、股东、科层之间又不可避免地相互依赖，以致公司内部合同各方利益集团之间形成了某种"共同体意识"。而由此也就决定了，在设计公司规则时，往往将公司团体利益优于董事、股东的个体利益作为公司法的基本原则。[3]

总之，传统的新古典主义经济学派的"公司合同理论"，很好地解释了现代公司能够产生并发展的原因、机理，但却对公司合同所面对的长期持续性未能详加考察。申言之，身处麦克尼尔关系合同中的公司，合同各方无法详察未来公司发展所会面对的种种偶发事件。公司法的模范合同作用，

---

〔1〕[美]麦克尼尔：《新社会契约论》，雷喜宁、潘勤译，中国政法大学出版社1994年版，第23页。

〔2〕[日]内贵田：《现代契约法的新发展与一般条款》，胡海宝译，载梁慧星主编：《民商法论丛》（第2卷），法律出版社1994年版，第126页。

〔3〕罗培新：《公司法的合同解释》，北京大学出版社2004年版，第64页。

在先天的立约机制上并不完善，它无法预见未来的种种不确定性。然而，不确定性才是公司合同所应面对的情形。因此，任何希冀寻找一劳永逸划分公司法强行性与任意性抽象判断标准的想法本身，可能仅仅是导致公司法的禁锢与僵化。而引入麦克尼尔的公司关系合同理论，则提示我们应当对现行公司性格理论进行全面且深刻的反思。具言之，现行公司合同理论，对于公司合同所处环境相对较为简单的封闭公司，赋予了过多的任意性但对其规则中的强行性关注不够；而对公司合同环境十分复杂的公众公司，则是过于强调规则的强行性而对其任意性有所忽视。而其中较为突出的就是，对公众公司股东表决权本身所应具有的灵活性认识不足。总之，当置身于麦克尼尔关系合同之中时，我国公司法性格理论就获得了新的发展空间，与此同时，也为我国公众公司股东的表决权机制提供了新的发展机遇。

三、表决权信托对我国公司法性格的影响——公众公司规则的适应性[1]

麦克尼尔的公司关系合同理论，为我国公众公司股东能够自由安排其表决权提供了立论基础。但由于我国长期将表决权视为股东固有权利，因此尽管2005年《公司法》第132条已经在实际上开放了公司类别股制度，[2]但直到2013年《国务院关于开展优先股试点的指导意见》（以下简称《优先股试点意见》）的正式出台，我国的类别股制度之门才正式予以启动。但必须说明的是，《优先股试点意见》就类别股的多元化融资渠道开辟、资本工具创新等价值层面作出了说明，从而明确了我国优先股制度存在的必要性，

---

[1]　公司的适应性并非笔者首创，而是借鉴罗培新老师在论及我国公司法的性格时提出的观点。所谓公司法的适应性，是指当以合同理论解释公司法时应当关注公司法在技术和市场变化方面的灵活性。笔者以为，我国现行公众公司的相关规则有些背道而驰，故此处专门强调公众公司的规则亦应当被赋予应有变化与灵活性。

[2]　2005年《公司法》第132条规定："国务院可以对公司发行本法规定以外的其他种类的股份，另行作出规定。"

但对优先股的法理基础以及可能存在的法理冲突则至今未能给予充分说明。[1] 然而，在实务中为回应我国资本市场的现实需求，引入优先股仅是体现股东表决权灵活运用的一个方面。长期以来，在资本市场中期望对现行股东表决权规则进行突破的实例就不胜枚举。2014 年创业板上市公司首例 PE "租壳" 事件，即天晟新材 "租壳" 重组因深圳证券交易所约谈而被叫停；[2] 2016 年北京蓝色光标品牌管理顾问股份有限公司、北京四维图新科技股份有限公司、深圳王子新材料股份有限公司、山东宝莫生物化工股份有限公司、深圳市宇顺电子股份有限公司、四川金石东方新材料设备股份有限公司等多家公司更是成为股东表决权战术的积极演练者。在它们眼中，股东表决权应该是可以实现股东合纵连横、引入新主、规避借壳等目的的工具。[3] 与此同时，监管者面对上述公司似有若无地突破规则所可能带来的风险与争议，保持了理性克制。这为我们重新认识公众公司股东表决权以及公司法的性格预留了解释空间。

从历史上看，正是表决权信托的出现，彻底打破了人们将表决权视为股东固有权利的传统认识。正如前文所述，19 世纪后半叶，由于大型公司的出现导致股东人数激增，而多数股东又面临无力经营的境况。因此，当公司出现大面积债券违约或者陷入经营困难时，股东们通过将表决权信托给其信任的他人，由受托人统一行使表决权并实际管理公司的方式实现公司的脱困。而这种将公司控制权或长期或短期交由他人，并代替股东经营管理公司的制度，就是表决权信托。在该制度最初出现时，美国公司法和州法院皆认为表决权不能脱离股权而存在，因此强烈质疑表决权信托的合法性。但该争议随着表决权信托在实践中的良好效果，并且为美国多数州

---

〔1〕《优先股试点意见》对优先股作如下定义：依照公司法，在一般规定的普通种类股份之外，另行规定的其他种类股份，其股份持有人优先于普通股股东分配公司利润和剩余财产，但参与公司决策管理等权利受到限制。该定义无疑与 2005 年《公司法》第 4 条关于股东权利的规定相矛盾。这是否意味着我国已经在实质上承认股权分离理论，目前学界尚未就此展开广泛讨论。

〔2〕陈浠：《遭深交所关注发函约谈 天晟新材取消委托投票权尝试》，载 http://business. sohu. com/20141028/n405522641. shtml，访问日期：2014 年 10 月 28 日。

〔3〕王雪青：《左右摇摆的表决权 成为 A 股公司争夺控制权的秘密武器》，载 http://finance. sina. com. cn/roll/2016-09-13/doc-ifxvueif6633803. shtml，访问日期：2016 年 9 月 13 日。

在新公司法中最终予以承认而告终。申言之，表决权信托本质上是一种受托人借助信托方式在获得名义股东身份的同时，亦获得实际控制管理公司事务权利的制度。在此层面上，股东的表决权与股权首次发生了分离。而伴随着表决权信托的合法化，为进一步加强受托人在公司经营中的话语权，受托人被逐渐授予一种新兴权利，即他可以创设并发行完全没有表决权或者按照公司需要给予股东某种数额表决权的股票。[1] 申言之，类别股的产生、发展与表决权信托制度有着深刻的历史逻辑联系。表决权信托具有的双重作用，不仅体现为对传统"同股同权""一股一权"原则的深化，同时也为突破"同股同权""一股一权"原则做好了理论准备。不过，实际上表决权信托对公司法的影响远不止于此。

首先，表决权信托制度提示我们现代公司股东的地位已经发生了变化。法律变化的实质是对深层次的经济事实变化的反映，申言之，曾经作为公司经营控制核心的股东，其地位已经逐渐开始分化。因此，作为股东传统地位表征的表决权，则开始具有了某种可流转的特性。在传统公司理论中，公司股东被视为利益的同质性群体。但随着公司规模的扩张，所谓股东所有人利益的同质性出现了某种异化或复杂化，最为突出的特征就是，出现了所谓投资性股东与投机性股东的区别。而他们势必对公司股息发放、公司经营政策都存在不同的看法。显然，上述差异不仅会拉长公司决策过程导致成本增加，而且还会引起公司效率低下导致公司总体福利下降，这就是经济学上的"集体决策成本"。[2] 而为减少该集体决策成本，部分股东将其表决权完全交由可信赖的他人来行使，其目的正在于提高公司的经营决策效率。

其次，表决权信托也提示我们基于现代公司发展的不同阶段，对股东表决权的使用亦可能随时进行调整。在公司初始阶段，尽管融资缺口较大，但创始人对于公司的控制仍有较高要求，因此表决权信托可以作为公司创

---

[1] [美] 阿道夫·A. 伯利、加德纳·C. 米恩斯：《现代公司与私有财产》，甘华鸣、罗锐韧、蔡如海译，商务印书馆 2005 年版，第 204 页。

[2] Melvin Aron Eisenberg, "The Structure of Corporation Law", *Columbia Law Review*, No. 7, 1989, pp. 1475~1477.

始人与投资人之间就公司控制权问题进行利益博弈的工具；另外，表决权素来被认为应是由股东获得，因为其是公司财产的剩余索取权人。故无论公司获利抑或惨遭失败，股东都必须一体承受，他们永远站在最后一线与公司兴衰与共。[1]但笔者认为，该观点值得商榷。表决权既然与剩余索取权相连，那么当股东的剩余索取权为负数时，公司股东的表决权又有何存在意义。换言之，当公司陷入严重困难，股东的剩余索取权荡然无存，自然缺乏动力实现公司利润最大化。然而，此时的公司债权人、优先股股东则存在因公司后续的项目和经营决策而受益的可能。申言之，在公司陷入严重困难时期，公司股东可以通过将其表决权向债权人等其他不同利益群体流转，以实现公司重生。实践中，这种表决权流转最早的实践方式就是表决权信托。

最后，表决权信托还提示我们灵活运用股东表决权本身也体现了股东参与性权利的流通性不断被发掘的过程。美国学者阿道夫·A. 伯利和加德纳·C. 米恩斯在其著作《现代公司与私有财产》中曾经写道，人类的整个金融史中存在着一种明显的努力，那就是让有价值的东西能够在任何地方得到利用。[2]而要实现这个目的需要两个辅助过程，其一是给财产标明公认价值；其二是创造设计工具，通过这种工具"能够创造出代表在这些财产中拥有权益的参与权"。[3]而表决权信托在使表决权与股权分离的同时，亦使表决权成为具有流通性的参与性权利从而获得了被市场赋予一定价值的可能性。

当表决权被看作是股东的固有权利时，它是无法获得上述使用上的灵活性的。而事实上，如果公司始终是由股东管理经营，即公司与其所有者的关系密不可分，则甚至连股权本身亦不具备自由流通的可能。换言之，所有权与控制权的分离造就公司整个财产关系发生了质的变化，股权的流动性被创

---

〔1〕 [美] 弗兰克·伊斯特布鲁克、丹尼尔·费希尔：《公司法的经济结构》（中译本第2版），罗培新、张建伟译，北京大学出版社 2014 年版，第 62~65 页。

〔2〕 [美] 阿道夫·A. 伯利、加德纳·C. 米恩斯：《现代公司与私有财产》，甘华鸣、罗锐韧、蔡如海译，商务印书馆 2005 年版，第 296~305 页。

〔3〕 [美] 亨利·汉斯曼：《企业所有权论》，于静译，中国政法大学出版社 2001 年版，第 65 页。

造了出来。而股权的灵活性又会带动其参与各方的灵活性，各种可以分享或共享其利益的工具被尽可能地挖掘或创造出来，比如，在美国的资本市场上就曾允许发行过含 1/16 或 1/20 股东表决权的普通股。[1]

　　总之，表决权信托制度在根本上反映的是，探索公众公司表决权机制多样化的可能性与可行性。而在笔者看来，股东表决权的这种变化也能在相当程度上反映表决权信托对公司法性格理论，特别是公众公司规则性格的影响。正如麦克尼尔所述，公司合同是在复杂商业关系中形成的长期性、持续性的合同关系，在公司法的模范作用之外有许多合意条款被空置，需根据商业需要随机应变。这种情况在公众公司中极为常见，因此表决权信托或者说以表决权信托为代表的股东表决权机制本身的灵活运用，就是对公司不确定性的一种妥适安排。申言之，笔者认为鉴于公众公司的复杂性，公司法本身是难以为其勾勒出一条清晰的性格边界的，无论是股东风险的好恶，还是公司变动不居的真实情况，都需要辅以公司法足够的灵活性方能应对随时发生的各种复杂情况。因此，与其费心描摹抽象的法理判断标准，不如肯认公众公司规则中所应具备的适应性品格。而赋予公众公司股东表决权的灵活应用，正是公司法适应性品格的最佳诠释，此亦是本书的写作初衷之一。而实际上，纳入我国法律体系的"同股不同权"制度，在本质上也是从不同角度对公众公司所应具备的适应性品格提出了要求。

　　值得说明的是，笔者无意反驳公众公司法律规则亦应具备强行性的观点。事实上，在笔者看来，公司的有限责任，董事之信义义务等仍要遵守强行性的法律要求。只不过，在原有公司法性格理论的基础上，笔者提倡不能仅仅给予有限公司股东自由，而忽视公众股东亦应具有的自由。就本书所论之表决权信托，既是开放公众公司股东表决权行使自由的体现，也是赋予公众公司规则适应性的体现。

---

〔1〕　F. W. Stevens，"The beginnings of the New York Central Railroad"，*Michigan Law Journal*，Vol. 22，1926，pp. 352~382.

第二节 表决权信托与我国公司治理模式的选择

一、我国公司治理模式的迷思

公司治理概念的提出时间并不算长，它与美国学者阿道夫·A. 伯利和加德纳·C. 米恩斯影响深远的名著《现代公司与私有财产》关系密切。在书中两位作者用翔实的数据资料为我们展现了如下事实，"（现代）公司制度中，产业财富的'所有者'仅仅剩下象征性的所有权，而权力、责任以及实物——这些东西过去一直是所有权不可或缺的部分——则正在让渡给一个手中握有控制权的独立的集团"[1]，这就是著名的公司所有权与控制权分离论断，而正是该论断的提出为公司治理奠定了坚实的理论基础。此后，20世纪70年代，美国著名金融学家迈克尔·C. 詹森和威廉·H. 麦克林在其名篇《企业理论：经理行为、代理成本与所有权结构》中，第一次系统阐释了在公司所有权与控制权分离的情境下，公司管理层与股东之间的利益冲突。[2]而"代理成本"问题究竟如何得到合理解决，就成为现代公司治理的核心问题。自2007年全球金融危机爆发以来，公司治理问题再次引发各方关注，特别是立法者与监管部门的长期关注使得该问题成为涉及公共利益的重大问题。[3]

公司董事会是否应更直接地对其股东会负责，这在我国《公司法》上似乎是不言自明的金科玉律，它不仅体现在2013年《公司法》第46条董事会职权的明确规定，而且新近的立法政策仍在不断强化这种认识。在时隔16年之后，我国证券监管部门就修订《上市公司治理准则》公开征求意见，在征求意见稿中《上市公司治理准则》专章强化了关于机构投资者应积极参与公司治理的规定。具言之，该准则强调并鼓励机构投资者积极参与

---

〔1〕 ［美］阿道夫·A. 伯利、加德纳·C. 米恩斯：《现代公司与私有财产》，甘华鸣、罗锐韧、蔡如海译，商务印书馆2005年版，第78页。

〔2〕 Michael C. Jensen, William H. Meckling, "Theory of the Firm: managerial behavior, Agency Costs, Ownership Structure", *The Journal of Financial Economics*, 3（4）, 1976, pp. 305~360.

〔3〕 邓峰：《普通公司法》，中国人民大学出版社2009年版，第418页。

并制定公司治理的原则与目标，同时还应当就股东表决权行使的策略以及股东权利行使的情况、效果进行监督。[1]可以说，这是监管者始终将股东优位的原则，作为我国公司治理模式首选的具体表现。然而难点在于，有关股东与管理层之间权力与责任的划分，实务界总会给出同具体法律规则完全不同的答案。

2016年格力电器[2]收购案是，继"万科股权大战"之后，中国资本市场上最富戏剧性的事件。在该事件中，表面上股东表决的结果是收购计划得以通过，而募资方案遭到否决；但事实上，该两项议案均遭到了中小股东的强烈反对。[3]在学理上值得探讨的问题是：在股东优位原则下，将公司重大经营决策权交给股东，该方案的选择是否真的无懈可击。在美国，反对将公司重大经营决策权交给股东的案件始于 Bodell v. General Gas & Electric Corporation 一案。案件原告博德尔认为，公司董事会剥夺其购买公司A类股票的权利，并且公司董事会增加的额外资本是对其权利的稀释，于是提出要求法院以禁止令取消公司的融资行为。但是法院经过审理后认为，董事会的做法并无不妥，其既保证了稳定的资本流，又保证了博德尔这类B类股东的利益。法官在判决中写道："假如原告能有更多的数学思维，他就会意识到这种制度的最终结果是聚集大量可赚钱的资本，而这些资本所赚取的收益，最终将导致B类股票所获额外收益的自然增长。"[4]按照法官的判决，不难发现伴随着公司规模的持续扩大，股东所有者地位亦发生了根本性改变。以往他们拥有对于公司控制、经营的权利，但由于信息不对称、市场效率等问题的出现，其财富的增长在事实上并不取决于他们自身的努力，而更多依靠的是拥有专业知识且实际指挥企业的人。由此，也就产生出公司治理模式的另一种选择——董事会优位主义。而本次"格力电器收

---

〔1〕《上市公司治理准则》第7章第78条规定："鼓励社会保障基金、企业年金、保险资金、公募基金的管理机构和国家金融监督管理机构依法监管的其他投资主体等机构投资者，通过依法行使表决权、质询权、建议权等相关股东权利，合理参与公司治理。"

〔2〕格力电器的全称为：珠海格力电器股份有限公司。

〔3〕陈绍霞：《格力电器：终止收购珠海银隆是明智之举》，载 http://stock.hexun.com/2016-11-27/187081924.html，访问日期：2016年11月28日。

〔4〕132 Atlantic 442，15 Del. Ch. 119，1926.

购案"之所以备受关注，乃因我国学界与实务界一直有呼声认为，董事会优位主义作为世界公司法的主要潮流，应当作为我国公司法的改革方向。[1]于是"格力电器收购案"无疑成为上述观点的一次绝佳例证。然而，关于公司治理模式的选择问题绝非如此简单，某种程度上该问题在我国，甚至显得有些一言难尽。

仍旧以此次"格力电器收购案"为例，从表面上看，格力电器以增发12.19%的股票作为对价，在世界范围内该事项属于由董事会表决即可生效的范围，并不需要再经过股东会决议。[2]可见，董事会优位主义在公司管理效率方面确有优势，这也是其广有赞同者的重要原因。不过，在本次收购案中被真正诟病的并非公司效率，而是收购价格。按照格力电器的收购方案，此次定向增发的股票数目有限，因而并不会带来对小股东权利的不当稀释。但问题出在格力电器以每股15.57元作为公司管理层与大股东进行定向配资认购的价格上。[3]在收购理论中，该交易属于以不作价格浮动的固定交换比率的换股交易，简言之，在此次收购中，定向收购换股的价格与实际配资认购的价格是一样的。然而，格力电器的收购方案说明，格力电器完成并购后必将带来股价的上涨。这意味着，那些能够完成配资的管理层与大股东必将获利丰厚。而在这场交易中，中小股东由于缺乏配资认购的资格不仅无法获利，而且未来还将承担此次交易的不确定性后果。如此不公的配资方案，中小股东的反对绝非缺乏专业知识，而是确有反对的充分理由，即格力电器涉嫌大股东与管理层的自利交易。

于是关于我国公司治理模式的选择似乎陷入了某种迷途，一方面，如果选择股东优位主义，则董事和管理层的专业经营优势无法发挥，公司所有权与控制权分离带来的优势将丧失殆尽；另一方面，如果选择董事会优位主义，则无疑增加了董事会与管理层损害股东，特别是中小股东利益，

---

[1] 汤欣：《降低公司法上的代理成本——监督机构法比较研究》，载梁慧星主编：《民商法论丛》（第7卷），法律出版社1997年版，第27~30页。

[2] 张巍：《资本的规则》，中国法制出版社2017年版，第262~270页。

[3] 陈绍霞：《格力电器：终止收购珠海银隆是明智之举》，载 http://stock.hexun.com/2016-11-27/187081924.html，访问日期：2016年11月28日。

而为自己谋求私利的机会。我国公司法徘徊在股东优位主义与董事会优位主义两极之间，至今无法针对董事会与股东会两者的分权做明确划分，由此造成实务中的纠纷数不胜数。[1]

二、我国公司治理模式的选择与表决权信托

实际上，所谓董事会优位主义乃世界潮流的论断并不存在，那些在习惯上被认为是董事会优位的普通法领域国家，恰恰奉行的也是股东优位主义。例如，以英国为代表的英联邦国家，包括澳大利亚、加拿大在其公司法中均明确规定，股东可无故罢免公众公司的董事。而在面对敌意收购时，上述国家的股东更是拥有不受限制的法律权利和实际谈判能力。甚至英国在其公司法中，还对公司应专注于如何最大限度回报股东作出了特别说明。[2]相比之下，被树为董事会优位主义标杆的美国反倒有些鹤立鸡群。笔者以为，最能体现美国董事会优位的领域是在公司面对敌意收购时，包括特拉华州在内的美国多数州的公司法，赋予董事会更多的权利以排斥外来侵袭。[3]在某种程度上，面对敌意收购所采取的不同态度成为普通法系诸国之间，用以衡量各自公司治理模式的重要区别。

美国学者克里斯多夫·M.布鲁纳在其著作中指出，普通法系国家在公司治理模式的选择上产生差异的主要原因是，公众公司的利益相关方和国家福利的外部监管结构，对普通法世界公司治理体系所表现的股东导向程度具有决定性影响。[4]具言之，以势力庞大的利益相关方导向的社会福利政策和法律结构，使得英联邦国家的公司治理体系更心无旁骛地将焦点集中于股东；相反，以势力较弱的利益相关方为主导的社会福利政策和法律

---

〔1〕 许可：《股东会与董事会分权制度研究》，载《中国法学》2017年第2期，第126~145页。

〔2〕 Ruth V Aguilera, "Corporate Governance and Director Accountability: an institutional Comparative Perspective", BRIT. MGMT. , 2005, pp. 41~45.

〔3〕 Rpbert B. Thompson, "Preemption and Federalism in Corporate Governance: Protecting Shareholder Rights to Vote, Sell and Sue", *62 LAW &CONTEMP. PROBS*, 1999, pp. 215~234.

〔4〕 ［美］克里斯多夫·M.布鲁纳：《普通法世界的公司治理：股东权力的政治基础》，林少伟译，法律出版社2016年版，第4~6页。

结构，使得美国公司治理体系的重心更偏重董事会以及其他利益相关各方。

诚然，任何研究的结论可能只是反映问题的某一方面，但克里斯多夫·M. 布鲁纳提示我们，在研究各国公司治理模式的选择时，不能仅仅是从功能主义视角出发，而应当诉诸各国的历史、文化和政治环境等具体情境。事实上，"一个国家所具备的认知，以及为解决问题而制定的监管措施，将不可避免地与普遍存在的社会、经济和政治结构——法律体系在其中形成的环境——互相关联"。[1]

公司治理理论提出的前提是，19 世纪美国公司革命背景下的公司所有权与控制权相分离。同时，由于美国公司发展早已处于经营者实际控制阶段，因此所有者也就无法在分离出经营权的同时继续保有控制权。在此意义上，经营权与控制权常常被视为同义语。[2] 换言之，在美国，所有权与控制权的分离和所有权与经营权的分离几乎没有差别。

然而，在我国语境下，公司经营权与控制权则被赋予了截然不同的含义。与美国不同，我国公司几乎从制度确立之初就面临巨大的政企分开的问题。申言之，在历史上，由所有权与控制权分离所引发的代理成本等困境，乃是各国公司法以及公司所需要解决的棘手问题。但是在我国，长期以来都是将公司所有权与经营权的分离作为国家力求促成的国有企业的改革目标。事实上，国家从未放松过对国有企业的控制，即使我国的大型国有企业中有相当部分已经成为公众公司，但其运作方式仍然体现出所有权与控制权的紧密结合而非分离。比如，以中国石油天然气集团有限公司（以下简称"中国石油"）的股东构成为例（参见表1）。再加上，此类国有企业大多具备完善的社会福利体系，公司自然应当且必须心无旁骛地以股东利益为考量。正如克里斯多夫·M. 布鲁纳所言，采取股东优位主义是国有企业治理模式的首选，这既是企业公共特性的体现，也是避免内部人控制、防止不当利益输送、减少代理成本的明智选择。而本书所提到的格力电器，其出资人正是珠海市政府，属于典型的国有上市公司。该公司收

---

[1] F. W. Stevens, "The beginnings of the New York Central Railroad", *Michigan Law Journal*, Vol. 22, 1926, pp. 137~219.

[2] 周游：《公司法上的两权分离之反思》，载《中国法学》2017 年第 4 期，第 285~303 页。

购案失败的最终原因，笔者以为可归结于管理层未能以全体股东利益为充分考量。

表1　中国石油前六大股东[1]

股东名称	持有比例（%）	本期持有股（股）	持股变动数（股）
中国石油集团	81.49	149 143 168 236	不变
香港中央结算（代理人）有限公司	11.41	20 878 986 390	增持 2 871 700
中石油集团-中信建投证券-17中油 E2 担保及信托财产专户	2.09	3 820 000 000	不变
中石油集团-中信建投证券-17中油 EB 担保及信托财产专户	1.13	2 060 679 800	减持 320 200
中国证券金融股份有限公司	0.62	1 139 138 704	增持 5 933 300
国新投资有限公司	0.53	972 762 646	不变

另外，伴随着公司制度在我国的快速成长，私营企业在公众公司中的比例呈上升之势。这些股权结构丰富多样的公众公司，直接影响着我国公司治理模式的选择。家族型公众公司在世界范围内比较常见，尽管我国的此类公司在规模上无法与国外相比肩，但其地位却不容小觑。不过虽然同为家族型公众公司，但实践中，此类公司在具体股权结构上也存在一定差异。比如贵人鸟股份有限公司（以下简称"贵人鸟"）是典型的两权合一型企业，其控股股东贵人鸟集团（香港）有限公司对公司处于绝对控股的地位（参见表2），而福耀玻璃工业集团股份有限公司（以下简称"福耀玻璃"）相比之下，其股权结构似乎呈现出某种分散的特点。但通过福耀玻璃的股权结构图可以看出，其第二股东三益发展有限公司与第四股东河仁慈善基金会均属曹德旺名下，两者合计持股达 27.13%。因此，福耀玻璃虽非典型，但基本上仍可视为是两权合一结构（参见表3）。

---

[1]　数据来源：网易财经，统计时间截至 2018 年 9 月 30 日。

表2　贵人鸟前五大股东[1]

股东名称	持有比例（%）	本期持有股（股）	持股变动数（股）
贵人鸟集团（香港）有限公司	76.22	479 115 000	不变
厦门国际信托有限公司–贵人鸟1号员工持股单一资金信托	3.54	22 222 096	不变
中国证券金融股份有限公司	2.80	17 581 694	增持 3 411 326
贵人鸟投资有限公司	1.67	10 500 000	不变
中央汇金资产管理有限责任公司	0.64	4 046 500	不变

然而，上述家族型公众公司的股权结构虽仍坚持两权合一，但其治理结构却并不能以股东优位为主要考量。其原因在于：其一，家族型公众公司更需关注利益相关者的权利。与国有企业不同，这种家族企业的职工、债权人在信息获得、谈判能力上无法与控股股东抗衡，特别是企业职工享受福利待遇的方式导致其对企业的依赖尤甚，[2]因此董事会优位应当是此类企业的优先选择。其二，家族型公众公司对公司股权结构的稳定往往有较高要求。家族型公众公司之所以能够取得良好的经营业绩，主要依赖第一代企业家型创始人的过人才智。然而成也萧何，败也萧何，如果控股股东高效运用公司财产的能力有所下降，则企业必将陷入发展的瓶颈。[3]申言之，尽管家族型公众公司的产权与控制权并未发生实际分离，但在该类型企业中适用董事会优位，不仅能够提升公司经营效率，还能够防止企业面临家族继承时可能出现的股权结构动荡问题。不过在防止家族股权不致旁落的问题上，依目前我国法律相关规定，股东代理权征集可以作为具体的实现方式。但股东代理权征集不仅成本巨大，而且难以达到股权结构稳

---

[1]　数据来源：网易财经，统计时间截至2018年9月30日。

[2]　[美]克里斯多夫·M.布鲁纳：《普通法世界的公司治理：股东权力的政治基础》，林少伟译，法律出版社2016年版，第160~170页。

[3]　邱峰：《财富传承工具之抉择——家族信托模式探析》，载《新金融》2014年第12期，第34~38页。

定的目的，因此该制度无法成为家族企业财富传承的理想模式。[1]实务中，出现了以慈善信托来稳定家族股权的模式，[2]但对该模式的法律属性一直未能明确。而表决权信托虽然能够实现上述功能，但却缺乏相应立法。笔者认为，相较于我国目前的家族股权传承方式，表决权信托不仅成本较低，而且能够在充分发挥管理人员专业知识的前提下，在最大限度上保证家族对公司的控制地位。因此，我国在事实上已经出现了引入表决权信托的契机。

表3　福耀玻璃前六大股东[3]

股东名称	持有比例（%）	本期持有股（股）	持股变动数（股）
HKSCC NOMINEES LIMITED	19.60	491 739 200	增持 30 000
三益发展有限公司	15.57	390 578 816	不变
香港中央结算有限公司	12.13	304 257 219	增持 1 159 415
河仁慈善基金会	11.56	290 000 000	不变
白永丽	1.38	34 653 315	不变
福建省耀华工业村开发有限公司	1.37	34 277 742	不变

其实，除了家族式公众公司，近年来在我国资本市场上已经成长出不少真正意义上的两权分离的公众公司，这类公司实际上更加符合美国公司的发展路径。而同时，由于我国尚未有健全的社会福利制度与这种股权完全分散型的公众公司相匹配，因此该类公众公司在公司治理模式的选择上也应当以董事会优位为首选。此外，这种类型的企业存在于传统行业，例

---

〔1〕　袁吉伟：《生命周期、财富传承与家族信托——长期视角下的家族财富发展研究》，载《内蒙古金融研究》2013 年第 10 期，第 47~55 页。

〔2〕　田蓉、秦正：《我国股权捐赠模式之法律探索》，载《苏州大学学报（哲学社会科学版）》2012 年第 6 期，第 111~115 页。

〔3〕　数据来源：网易财经，统计时间截至 2018 年 9 月 30 日。

如从事房地产的万科集团，从事汽车零部件的浙江仙通橡塑股份有限公司（以下简称"浙江仙通"）（参见表4）、富临精工股份有限公司等，但更多存在于尚在崛起之中的新兴科技行业，例如通信行业的新海宜科技集团股份有限公司、物流行业的申通快递等。

但无论我国的分散型公众公司所处的行业性质怎样，在此类公司大多对市场融资存在强烈需求的同时，其公司的创始人始终期望能够保有对公司的实际控制地位。而"宝万之争"的出现，亦时刻提醒着该类型企业应尽可能巩固创始人对公司的主动话语权。面对紧迫的市场形势，构建双重股权结构似乎成为这类企业的救命稻草，甚至伴随着 Snap 公司完全取消公众股东表决权的做法，[1]更使得国内希冀与国际接轨的呼声日隆。然而，笔者认为引入双重股权结构需要谨慎，因为该制度的本质是将股东的现金流与股东的投票权分离，这将产生巨大的权责分离风险。申言之，掌握大量投票权利的公司管理层却只占有少部分的现金权利，于公司管理层而言无异于"拿别人的钱做事，由别人承担责任"。而股东则将完全丧失对公司控制的可能，沦为真正意义上的纯股权受益人。而且由于这类企业的创始人对企业的估值存在特殊作用，因此在事实上加大了市场对其公司股票进行估值定价的困难程度。

2018 年 9 月的京东事件，可以说是掀开了双重股权结构危害的冰山一角，[2]假如公司创始人因故无法参加董事会，作为企业决策灵魂的董事会将因无法运作，导致公司陷入瘫痪乃至瓦解的境地。而若果真面对此种情形，分散且并无管理公司权利的小股东几乎没有任何防备的可能，故此市场面对此番情景所做出的断崖式反应也就不足为奇了。然而，公司创始人要求保有公司控制地位，是高科技公司，特别是早期高科技公司得以发展

---

〔1〕 所谓三重股权结构，是指除了发行每股一份投票权的 B 类股票（类似于双重股权结构股票中的 A 类股票）和每股十份投票权的 C 类股票（类似于双重股权结构股票中的 B 类股票），Snapchat 还同时发行没有投票权的 A 类股票。Snapchat 由此成为全球首家发行三重股权结构股票的公司。郑志刚：《投资者为什么不看好 Snap 发行的三重股权结构股票？》，载 https://www.jiemian.com/article/1245000.html，访问日期：2017 年 4 月 20 日。

〔2〕 张巍：《从京东事件看同股不同权的危害》，载 https://www.jiemian.com/article/1245000.html，访问日期：2017 年 4 月 20 日。

的充分且必要条件。而两权分离型公司中的多数股东，对公司经营保持理性冷漠乃是常态。因此，在双重股权结构的制度弊端需要改进的同时，笔者认为亦可将引入新制度的方向对准表决权信托。相较于双重股权结构，表决权信托的法律权利与责任是固定的、界限分明的，且更易于辨别的，因此该制度能够在维护创始人控制公司经营权的同时，也为公司分散的众多小股东提供抵御风险的能力。

表 4　浙江仙通前五大股东[1]

股东名称	持有比例（%）	本期持有股（股）	持股变动数（股）
弘信一期（平潭）股权投资合伙企业（有限合伙）	2.92	7 896 000	增持 3 948 000
中国建设银行股份有限公司-中欧价值发现股票型证券投资基金	1.55	4 187 961	增持 3 288 000
中国工商银行股份有限公司-中欧潜力价值灵活配置混合型证券投资基金	1.48	3 994 552	增持 2 655 174
无锡国联卓成创业投资有限公司	1.33	3 604 000	减持 654 800
招商银行股份有限公司-中欧恒利三年定期开放混合型证券投资基金	1.12	3 026 177	增持 2 076 200

必须承认的是，笔者未能像阿道夫·A. 伯利和加德纳·C. 米恩斯那样，提供详细的数据材料对我国现有公众公司的类型化作进一步深入划分。但尽管材料有限，却仍旧可以反映出我国公司股权结构的丰富，以及公司对控制权需求的多样。因此，我国公司法在公司治理模式的选择上，也就无法作出整齐划一的规定。申言之，在我国公司法上试图对股东会和董事

---

[1]　数据来源：网易财经，统计时间截至 2018 年 9 月 30 日。

会作出泾渭分明的职能区隔，与我国目前公司复杂类型的现实是相矛盾的，应当给予公众公司在公司治理模式的选择上以更大的自主空间。因此至少在现阶段，我国《公司法》模糊两者的界限，提供公司参与各方更大的协商空间未必不是明智之举。在此前提下，多元化的公司控制权配置途径，将成为我国公司治理的显著特色。因此，表决权信托制度、双重股权结构都可纳入我国公司法的调整范围，成为可供公司选择的制度导向。当然，笔者亦承认复杂的公司治理选择，多样的股权控制实现途径，不仅可能造成公司法的碎片化，也会使得司法审判工作的审理成本不断上升。但最好的公司法治理结构无法从理论中产生，它一定是从实践经验中发展而来的。因此，对那种声称某一种结构抑或某一类结构是最好的治理结构的观点，我们应始终持怀疑的态度。需要指出的是，上述论证仅能表明，表决权信托能够作为董事会优位主义的架构支持，但不宜成为公司治理模式的常态选择，它往往与公司遭遇某种困境相联系。因此，同双重股权结构一样，表决权信托亦应只是作为可选出制度供公司参与方协商选择。

三、非自愿公司解散困境的新突破

我国学者对表决权信托制度的研究普遍偏重其在公众公司中的运用，而对其能否适用于封闭公司却未有说明。然而有趣的是，由于反对股东表决权与股权相分离，美国学者弗兰克·伊斯特布鲁克在其论述中强烈反对将表决权信托应用于公众公司，而仅承认其在封闭公司有用武之地。显然历史事实已经证明了其观点的偏颇，但由于其对表决权信托如何应用于封闭公司没有给出答案，故此本书试图从非自愿公司的解散这一角度出发尝试回答该问题。

在封闭公司中，非自愿公司的解散是长期困扰理论界与实务界的问题。依据美国学者弗兰克·伊斯特布鲁克和丹尼尔·费希尔在《公司法的经济结构》中提出的观点，由于股东人数较少，彼此比较了解且获得的公司信息亦相对充分，这种类型公司的结构性规则和分配性规则主要都应是赋权性和补充性的。但例外出现在非自愿公司解散问题上，苏格兰法官克莱德在谈及该问题时曾指出，股东向公司投资是基于一定条件的。如果股东发现一些或者全部条件被有意识地持续性破坏，并且被公司中持有压倒性多数表决权的股东或者高级职员弃之不顾，或者股东发现他们依据公司条例合法享有的权利被剥夺，那么，法院宣布公司停业清算就应当是公平和正当的。[1]在上述论述中，对于非自愿解散公司程序的启动可以提炼出以下两个前提条件：其一，股东未就公司解散达成合意；其二，法院可以强制解散公司，但是必须满足严格的法定条件以证明股东利益被持续地破坏。比如美国纽约州的《闭锁公司增补模范法案》就规定，公司运营已陷入僵局将造成不可挽回的损害（Irreparable injury），或者公司的控制人已经或正在或者将要以一种压迫、欺诈、极不公平的非法方式对待有异议的股东的，法院可以解散公司。[2]北卡罗来纳州的标准则稍显宽泛，其《公司法》规定只要清算公司是为合理保护受害股东的权利或者权益所必需，法院就有权清算公司。[3]不难看出，在封闭公司中大多数的结构性规则和分配性规则是赋权和补充性的，但在非自愿公司解散问题上，出于对小股东合理预期的保护，公司法显然将上述规则划入了强制性规则的范畴，其目的是在最大限度上维护公平原则。

　　然而，令人颇感意外的是，即使符合上述明确的标准，法院对于解散公司仍是相当踟蹰。例如在著名的 Inre Radom v. Neidorff Inc 一案中，控股股东拒绝给另一股东签发薪酬支票，该股东提出解散公司的要求，但法院明确予以拒绝。甚至在公司明确将非自愿性解散公司的条款写入公司章程之时，法院在案件审理中也往往对该条款不予认定，甚至还会将该条款予以取消或者改变公司章程的规定。[4]在法院的判决中，法官给出了法院在该问题上犹豫不决的原因。首先，由于法院诉讼所带来的不确定性，当事人倾向于自我协商以实现问题的解决历来是法律提倡的。但将非自愿性解散条款纳入公司章程，极易导致别有用心的股东以解散公司相要挟。因此，

---

〔1〕　叶林、郭丹：《试论"打破公司僵局"》，载《广东社会科学》2008 年第 4 期，第 183~190 页。

〔2〕　N. Y. bus. Corp. Law ＄＄ 110—a（b）（1）.

〔3〕　N. C. Gen. Stat. 55—125（a）.

〔4〕　307 N. Y. 1, 119 N. E., 2d 563, 1964.

这种机会主义的存在，使得封闭公司可能成为谋求此种敲诈性利益的组织形式。其次，从公司合同视角出发，在公司成立之初，出于对公司成功的渴望以及乐观情绪的支配，公司各参与方对在长期合作过程中可能出现的不利后果严重估计不足，此所谓公司合同理论中的合意缺陷。而该缺陷极易使各方发生判断上的系统错误，导致严重低估公司面临的经营风险。因此，法院虽然有强制解散公司的权力，但实践中则普遍以其他救济方式，如要求公司购买小股东股权，以解决出现的公司僵局等公司非自愿解散问题。

我国在处理非自愿性解散问题上的态度与国外主流观点一脉相承。有学者认为，非自愿性解散问题之所以存在乃因公司股东之间存在股权合作关系，因此解除这种合作关系，让异议股东顺利和低成本地退出公司是解决问题的核心。[1]由此尽管我国《公司法》明确规定了，非自愿性解散公司以强制解散和强制股份转让为主要司法手段，但实践中，主张两者皆应予以慎用是实务界普遍认可的观点。不过与美国强调法院介入不同，我国在该问题上比较强调所谓"穷尽内部救济"原则。[2]申言之，既然公司股东间属于民事关系，我国仍旧坚持将公司事务争端的自行处理作为主要的问题处理机制。然而，笔者认为，所谓"穷尽内部救济"原则并无益于非自愿性解散问题的解决。因为但凡是陷入类似僵局的公司，要么股东合作关系面临崩溃，要么公司事务执行遭遇根本障碍，事实上都缺乏穷尽内部救济的条件。

笔者以为，无论是"穷尽内部救济"原则还是现行公司法的异议股东回购，其真正问题在于，未能将股东的可期待利益与公司目的之不能进行严格的区分。例如，在传统理论中将异议股东回购作为解决非自愿解散问题的主要解决方式之一，理论上一般认为其难点在于如何实现对公司股权的合理定价。但是，笔者认为这只是反映出问题的一方面并非全部。申言之，假如公司股东因为反对公司某些具体执行的经营政策而提出解散公司

---

〔1〕 梁上上：《公司僵局案的法律困境与路径选择——以新旧公司法对公司僵局的规范为中心展开》，载《浙江社会科学》2006年第2期，第67~72页。

〔2〕 叶林、郭丹：《试论"打破公司僵局"》，载《广东社会科学》2008年第4期，第183~190页。

的要求，因为股东认为该政策将不利于其可期待利益实现，那么该理由能否成为解散公司的合理理由？退一步讲，在此种情形下，即使公司回购异议股份存在合理性，但公司势必为此承担高额成本，这与低成本解决股东退出问题的初衷也是大相径庭。鉴于我国现行公司法在自愿解散问题上技术的瑕疵，笔者建议可以借鉴表决权信托制度。历史上，表决权信托曾被法院指定为强制执行公司财产的司法措施，相较于目前解决非自愿性解散的手段，它不仅可以节约公司回购股权的成本，而且有助于缓和股东利益冲突、避免矛盾激化。在美国还曾出现过，在表决权信托的执行过程中，由于公司环境发生变化最终股东各方达成和解，公司继续经营的先例。因此，笔者认为，在有限责任公司中，将表决权信托作为解决非自愿性解散问题的另一种可选方式，或许更能体现制度本身的合理性。

第三节　表决权信托与我国公司重整制度的再造

一、我国公司重整制度之惑——以债务人抑或债权人为中心

2008 年以来的金融危机其影响仍持续发酵，导致全球经济面临周期性退潮期，而我国亦面临前所未有的经济发展的"新常态"。[1]这意味着虽然国家经济总体风险可控，但也存在相当数量的公司，可能会由于经济增长方式的转变而面临经营风险。在此背景下，那些本已陷入经营困难的公司势必在企业资本结构、科层内部管理以及公司经营策略等诸多方面进行调整，从而成为可被公司重整制度纳入的规范对象。

在我国，公司重整、公司清算与公司和解，构成《企业破产法》的三大支柱，其中《企业破产法》第 8 章专章就我国的重整制度作出了详细的法律规定。与传统《企业破产法》注重债权人利益不同，我国现行有关公司重整的规定主要突出体现了对债务人利益的尊重。比如，公司重整计划

---

〔1〕　新常态概念是 2014 年 5 月习近平总书记在河南考察时提出的，是指在金融危机后我国经济应当放弃单纯追求 GDP（国内生产总值）增长的目标，要实现经济的软着陆。胡舒立主编：《新常态改变中国：首席经济学家谈大趋势》，民主与建设出版社 2014 年版，第 2~4 页。

的提出者主要是债务人；再比如，假设重整计划草案出现部分表决组经过两次表决均未通过的情况，只要债务人的经营方案具有可行性，重整计划仍旧存在被人民法院直接批准的可能。[1]甚至《企业破产法》第79条还明确规定，债务人没有按时提出重整计划草案的，人民法院有权裁定终止重整程序。

我国《企业破产法》在公司重整制度上偏重债务人利益的做法，起源于破产重整制度的诞生地美国。1884年发生的瓦坝斯铁路公司案，被认为是破产重整制度创设的标志。而该制度之所以强调以债务人利益为中心乃出于以下政策考量：首先，重整是为了公司能够继续运营而非清算，所以应当允许债务人可以广泛地影响公司具体重整措施的安排；其次，公司就像个人一样，通过减免债务程序后应该保有公司获得第二次成功的机会；最后，最有资格进行企业重整的人是那些在破产前管理该企业的人。[2]正是围绕着这三个核心政策考量，美国创设了此后重整制度中一系列的具体制度与规则。

其实，债务人之所以能够广泛地对公司重整施加影响，其根本原因是他们是公司财产的剩余索取权人，依据公司合同理论他们将与公司兴衰与共。[3]然而，对于已经陷入重整境地的公司，其债务人的剩余索取价值往往归零甚至是负值，显然此时的债务人缺乏使公司效益最大化的动力。因此，早期公司重整制度的吊诡之处在于，过度关注债务人利益而忽视甚至处处对债权人利益进行限制，以致实务中债务人滥用制度保护借以逃废债务，不当损害债权人利益的情形十分常见。[4]因此，以2005年《美国破产

---

〔1〕 我国《企业破产法》规定，未通过重整计划草案的表决组拒绝再次表决或者再次表决仍未通过重整计划草案，债务人或者管理人申请人民法院批准重整计划草案的，人民法院有权决定是否获得重整权利。据此我国学者认为现行重整制度明显不利于债权人保护。张钦昱：《论公平原则在重整计划强制批准中的适用》，载《法商研究》2018年第6期，第111~122页。

〔2〕 李震东：《公司重整中债权人利益衡平制度研究》，中国政法大学出版社2015年版，第8页。

〔3〕 ［美］弗兰克·伊斯特布鲁克、丹尼尔·费希尔：《公司法的经济结构》（中译本第2版），罗培新、张建伟译，北京大学出版社2014年版。

〔4〕 汪世虎：《公司重整中的债权人利益保护研究》，中国检察出版社2006年版，第49~76页。

法》的修订为标志，包括我国众多破产法学者在内，许多人开始认为，应当纠正在公司重整制度中过度保护债务人的做法，开始将制度价值转向对债权人利益的保护。然而问题在于，公司重整所呈现的制度初衷乃是突破原本单一的企业破产清算目的，实现破产法功能的多样性。申言之，公司重整制度乃以债务清偿与公司再生为双重目标，因此若在公司重整制度中以债权人保护为制度价值，则在事实上又如何与破产清算制度相区分？况且，既然以债权人保护为要则势必以公司财产之清偿为主要内容，又何须大费周章制定公司重整计划，以延长债权人收回投资的时间，增加收回投资的成本。总之，以何者为制度要旨是我国现行公司重整制度所面临的困惑。

二、表决权信托与我国公司重整制度的再造

回顾美国表决权信托的发展历史，不难发现将其运用于挽救濒临破产公司的时间，甚至要远远早于公司重整制度出现的时间。学者杨崇森曾经在其著作中简单描述了表决权信托是如何在公司重整中发挥作用的："当公司财务出现困难，面临破产时，公司需要其他资本以避免破产或资助其扩充之计划，但原有公司债权人与融资机构考虑到投资无法收回，往往不愿再放贷金钱给该公司，除非对于该公司之管理与政策能取得某种控制权，以确保投资之安全。在此情形下，公司之股东为使公司重整计划能够实现，俾债权人所要求之保障，与股东对公司之利益得以兼顾起见，其最理想的方法确为成立表决权信托，使股实可靠之人管理公司业务，以确保管理体制健全与政策之正确，其法系将股份转移于公司债权人或其他可为债权人接受之人，由其充任信托契约之受托人，而行使此等股份之表决权，直至公司业务趋于稳定。"[1]实践中，将表决权信托应用于公司重整最为著名的例证是 Howard Hughces 一案。为了获得融资贷款，金融机构要求公司大股东转让其股份给信托机构，并且还指定三名负责人为公司董事组成新的董事会。尽管有股东质疑该信托作涉嫌对股东权利的剥夺，但法院认为该信

---

[1]　杨崇森：《信托与投资》，正中书局 1977 年版，第 133~134 页。

托有助于公司摆脱困境，并最终确定了该信托的效力。[1]

笔者以为，详加考察表决权信托在公司重整的作用，可以发现其对制度的影响是颠覆性的。首先，现行公司重整制度的困惑在于，总是在债务人与债权人之间进行利益选择，但实际上假如制度是向两者当中的任何一方倾斜的话，公司重整的目的均是难以实现的。例如，在我国目前公司重整计划的相关规定中，计划草案的表决乃由债权人会议决定。但实际上，由于重整计划的提出者是债务人一方，因此很难体现债权人所期待的在公司决策过程中的控制、调整作用。而且正如前文所论，公司合同仍处于麦克尼尔指出的长期关系之中，公司即使在正常经营过程中，其所面临的经济情况各方尚无法准确估计，何况公司已身陷困境而欲摆脱。因此，公司重整计划在制定之初，就应该由债权人与债务人共同参与，甚至在计划实现的过程中也应当伴随具体情境的变化，不断由公司各方共同协调。当然在表决权信托中，作为公司剩余价值索取人的债务人其表决权显然是被让渡于债权人或者是债权人指定受托人。但不可忽视的是，表决权信托仍旧对债务人的受益权部分明确予以保留。换言之，尽管在一定时期内股东丧失了控制公司的权利，但对股权收益仍可继续享有。更不要说，假如重整计划成功，公司获得重生后债务人还可将公司控制权收回。总之，重整制度中的表决权信托体现的是，债权人与债务人两者利益的兼顾而不是倾斜。

其次，我国现行公司重整制度之所以提出所谓历史的回归，即由债务人保护转向债权人利益倾斜，其原因在于债务人借公司重整之机以逃废债务。[2] 笔者认为，问题出在依据传统重整计划的理念，即公司原管理层被认为是最有资格进行企业重整的人。但实际上，美国破产制度理念提出的背景是公司所有权与控制权两权分离，管理层的确更熟悉公司也更应对公司各利益相关者负有责任。然而，必须看到我国公司的现实情况比美国要复杂得多，两权分离并非我国公司面临的常态，管理层与债务人高度重合

---

〔1〕 覃有土、陈雪萍：《表决权信托：控制权优化配置机制》，载《法商研究》2005 年第 4 期，第 89~95 页。

〔2〕 李国光主编：《新企业破产法条文释义》，人民法院出版社 2006 年版，第 381 页。

才是债务人逃废债务的主要原因，他们不仅缺乏执行重整计划的动力，亦缺乏执行重整计划的能力。而我国《企业破产法》第 73 条又明确规定了，在重整期间，经债务人申请，人民法院批准，债务人自行管理财产和营业事务。尽管破产管理人的监督可在一定程度上矫正债务人的违规行为，但却无法改变债务人逃废债务的积极性远高于执行重整计划的惰性的事实。而表决权信托在该问题上有着清醒的认识，因为有限责任的存在使债务人对自己的风险有清晰的意识，但当风险早已超出有限责任承担的范围时，公司的经营风险会自然向债权人转移。换言之，债务人在有限责任的保护下，极有可能要么为自己谋求私利，要么甘愿冒着极大的风险选择最后一搏。因此，表决权信托在重整计划的执行中，最为关键的是由债权人信任之人或机构出任受托人，并由受托人选任公司新的管理层。[1]

最后，公司重整目标得以实现的两个前提是债务清偿与公司融资，它如车之两轮、鸟之比翼，不可偏废。以此来衡量我国现行重整制度，《企业破产法》第 81 条乃是关于重整计划草案的内容，其中只有第一项债务人的经营方案和最后一项的兜底条款，在经过适当解释后可能涉及公司的融资问题。而在《企业破产法》第 87 条规定的法院强制批准重整计划的具体情形中，主要强调的仍旧是公司债务的清偿问题。但公司重整毕竟不是破产清算，公司重生才应是制度主旨。因此，现行制度中显然对公司重生的必要条件——公司融资，未能有充分重视。事实上，表决权信托本身出现的背景就是美国大型铁路公司出现大面积债券违约，因此如何实现公司融资正是其需要解决的棘手问题之一。从当时的历史资料看，表决权信托实现融资主要通过两种渠道：其一，通过将股票信托给债权人实际上就是某家金融机构，由该金融机构受托人制定出令各方满意的信托计划后，债权人向公司融资；其二，受托人向重整委员会征询表决意见后，向资本市场公开融资。目前一些仍旧存在的金融衍生工具，如无表决权的优先股，都是那时为解决重整公司的重生问题而被创造发明出来的。总之，在表决权信托的影响下，我国对公司重整制度的改造将是根本性的。

---

[1]　[美] 罗伯特·C. 克拉克：《公司法则》，胡平等译，工商出版社 1999 年版，第 310 页。

三、表决权信托与"债转股"制度的差异

为有效缓解在我国经济下行压力下，一些央企、地方企业出现的债务规模增长过快、企业负担过重的情况，2016年9月，国务院出台了《关于积极稳妥降低企业杠杆率的意见》（以下简称《降低企业杠杆率的意见》）。作为《降低企业杠杆率的意见》的配套措施，国务院同时发布附件《关于市场化银行债权转股权的指导意见》。上述文件均将"债转股"作为纾解企业发展困境，促进企业经营机制转换的主要措施加以规定，[1]"债转股"再次进入各方视野。其实"债转股"于我国而言并非新鲜事物，2000年针对国有银行的不良贷款问题，国务院在由其通过的《金融资产管理公司条例》中，已经针对"债转股"的概念及其具体实现方式作出了明确规定。[2]以制度宗旨观察，表决权信托与"债转股"均有利于为企业摆脱债务压力，脱离被清算的危险；而制度的外部特征亦显示，两制度皆有赖于债权人深入参与企业事务。但必须强调的是，尽管该两种制度皆应用于公司重整计划，但其制度差异性还是比较显著的：

第一，两者的制度目的不同。同为企业脱困，但"债转股"从其生成背景观察，其自身具有明显的政策性特色，制度预期目的实现的关键在于，资产管理公司能否顺利地实现股权退出。为此，目前主要规定有三种退出模式：转让、回购和上市；而表决权信托并不以退出为目标，其目的在于让受托人掌握公司管理权从而帮助公司脱困。因此，债权人最终是否退出公司，一方面可由自己决定，另一方面也会受公司业绩、表决权信托凭证

---

〔1〕 国务院在《降低企业杠杆率的意见》中强调，降杠杆要把握好稳增长、调结构、防风险的关系；并在降杠杆的主要途径中将以市场化法治化方式开展债转股列为主要途径。而在《关于市场化银行债权转股权的指导意见》中，国务院又进一步强调债转股应当由银行、实施机构和企业依据国家政策导向自主协商确定转股对象、转股债权以及转股价格和条件，实施机构市场化筹集债转股所需资金，并多渠道、多方式实现股权市场化退出。总之，债转股已经成为我国维护公平竞争的市场秩序，保持社会稳定的重要工具。

〔2〕《金融资产管理公司条例》第16条第1款规定，金融资产管理公司可以将收购国有银行不良贷款取得的债权转为对借款企业的股权；第17条至第20条则规定了金融资产管理公司从事债转股业务的基本原则与基本方式，从而保证我国的债转股在法律的框架下，成为优化我国企业产业结构的重要工具。

持有人、协议内容等诸多因素影响。

第二，两者的制度实现方式不同。"债转股"的三种实现方式，即转让、回购和上市是制度实现的三种渠道。这三个渠道对于处于困境的公司而言，转让和上市难度极高，因此目前资产管理公司普遍将股份回购作为主要退出途径，但这种模式使得资产管理公司只注重短期效益而不考虑公司发展。[1]经过一段市场考察后，目前通过二级市场实现资本退出成为"债转股"的主要模式；而表决权信托的主要实现途径是，依靠受托人专业化管理经验与知识，在公司经营政策变化或生产技术提升上使公司脱困，申言之，前者在制度实现方式上重视市值管理，而后者更重视公司经营。

第三，两者在公司股权结构安排的结果上不同。"债转股"以股东退出公司为目的，而基于退出途径的多样实现方式，理论上接受"债转股"的资产管理公司越多，风险也就越低，因此一般由多家资产管理公司共同接收公司"债转股"业务的情况很多；但表决权信托不同，表决权信托在事实上是为减少公司代理成本，而人为创设出控股大股东以实现公司经营政策的统一与稳定，因此即使受托人可能是多人，但通常也是出自同一家金融或资产管理公司。

第四，两者原公司股东地位不同。"债转股"的原公司股东丧失公司股东身份的可能性极高，特别是在目前通过转让、上市实现资产管理公司退出目的困难的情况下；而表决权信托中原公司股东成为股权受益人，其还可依据信托协议继续享有股权利益，甚至在公司重大事务上亦可保留部分权利。

最后必须说明的是，"债转股"和表决权信托的差异仅是表明两制度各自的特点，并不代表对制度本身优劣的评判。在公司重整时，具体采用何种方式乃由公司未来前景、债权人持债比例等多种因素决定，需要具体问题具体分析。

---

[1] 王欣新：《再论破产重整程序中的债转股问题——兼对韩长印教授文章的回应》，载《法学》2018年第12期，第119~129页。

第四节　表决权信托与我国公司并购方式的再思考

一、我国公司并购方式的反思——什么是公司的本质

"宝万之争"之所以吸人眼球，乃因其开启了我国公司控制权争夺的新篇章。然而，与学界、实务界围绕万科集团各方在董事会决议效力而展开的诸多唇枪舌剑不同，[1]针对此次控制权争夺的主要工具——敌意收购，人们普遍没有给予负面评价。甚至有不少学者认为，这种市场力量能够成为激励优质公司治理的动力。[2]其实并购作为现代公司快速成长的方式，无论收购以资产还是以股权作为标的，也无论收购是敌意还是善意，都已在相当程度上为市场广泛接受，而其根本原因在于公司本质理论的发展。

其实直到 20 世纪初叶，公司本质理论一直为法人理论所主导。不过围绕对公司和国家关系的不同认识，公司法人理论则又被分为法人拟制论和法人实在论。前者认为，公司未经国家权力机关确认不能存在，因此持有该观点的学者将公司行为能力的获得，归因于国家法律的授权。该观点由萨维尼在其《当代罗马法体系》中首次予以提出；[3]而法人实在说，则殊为强调公司是社会中固有的实体存在，是基于个人自由组合而自然产生的主体，其与法律是否承认并无直接关联。该理论可以上溯到罗马法时代的法学家乌尔比安，其后经由著名学者基尔克的有机体说对其加以巩固、发展。[4]然而，上述学说的差异在实践中或许显得微不足道。因为它们对公

---

〔1〕　曹山石：《王石华润深夜为一道小学算术题撕逼》，载 http://finance. sina. com. cn/chanjing/gsnews/2016-06-18/doc-ifxtfrrc3809722. shtml，访问日期：2016 年 6 月 18 日；彭冰：《法眼看万科和华润算算术 王石或大胜》，载 https://mp. weixin. qq. com/s/sSGAglH3a4IE7HhgEAr4dw，访问日期：2016 年 6 月 18 日；缪因知：《万科董事们的命运将会怎样》，载 http://business. sohu. com/20160706/n457935688. shtml，访问日期：2016 年 7 月 6 日。

〔2〕　唐林垚：《我国要约收购及触发点的保留与改进——兼析与欧美上市公司收购规则的比较》，载《政法论丛》2018 年第 3 期，第 82~95 页。

〔3〕　方流芳：《中西公司法律地位历史考察》，载《中国社会科学》1992 年第 4 期，第 153~170 页。

〔4〕　叶林：《私法权利的转型——一个团体法视角的观察》，载《法学家》2010 年第 4 期，第 138~154 页。

司本质理论的最大贡献是，公司乃是独立于股东的存在，因此公司具备了独立存在的意志，且能够独立承担责任。然而，无论是法人拟制论还是法人实在论，它们在公司并购问题上都缺乏解释力。因此，一直到 19 世纪初，美国都不允许公司间存在交叉持股，更不用说跨州的公司投资行为。[1]

19 世纪 80 年代，美国出现了第一次公司并购浪潮，同时也带动了公司本质理论的发展——公司否认论出现了。和传统的公司法人理论不同，公司否认论强调在理解公司本质时应将公司放入社会或市场之中，且殊为关注私人尤其是股东对公司的控制。[2] 可以说，该理论是 20 世纪 30 年代公司合同理论得以提出的向导，也正是通过该理论公司客体性概念被第一次明确提出。这意味着，公司包括其任何资产均可如商品般在市场上进行交易。随后，在公司否认论的指引下公司控制权概念应运而生，并且其经济价值很快得到了市场的认可。而以公司控制权为标的的交易，其优势在于：其一，凭借公司控制权变化和财务重组就能为投资者创造出心仪的利益回报；其二，代理成本问题可以通过公司控制权交易予以降低。而更好的管理者则意味着更多的财富，即使公司因之负债，但这种负债给管理层带来了更急迫的束缚，亦更有利于激励管理层。[3]

但必须指明的是，弗兰克·伊斯特布鲁克在谈及上述观点的前提，乃是以现金为基础的要约收购，而非当今社会流行的杠杆收购。事实上，他在著作中也承认"巨额债务将会加速公司的破产，并可导致公司境况迅速恶化"。[4] 此外，基于股东的短视行为，实际上大多数股东对公司被收购的最终结果缺乏理性的认识。比如，在著名的纳贝斯克收购案中，为了偿还巨额的债务，该公司最终被并购方肢解分拆成数家子公司予以出售，一个

---

〔1〕中央电视台《公司的力量》节目组：《公司的力量》（精华本），山西教育出版社 2011 年版，第 109 页。

〔2〕李诗鸿：《公司契约理论新发展及其缺陷的反思》，载《华东政法大学学报》2014 年第 5 期，第 83~99 页。

〔3〕［美］弗兰克·伊斯特布鲁克、丹尼尔·费希尔：《公司法的经济结构》（中译本第 2 版），罗培新、张建伟译，北京大学出版社 2014 年版，第 171 页~192 页。

〔4〕［美］弗兰克·伊斯特布鲁克、丹尼尔·费希尔：《公司法的经济结构》（中译本第 2 版），罗培新、张建伟译，北京大学出版社 2014 年版，第 156 页。

实业曾经庞大的实业帝国就此土崩瓦解。因此，股东短视行为在公司并购中，无论对公司还是股东，其造成的损失都是无可挽回的。笔者无意否认公司并购市场的繁荣为国家经济、资本市场、公司治理所带来的诸多益处，但同时认为，在公司并购中仍旧需要强调公司所具有的实体属性，认识到公司作为科层组织所具有的权威和等级。特别应当防范，敌意收购对公司长期战略以及雇员等公司利益相关者造成的不良影响，这也是近年来外国并购立法中，普遍允许董事会通过反收购条款来抵御外来敌意收购的重要原因。[1]

二、表决权信托在我国公司并购中的运用

理论上承认公司本质的双重特性没有太多障碍，但现实中，公司融资与公司控制权却常常处于利益博弈的两端难以调和，对主体性的强调往往意味着对客体融资的失败。比如，2005 年我国最大的工程机械制造企业徐州工程机械有限公司与美国凯雷集团投资签订的战略投资协议。在协议中，凯雷集团以 3.75 亿美元的价格收购徐州工程机械有限公司 85% 的股权，由于涉嫌民族企业的保护问题，双方随后又两次修改协议，将收购股权的具体比例减少至 45%，尽管如此，我国商务部仍未通过此次并购案。所以，如何在引入外资的同时，仍能保护我国的民族企业，是萦绕在我国外资并购市场中的重要议题。

与上述并购形成鲜明对比的是，2002 年青岛啤酒股份有限公司（以下简称"青啤公司"）与世界最大啤酒酿造商安海斯-布希公司（以下简称"AB公司"）签署的战略投资协议。协议规定，AB 公司将拥有的青啤公司股权20% 的表决权，以信托方式授予当时的青岛市国资办行使，这是在我国公司并购领域首次适用表决权信托制度。一方面，AB 公司带来的巨额资金，使青啤公司的财务状况迅速得到改善，并且为下一步的经营战略提供了充沛的资金；另一方面，该信托还使得青啤公司能够按照自身的发展步调，稳健地提升企业管理和发展企业文化。同时，以表决权信托方式完成的公司

---

〔1〕 张巍：《资本的规则》，中国法制出版社 2017 年版，第 53~68 页。

并购，还使得 AB 公司的股权收益在信托期间不会受到任何影响；而假如在信托期内青啤公司没有得到 AB 公司的认可，AB 公司也可在资本市场上选择"用脚投票"。当然，笔者也注意到此次表决权信托之所以能够顺利完成，与青啤公司属于典型的 A 股+H 股交叉整体上市的企业背景密切相关。而更为重要的是此次青啤公司与 AB 公司的投资协议，其表决权信托的执行标的均是在香港交易所上市的 H 股。换言之，青啤公司的表决权信托交易安排，事实上回避了我国《公司法》《信托法》中皆未有对表决权信托进行调整的问题，同时亦摆脱了《上市公司收购管理办法》《上市公司重大资产重组管理办法》对它的规制。因此，有学者认为，青啤公司的表决权信托计划是在我国实验成功的事实案例，但该结论并不具备充足的法律支持。[1]

不过，青啤公司的表决权信托在我国这次试水，实际上是向市场释放了重大利好，再次激发了国外投资者对我国实业公司进行投资的热情。此外，该表决权信托计划也提示我们，除了杠杆收购、协议收购、要约收购，表决权信托也可作为一种新的公司并购方式。特别是对于股东对公司控制权有较高要求的公司而言，它是在保障现有公司控制权的前提下，还能够满足公司融资需求的有效并购方式。

综上所述，笔者认为，表决权信托对我国当代公司法带来的影响是观念上的，甚至在一定程度上是具有某种颠覆性的。在我国公司制度发展的历史上，很少有制度能像表决权信托这样，实现在公司治理、公司融资、公司并购三个公司法核心领域的跨越。究其原因，除了制度本身具有的灵活性外，笔者以为更为关键的因素是，我国公司的发展历程多是以政策性为向导，而非以市场为导向。然而，随着公司制度在我国的深入发展，商业实践的不断丰富、公司模型的日趋复杂，都对我国现行公司法的立法观念、立法技术提出了顺应时代发展的更高要求。因此，过去仅靠政府职能供给式的公司法律制度，难以满足商业需要。那些在公司发展历程中，曾经出现过但已经式微的制度，或许在我国复杂多变、丰富多彩的市场环境

---

〔1〕　熊宇翔：《信托多棱镜》，中国金融出版社 2016 年版，第 49~62 页。

下存在被再次被激活的可能性。这既是公司法自身发展的主动选择，也是公司利益相关各方意思自治能力拓展的实际需求。不过，要想实现表决权信托在我国的实质落地，辅以坚实理论技术作为保障才是有实质性意义的关键一步。

第三章

表决权信托之法理基础建构

如果说法价值是制度移植的原因与动力，那么法理基础的构建则是制度能否移植成功的关键。因为制度移植不能仅以功能主义为目标，它应当是涉及政治、经济、文化等多方面复杂要素的综合考量。就本章所涉及的内容而言，一方面，在构建法理基础的过程中，需要考查表决权信托与我国公司法、民法等部门法学是否存在理论冲突以及对该冲突进行合理诠释与回应；另一方面，在完成表决权信托法理基础的建构后，还需要考察其与我国现行表决权的相关制度是否存在功能上的重合。需要说明的是，作为信托类型中的一种，表决权信托在融入我国现行信托法理的过程中，也可能会产生与现行法理的冲突。然而，相较于公司法与民法的基础地位，笔者将涉及与信托法理冲突的讨论与解决放入表决权信托功能的具体实现部分再进行详细论证，即本书的第四章与第五章。

第一节　表决权信托之公司法理基础建构

在学习引进表决权信托的过程中，多数学者将表决权信托的客体研究作为重点问题。对该问题的具体研究，集中体现在如下两个方面：其一，表决权的客体是股权还是表决权；其二，表决权能否与股权相分离。[1]在笔者看来，这两个方面所解决的核心问题是：表决权是否能够成为一种财产权利，或者说表决权是否具有独立性。换言之，表决权信托在公司法理基础问题的探讨中，主要解决的是如何理解股东的表决权问题。

---

〔1〕　许剑宇：《股份表决权信托研究》，载《研究生法学》2007年第6期，第102~109页。

一、股东表决权含义的变化——从固有权到控制权

19世纪以来，近代私法的突出特征乃以个人法为表征，概因当时参与私法的主要社会主体大多为个人。故此，在1804年私法法典的集大成者《法国民法典》中，甚至完全没有提及法人或团体的地位及其内部关系，而对于合伙也仅以契约关系确认其法律地位。[1]法典立法者在绝对个人主义的影响下明确规定，合伙人之间乃共同出资、共同经营、共担风险的权利义务关系。而为了实现这种合伙人之间的权利义务关系，在合伙的经营过程中，必然要求合伙人行使表决权时应以全体一致同意为基本原则。申言之，合伙人的全体一致原则体现了，合伙组织的所有权与经营权在形式与内容上的完全统一。

公司的出现，开始打破合伙组织在个人主义上的利益平衡。前已述及，早期公司实际上保持了与合伙组织相同的经济结构，即公司股东同时扮演着公司所有者与公司资产所有者的双重角色。然而，有限责任的法定化彻底将公司行为从个人行为中分化出来，[2]从此公司与合伙组织走上了完全不同的发展道路。对股东而言，有限责任使得投资反噬的风险得以避免，而股东之间也降低了相互监督的成本，更为重要的是股东仅以投入公司的财产对公司债务承担责任，为公司所有者身份与公司资产所有者身份可以彼此分离创造了条件。申言之，当公司成为独立经济实体并逐步成为社会关系的主要参与者时，这种法人化的发展必将深刻地改变着人类社会的行为模式。

申言之，当公司走向法人的道路，尽管公司股东丧失了对公司资产在法律上的所有人地位，但就全体股东而言，通过法律赋予其表决权仍能实现其对公司以及公司利润资产的支配和享有。从此，公司不再是以个人或数人利益为目标，而是为全体股东的整体利益而经营。在此意义上，公司

---

〔1〕 叶林:《私法权利的转型——一个团体法视角的观察》，载《法学家》2010年第4期，第138~154页。

〔2〕 方流芳:《中西公司法律地位历史考察》，载《中国社会科学》1992年第4期，第153~171页。

成为改造近代私法、私法权利的重要力量。具言之，在个人主义为主的私法时代，强调对个人意思表示的尊重，《法国民法典》之所以将合伙规定于契约之中，其目的在于强调只有当事人各方意思表示一致，合伙契约方能成立有效；而当公司成为有别于个人的法人时，它的团体性特征就显现了出来。作为公司成员的股东，其权利不再是个人权利而是转化为成员权利。这意味着，成员权利的实现，不是也不可能是依靠股东们表意的完全一致，而是转变为需要股东就其各自意思表示进行表决且充分协商才能实现其所追求的法律效果。申言之，当公司需要产生对股东权利具有影响的决议时，全体股东尽管仍旧有权自主进行意思表示的权利，但决议能否生效并不取决于全体股东意思的一致，而是团体成员多数个别意思的偶然结合，这就是所谓少数服从多数的资本多数决原则。[1]

公司决议多数决是公司为提高决策效率，适应资本的快速流动而事先制定的。它强调的是，股东对公司事务的参与性与效率性。因此，任何股东、公司管理层均不得任意剥夺其他股东表达其意思的机会，至于股东具体的表意能否实现则是另外的问题。换言之，在不依赖资本市场的公司发展初期，股东表决权的内涵所强调的是股东的参与性。公司股东既是公司所有者也是公司的经营者，尽管多数决原则决定了并非所有股东的表意行为均能实现，但该原则在形式上保证了公司所有权与经营权的一致。此时，表决权是作为股东的固有权利而存在的，是股东权利不可缺少的一部分。

19世纪末期，伴随着资本市场的发展和生产技术效率的提升，公司开始快速扩张。一直到20世纪初，大公司时代的来临，对现代公司的经济结构产生了颠覆性的影响，甚至在某种意义上讲是重构了资本主义的经济体系。[2]其中较为显著的特征就是，公司管理层权力的不断扩大。管理层一词并非法学术语，在法律上，大概指称那些对公司业务和资产使用享有权

---

[1]　邓峰：《董事会制度的起源、演进与中国的学习》，载《中国社会科学》2011年第1期，第164~176页。

[2]　[美]克里斯多夫·M.布鲁纳：《普通法世界的公司治理：股东权力的政治基础》，林少伟译，法律出版社2016年版，第35~39页。

利、承担责任的人，也被称为"经营者"。〔1〕公司管理层，主要由董事会与公司高级经理组成。在大公司时代到来之前，公司管理层主要由股东自己或由董事会任命的人组成，将股东利益最大化作为公司经营的最终目标。然而，随着公司规模不断扩大，股东人数不断增加，公司经济力量日益集中，公司的股权结构却越来越分散。同时，超级大公司也日益组织化、科层化，要求公司管理层从原材料采购到产品销售、从产品定价到工资、利润的分配等各个经营环节所拥有的决定权必须得到不断增强。其结果就是，股东不断将其所拥有的公司管理权授予公司的实际经营者，以至于在某些情况下，还会允许这些公司经营者运用上述权力合理损害股东的利益，例如延迟股东分配股息的时间等。在这种情况下，自亚当·斯密时代创设出的私有财产仍是所有者与经营者统一体的概念就被事实上打破了，公司财产在实际上被分为"被动性财产"与"主动性财产"。〔2〕

详言之，所谓"被动性财产"，是指投资人对公司进行投资，公司仅对其给予利益分配，但投资人却无法对该部分财产进行控制，准确地说，这部分财产指的就是股票和债券；而"主动性财产"则是指，实际组成公司的工厂、商户、组织科层等重要元素，在公司特别是大型公司中往往必然被仅拥有少数所有权益的个人来控制，而这些拥有"主动性财产"的人可以被视为对公司享有实际控制权的人。〔3〕"被动性财产"与"主动性财产"概念的提出，成为公司所有权与公司控制权分离的经济理论基础，它所反映的现象是，股东丧失了对公司资产的实际控制权，因此其对公司的经营权亦随之丧失。按照阿道夫·A.伯利和加德纳·C.米恩斯对未来公司发展的预测，既然公司早已成为社会财富集中的"超级帝国"，又动辄拥有数万雇工，那么股东的被动性财产权势必需要服从于社会的更大利益。因此，若以更广泛的视角观察公司，则会发现公司或可成为现代世界的统治机构。而所谓股东的表决权，在公司完全由经营者控制的前提下，早已沦落为虚

〔1〕［美］罗伯特·C.克拉克：《公司法则》，胡平等译，工商出版社1999年版，第288页。
〔2〕［美］罗伯特·C.克拉克：《公司法则》，胡平等译，工商出版社1999年版，第288页。
〔3〕［美］阿道夫·A.伯利、加德纳·C.米恩斯：《现代公司与私有财产》，甘华鸣、罗锐韧、蔡如海译，商务印书馆2005年版，第352~355页。

置的权利。[1]当然，阿道夫·A. 伯利和加德纳·C. 米恩斯对未来公司的预测是否正确尚有待验证，但公司所有权与公司经营权的分离则在一定意义上表明，传统公司理论中被认为是股东固有权利的表决权，伴随着股东对公司控制权的丧失可能会成为一种可以与股权相脱离，在未来甚至会被忽略不计的权利。

其实，公司所有权与公司经营权分离理论对当代公司理论的最大贡献是，开启了对公司代理成本问题的关注。[2]正如哈罗德·德姆塞兹所述："在一个利己主义在经济行为中扮演着重要角色的社会中，谁要是相信有价值资源的所有者把控制权完全交给了没有为其利益而服务的经理们，那就太傻了。"[3]而且更出乎阿道夫·A. 伯利和加德纳·C. 米恩斯意料之外的是，机构投资者在公司中日益增长的重要性，以及他们在公司控制权市场中所发挥的积极作用。

关于机构投资者，目前还没有形成统一的法律概念，一般意义上指的是对公司进行投资的法人机构，包括基金、投资公司、投资银行、保险公司、银行信托机构等。[4]在机构投资者中，最为典型的代表是美国养老基金。自 20 世纪 40 年代开始，以美国养老基金为代表的机构投资者，在美国资本市场的持股比例持续攀升到 2001 年已经高达 57.6%。[5]过去人们普遍认为，机构投资者的投资行为多以取得股权财产收益而非以获得公司控制权为目标[6]，但 1985 年的美国优尼科（Unocal）公司收购案则彻底颠覆了人们对机构投资者的传统认识。尽管出于对公司利益相关方权益的考虑，

---

〔1〕　[英] 丹尼斯·吉南：《公司法》（原著第 12 版），朱羿锟等译，法律出版社 2005 年版，第 220 页。

〔2〕　Michael C. Jensen, William H. Meckling, "Theory of the Firm: managerial behavior, Agency Costs, Ownership Structure", *The Journal of Financial Economics*, 3 (4), 1976, pp. 305~360.

〔3〕　[美] 阿道夫·A. 伯利、加德纳·C. 米恩斯：《现代公司与私有财产》，甘华鸣、罗锐韧、蔡如海译，商务印书馆 2005 年版，第 8 页。

〔4〕　Scott, "Corporate Law and the 'American Law Institute Corporate Governance Project'", 35 Stan. L. Rev. , 1983,

〔5〕　[美] 奥利弗·E. 威廉姆森、西德尼·G. 温特编：《企业的性质：起源、演变和发展》，姚海鑫、邢源源译，商务印书馆 2007 年版，第 6~7 页。

〔6〕　张巍：《资本的规则》，中国法制出版社 2017 年版，第 42~52 页。

特拉华州法院最终所确立的 Unocal 规则在实际上维护了公司管理层。但机构投资者此次对管理层的有效攻击，确实给在公司所有权与控制权分离庇护下，有恃无恐的公司内部管理者敲响了警钟。同时，机构投资者的收购行为还表明，股东的表决权绝不是被虚置的权利，它可以成为争夺公司控制权的武器。在机构投资者的影响下，目前在资本市场上通过股东表决权对公司，特别是管理层进行调整和控制的行为模式，主要包括四种：①说服管理层将公司清算或者出售给"白衣骑士"；②谋求对公司管理层的更换；③对公司发动敌意收购；④要求公司回购其股票，又称"绿邮讹诈"。总之，机构投资者积极参与公司事务，不仅强化了股东会的作用，而且还将原本似乎已经虚置的股东表决权，转化为一种与公司的控制权紧密相连的权利。

另外，资本市场中仍广泛存在着私人持股股东，从而形成了与机构投资者的股东积极行动主义相对立的股东冷漠主义。其实，股东冷漠主义并非股东对自身利益最佳判断者身份的放弃。恰恰相反，这是股东特别是持股数量相对较小的投资人，经过慎重考量之后的结果。首先，信息不对称是导致股东理性冷漠的重要因素。在现实中，除非是公司的控股股东，否则普通股东很难产生意愿去处理诸多法律文件中隐藏的各种与公司经营相关的信息。尽管股东们十分清楚公司披露市场信息的重要性，但处理信息的成本将远高于股东的获利成本，因此，只要管理层没有明显的不利于其利益的情形，股东对于管理层的各项提案在心理上都会认同。其次，股东固有的搭便车问题，也阻碍了普通股东积极行使表决权向管理层"发难"。谈到搭便车问题时，学者们往往对弗兰克·伊斯特布鲁克的例证偏爱有加：假如股东甲持有 A 公司 1% 的股份，如果甲认定 A 公司的管理层腐败无能，而且确信管理层更换后公司价值将增加 1000 万元，那么其最多只愿拿出 10 万元用以推翻现任管理层。因为按股份摊算，如果新增收益 1000 万元的话，股东甲的获益只有 10 万元。因此对于股东甲而言，要么按兵不动，要么必须"除恶务尽"，使自己成为控股股东赶走管理层。但 1% 的股份难以实现股东甲的目的，他还必须号召其他股东，但究竟有多少股东会"高举义旗"股东甲并无把握，而作壁上观、坐享其成，既不得罪现任管理层，又不阻止股东甲的搭便车行为似乎对其他股东而言是更加理性的选择。在一番权衡利弊之下，股东甲多数会选择放弃。

上述事实表明，机构投资者与中小投资人共存于公司之中，使传统公司理论中股东利益的同质性发生了微妙变化，即在股东利益的具体诉求上，出现了可异质化的空间。申言之，股东对公司控制权，依据其各自不同的能力产生了不同层次的需求。而公司控制权需求的多样性，也引发了股东对公司经营权的弹性化需求。总之，作为直接表达股东控制权的股东表决权，在理论上成为可以通过一定方式进行重新安排，满足股东对于公司控制权需求的多样性的权利。由此，股东表决权告别传统的以股东单独享有的固有权利模式，形成了可由股东自行设计的灵活权利模式。在此意义上，公司的所有权、控制权、经营权无论是形式上还是内容上都不再是静态的统一，而是处于一种动态的变化之中。股东表决权成为这种动态关系的链接，股东通过对表决权的灵活安排，在表达其对公司控制意愿的同时，也实现了与公司之间关系多样性与复杂性的表达。

需要特别说明的是，我国国有公众公司的发展道路不同于美国。申言之，这种公司的股权实际上并不分散，即所谓"一股独大"。在此种情形下，股东表决权是否仍然体现出以控制权为核心内涵尚有待澄清。实际上类似"一股独大"的股权结构，在公司发展历史上更适合于公司股东所有权、控制权重合的家族式公司，而股东表决权所体现的仍是股东的固有权利，即对公司事务的全面参与。[1]然而，伴随着改革开放政策的实施，市场经济的不断建立健全，完成国企改制、建立产权明晰的现代企业制度就一直是我国不断出台、完善《公司法》及其配套措施的应有之义。与美国公司普遍以公司所有权与控制权分离为背景不同，我国国有企业在《公司法》出台之前，就曾经将实现所有权与控制权的分离作为其改革所要追求的目标。但实践中，这种完全放弃对国家资产控制权的做法，往往导致的结果就是国有企业内部人控制问题十分尖锐。[2]究其原因，乃是未认真对

---

〔1〕　潘菊秀：《公司法》（修订版），元照出版公司 2002 年版，第 209~210 页。

〔2〕　赵旭东、王莉萍、艾茜：《国有资产授权经营法律结构分析》，载《中国法学》2005 年第 4 期，第 76~88 页。

公司控制权与经营权进行有效甄别。换言之，我国国有企业所追求的不应是美国式的公司所有权与控制权的两权分离，而应是公司所有权与经营权的两权分离。

详言之，美国公司管理层成为公司主动性财产所有人后对公司的控制是全面的，分散的股东几乎没有话语权，因此所谓公司经营权就是控制权的同义语；而我国国有企业则不同，即使公司管理者掌握公司资产，但是这种以公众公司形式出现的企业无一不是承担着诸如社会福利、保障就业等多重政府目标。因此，国家和政府不能也不可能放弃对其的话语权、控制权。在此基础上，无论是 1993 年的《公司法》还是《中共中央关于建立社会主义市场经济体制若干问题的决定》[1]都吸收了过去的经验教训，没有单纯地将企业控制权交给国有企业。而是在明确国有企业独立市场地位的同时，强调了政府对国有资产的分级监管，实际上就是在不同程度、不同层次上形成国家对国有企业的体系化控制。不过，行政命令式的两权分离，势必影响公司的管理效率。为防止公司治理结构固化，2008 年全国人大常委会出台《企业国有资产法》，该法第 13 条明确规定，国有资产出资人的职责是通过委派股东代表参加国有资本控股或者参股公司召开的股东（大）会会议，以股东表决权的方式实现对国有企业的控制。总之，我国国有公众公司尽管在股权结构上体现为一股独大的特点，但国有股东并非一般企业意义上的控股股东，其对企业的监督和管理并不体现在其直接参与上，而是同多数股东一样，也是依靠表决权实现对公司事务的控制，所以国有股东的表决权也是以控制权为核心内容的。

综上所述，传统意义上的股东表决权是以股东固有权利的方式参与对公司经营管理，所体现的是股东所有权与经营权的统一。而随着公司规模的不断扩大，公司法人特性显现，公司主动性财产成为公司控制权概念得

---

[1] 1993 年发布的《中共中央关于建立社会主义市场经济体制若干问题的决定》明确现代企业按照财产构成可以有多种组织形式。而对国有企业实行公司制，是建立现代企业制度的有益探索，根本目的是使国有企业能够有效地实现出资者所有权与企业法人财产权的分离。然而同时该决定也强调了要加强企业中的国有资产管理，对国有资产实行国家统一所有、政府分级监管、企业自主经营的体制。由此可见，对国有企业的改革绝不意味着对其管控的放松。

以出现的理论基础。而股东依据自身权益考量，对公司控制权产生不同层次的需求，而这种变化的出现，使股东表决权得以冲破固有权利模式的束缚，成为一种可依据股东与公司意思自由安排的弹性化权利。

二、股东表决权的独立性——股权利益分离理论的纠偏

在所有权与控制权分离的过程中，股东对公司控制权的不同需求逐步显现了出来，反映在股东的表决权上就是所谓表决权的客体化与工具化。[1]就本书所论之表决权信托而言，多数学者之所以将表决权信托的客体研究作为重点，其原因也在于他们认为，只有表决权取得独立地位，成为单独的权利，才是这一制度法理基础得以建构的关键。

诚然，股东表决权冲破固有权利模式成为弹性权利，扫清了长期阻碍股东表决权发展的理论障碍。而表决权委托、表决权拘束协议等制度的相继出现，更是表明将表决权从股权中分离出来，使其成为独立的权利似乎是未来股权发展的一种必然趋势。还有学者论证了此种趋势成立的原因：其一，表决权属于民事权利，与公法上的公民选举权利不同。任何符合宪法规定的公民行使其选举权均不应当被加以限制。但表决权的发生环境仍是以盈利为目的的公司中，因此在理论上不存在类似选举权不能被施以任意限制的情况，甚至在具备一定条件的情况下，表决权是可以被公司章程选出的权利。其二，既然表决权乃由公司依其表意自由原则而设，则只要不违反强行性法律规范，不构成对其滥用，那么其行使自应有效。其三，表决权与股权分离的目的多种多样，只要目的是合法的，这种分离就应该被允许，比如为了保持对公司的经营权等。其四，表决权与股权分离所带来的不利于其他股东或第三人的影响是可控的，可以通过其他方式进行规避，例如可以在法律或者公司章程中规定不可撤回表决权代理适用的具体情形。[2]

然而笔者认为，上述对表决权独立性的论证难言充分，其一，表决权

---

〔1〕　梁上上：《论股东表决权——以公司控制权争夺为中心展开》，法律出版社2005年版，第36~39页。

〔2〕　吴日焕译：《韩国公司法》，中国政法大学出版社2000年版，第366页。

虽然可依股东意思充分行使，但作为公司语境下的权利，能够充分表意并不意味着股东期待的权利就可以实现，只有当股东的表意偶然结合成多数其权利方能实现。因此，表决权并非如学者所言，仅依表意自由即可实现。其二，表决权独立意味着与股权分离。然而，究竟应当在何种程度上认可这种分离，目前尚缺乏深入的理论研究。毋庸讳言，失去表决权的股东其权利保护势必陷入被动。因此，认可表决权与股权分离究竟是制度创新的手段，还是出于公司经营需求而积极追求的目标？其中蕴含的巨大风险，连有关学者也承认，这种表决工具主义倾向被滥用的概率很高。[1]所以，贸然且不加限制地认可表决权与股权的分离，漠视高昂的制度成本，绝不是公司法所追求的结果。

美国著名律师、法学家艾伦·德肖维兹在《你的权利从哪里来？》这本影响甚广的著作中，详细论证了权利的来源。他认为，权利不能来自神，因为每个人、每个民族、每个国家，他们心中自有的神是不同的，权利来自神，将导致权利的混乱不堪；权利不能来自自然，因为自然没有客观价值，而权利却带有主观价值倾向；权利不能来自逻辑，因为自洽永真的逻辑无法告诉我们权利是如何在复杂的世界里发生及运行的；权利也不能来自法律，因为法律是权利存在之后对权利的体现。最后他提出，权利来自人类的经验，尤其是那些惨痛的经验以及从巨大的错误中得出的经验。[2]

按照艾伦·德肖维兹提出的权利来源，如果表决权能够具备独立性，成为权利的一种，那么在理论上它能否独立成权的关键就是，对股东而言是否会产生无法弥补的损失。试举一例，某股东持有公司20%的表决权，虽依靠某表决机制获得对公司的全部表决权，但其仍仅能主张20%的相应股权利益，这一股权激励决定了他为公司采取措施改善状况得到的股权利益只有20%，所以很难奢求其为公司长远利益考虑。另外，原本拥有表决权的股东，还可以通过表决权的争夺对公司管理层形成巨大的监督压力，

---

〔1〕 梁上上：《股东表决权：公司所有与公司控制的连接点》，载《中国法学》2005年第3期，第108~119页。

〔2〕 ［美］艾伦·德肖维茨：《你的权利从哪里来？》，黄煜文译，北京大学出版社2014年版，第18~19页。

使其必须为股东利益行事。而股东权利中的表决权一旦独立成权，并任由其与股权分离，在本质上无异于股东将能够自我防御的有效措施自行解除。因此，表决权独立成权给股东造成的损失是难以估量的。事实上，禁止表决权单独出售素为世界各国公司法所接受，可以说在相当程度上，形成了对表决权独立成权的否认。

诚如笔者上文所言，公司控制权的出现使股东可依据自身利益的考量对其产生不同层次的需求，这是表决权得以冲破固有权利属性的前提，亦是表决权成为可依股东与公司意思表示具备一定弹性权利的前提。但股东表决权所具有的弹性，尚不如足以使其成为一项独立的权利。而仔细观察围绕表决权而形成的相关制度，例如本书所涉及的表决权信托。该制度自设立之初，立法者就坚持认定，表决权所具备的这种弹性选择仅具有暂时性，因此美国各州皆对表决权信托规定了明确的期限要求。申言之，在表决权信托中，表决权与股权的分离仅是相对的、暂时的分离，而不具有绝对性。疑问在于，如何理解在优先股中存在的表决权与股权的分离。从表面上看，优先股似乎形成了表决权与股权的绝对分离。但实际上，优先股并非没有表决权，只是其表决权的行使被限定了具体条件。证监会发布的相关规章明确规定，优先股股东在参加股东大会时，可就有关优先股内容的决议进行表决，因此优先股中的表决权与股权亦不存在绝对分离。[1]其实，优先股股东的法律地位与公司债权人的法律地位十分类似，且从这一层面看，表决权于优先股股东而言，在公司正常经营的情况下，意义并不突出。不过，当公司剩余价值为负数时，优先股股东同公司债权人一样，可能为了其自身利益而对公司经营提出要求。就此而言，优先股股东的表

---

〔1〕《优先股试点管理办法》第10条规定："出现以下情况之一的，公司召开股东大会会议应通知优先股股东，并遵循《公司法》及公司章程通知普通股股东的规定程序。优先股股东有权出席股东大会会议，就以下事项与普通股股东分类表决，其所持每一优先股有一表决权，但公司持有的本公司优先股没有表决权：（一）修改公司章程中与优先股相关的内容；（二）一次或累计减少公司注册资本超过百分之十；（三）公司合并、分立、解散或变更公司形式；（四）发行优先股；（五）公司章程规定的其他情形。上述事项的决议，除须经出席会议的普通股股东（含表决权恢复的优先股股东）所持表决权的三分之二以上通过之外，还须经出席会议的优先股股东（不含表决权恢复的优先股股东）所持表决权的三分之二以上通过。"

决权也没有同其股权相分离。

需要说明的是，近年来有学者在表决权与股权分离理论的基础上，进一步提出了股权利益分离的实现机制，以探索特定主体能否通过一定方式重新安排同一股权当中不同利益的归属。其目的在于，改变股权利益原本合为一体且由股东单独享有的模式。该学者提出，利益需求的巨大差异是股权利益分离机制构建的现实理由，并认为股权利益分离可经由意定或法定的方式实现。在此基础上，将我国股权利益分离划分为三种样态：其一，分离为人身利益与财产利益；其二，以表决权为中心的特殊利益安排；其三，以稳固收益为目的的利益分离。[1]笔者承认现实中的确存在因股东各自利益需求不同，而将部分股权利益同整体股权利益进行分离的情况，但却不赞同将这种分离机制视为常态的观点。其实将"禁止股东权利分离转让"作为公司法规则，我国早有学者正确分析论证过其中关键。殊值尊重："首先，股东权利作为资格权利，本身包含了对股东行使权利的诸多限制；而对股东权利的限制，即在反向构成公司特权。可见，股东权利与财产所有权明显不同，任由股东分离转让权利，将对公司产生消极影响。其次，公司章程是维系公司的自治规范，对公司股东具有约束力，但对公司以外的第三人没有约束力。如果任由股东权利长期分离转让，难免实质上否定公司章程对公司股东的约束力，进而破坏公司秩序。最后，股东权利可派生出各种具体的权利，有些权利是由公司法明定的权利，有些是由公司章程、协议或者裁判创设的权利。如果允许股东分离转让股东权利，公司将在识别所转让权利的属性、履行义务等方面遇到异常障碍。这不仅会增加公司负担，还会妨碍其他股东实现利益。还需注意到，股东资格还衍生了股东对第三人的责任，如果放任股东转让其权利，容易使股东逃避对第三人承担的责任。"[2]

另外，笔者也注意到，新近学者在论证股权利益分离机制时，认为股东与公司应就该问题采取法律框架内的协商一致原则。现实中颇为流行的

---

〔1〕 周游：《股权的利益结构及其分离实现机理》，载《北方法学》2018 年第 3 期，第 30~43 页。

〔2〕 叶林：《公司法研究》，中国人民大学出版社 2008 年版，第 88 页。

双层股权架构，正是股权利益分离机制理论的实际运用。本质上讲，双层股权架构就是，将传统的"同股同权""一股一权"原则下，股东所拥有的相同比例的经济性权利和参与性权利打破，而改由公司与投资人对各自拥有的现金流权利、表决权利的配置比例进行协商以实现对权利的重新划分。必须承认，双层股权架构关注公司长期经营战略，有利于公司创立者与管理层控制权的稳定。但问题在于，多数股东的表决权在该结构下将处于永久丧失状态，也意味着其对公司的经营决策可能毫无话语权。一言以蔽之，双层股权架构的逻辑结构是：投资人完成出资后，公司的经营决策全部交由创始人或者管理层，但公司的经营风险却需要投资人与公司一起承担。甚至当公司出现亏损时，投资人承担的份额或将远高于创始人与管理层。[1]因此，双层股权架构对于多数股东而言，其投资风险较高，这种新生事物的生命力究竟如何尚需市场检验。历史上曾经出现过的股权分离机制的典型，如表决权八分之一股、十六分之一股，都早已为市场所淘汰，因此双层股权架构在事实上似难以为股权利益分离机制的合理性做有效背书。

　　否认表决权的绝对独立性，也就意味着表决权无法成为表决权信托的客体，而且实际上表决权信托的客体正是股权本身。既然如此，缘何不以股权信托命名，以避免名实不符带来的误解与尴尬。笔者查阅历史文献发现，表决权信托的英文译为 voting trust，而在阿道夫·A. 伯利与加德纳·C. 米恩斯的《现代公司与私有财产》中，作者就是将 voting trust 翻译为股权信托的。那么究竟何时起 voting trust 被改译为表决权信托，笔者尚不得而知。[2]不过无论是何种原因导致了现在的译法，在笔者看来，表决权信托的确更符合该制度的功能主义表达。

　　在我国公司实践层面存在一个极具中国特色的现象，术语称为股权代

---

　　〔1〕　张巍：《创造条件也要上：清澄君看港、新两地的同股不同权》，载 https://www.sohu.com/a/287093383_667897，访问日期：2019 年 1 月 6 日。

　　〔2〕　其实在《普通法世界的公司治理：股东权力的政治基础》一书的导言中，作者就提到荷兰在公司中设立的信托办公室其性质与表决权信托亦十分类似，而信托办公室的客体是股权。笔者以为，信托办公室亦可为表决权信托的客体是股权做注脚。［美］克里斯多夫·M. 布鲁纳：《普通法世界的公司治理：股东权力的政治基础》，林少伟译，法律出版社 2016 年版，第 9 页。

持，又称隐名出资。[1]在实务中，只要双方当事人意思表示真实一致，且不违反法律、行政法规，法院通常都会认定其股权代持的法律效力。然而，围绕该现象长期形成的理论争点在于，如何认定名义股东与实际出资人之间的法律关系。目前主流学说认为，隐名出资符合《合同法》规定的委托代理范畴。而疑问在于，既然认定了名义股东与实际出资人的代理关系，又如何解释名义股东非以实际出资人名义出资并从事相关活动。[2]鉴于学术理论的解释不能，实务界存在将两者关系以股权信托的关系予以重新界定的观点并在实务中进行了实际操作。[3]另外，在家族财富传承的理论研究中，也广泛存在着将股权信托作为财富传承主要模式，以规避未来开征遗产税的观点。

申言之，股权信托与表决权信托均是以股权作为客体的信托类型，但两者的制度目的存在明显不同。前者注重的是通过对财产权利的转移，在不违反相关法律政策的前提下，实现委托人自身财富的保值、增值；而后者尽管也存在财富的增值目标，但其更为重要的目的是，实现对公司事务的管理与控制。换言之，将 voting trust 翻译为表决权信托有助于强调其与股权信托的差异，这种做法具备相当合理性。同时，现代高度发达的电子技术与互联网技术也能在事实上支持这种区分。必须承认在表决权信托中强调表决权，的确存在制度客体被误解的可能，因此在研究中才更应当强调，表决权信托名义上的客体仅能反映表决权本身乃与公司控制、管理相联系，而股权才是制度的实质客体。

三、股东终极地位的思考——利益最大化到利益最优化

在控制权概念出现之前，公司以股东利益最大化为经营目标，概因股

---

[1] 吕红兵等编著：《公司法适用疑难问题通览——法律原理、观点、实例及依据》，人民法院出版社 2013 年版，第 13~16 页。

[2] 肖海军：《瑕疵出资股权转让的法律效力》，载《政法论坛》2013 年第 2 期，第 72~79 页。

[3] 王林清、杨心忠：《公司纠纷裁判精要与规则适用》，北京大学出版社 2014 年版，第 115 页。

东职能尚未分化，他们既是公司资产的所有者也是公司的经营者。换言之，大公司时代到来前的公司股东，多数有能力从自身利益出发对企业实现管控，这是由其私有财产的所有者身份与经营者身份的同一所决定的。因此，如果出现公司利益相关者与公司所有者利益之间的矛盾，此时以私有财产为中心建立起来的法律制度会毫不犹豫地选择对公司所有者——股东进行保护。其中，最著名的案例就是密歇根州最高法院的 Dodge v. Ford Motor Co. 一案。在判决中，法官驳斥了福特所假定的股东赚得的钱绰绰有余，应当使消费者和工人得到好处的观点。重申商业公司的组建和存续主要是为了股东的利益，董事权利的行使亦应当围绕这个目的进行。在判决最后法官写道："慷慨大方在道德上是好的，但是请对你自己的钱慷慨大方，而不要对他人的钱慷慨大方。"[1]

　　而以公开资本市场和超大规模为特征的大公司时代的到来改变了传统公司的经济结构，也引发了人们对"公司是谁的公司"这一问题的深度思考。首先，大公司时代的股东类型发生了分化。申言之，股权中的参与性权利例如表决权，日益成为股东可以拿来交换经济性权利的筹码。在此基础上，股东的具体样态发生了变化，学者将其概括归纳为：企业家、所有者、资金提供者、受益人。[2]而事实上，越是股权分散的公司，股东以受益人身份出现的概率就越高。其次，大公司时代中的利益相关者，成为公司中的重要力量。在唯股东利益至上的时代，公司中即便是公司高管也仅是公司雇员，他们对雇主负责并依照雇主意愿开展公司业务。但高度组织化、科层化的超级大公司，以规模经营作为降低公司成本的主要方式，动辄雇佣数万员工。特别是当员工社会福利的实现更多仰赖的是公司而非国家时，利益相关者就成为决定公司利益的重要因素，故而公司不可能再唯股东马首是瞻。最后，大公司时代下，公司管理层权力不断扩大。而由于公司股权的日益分散，为提高公司经营效率，公司资产的控制权势必逐渐为管理层掌握，这是大规模团队生产的必然结果。当然，管理层权力的不

---

　　〔1〕　朱伟一：《美国公司法判例解析》，中国法制出版社 2000 年版，第 85～86 页。

　　〔2〕　Robert C. Clark, " The hour Stages of Capitalism: Reflections on Investment Management Treatises", *94 Harvard Law Review*, 1981, p. 561.

断扩大，一方面固然是股东迫于公司管理效率的压力而不断授权的结果；但另一方面，对于大规模公司中涉及的复杂利益主体包括债权人、员工、股东、社区等，如果没有强大的管理层不断对各方进行有效的调停、协商与平衡，最终公司股东的利益亦无法实现。总之，公司经济结构的变化，改变了公司仅以股东利益为导向的局面。同时，公司也日益发展成为复合的利益共同体。这要求公司不能仅以股东利益最大化为目标，而应当转向寻求公司各方利益的衡平与利益的最优化。笔者认为，在这一过程中，股东将最终完成从公司所有者向公司受益人的转化。

然而，目前我国学界、实务界尚未能关注此种转变。2018 年，证监会在时隔 16 年之后修订了《上市公司治理准则》，此次修订的核心仍以强化公司治理、保障股东合法权利为要旨，其中更是新增第 7 章专门作出了鼓励机构投资者参与公司治理的有关规定。[1]《上市公司治理准则》明确要求，机构投资者通过参与公司重大事项决策，在上市公司治理中发挥积极作用。笔者认为，机构投资者相对于持股比例较低的中小股东，其的确对控制公司更有话语权。然而，这并不意味着机构投资者有足够的激励去实践公司控制权。

申言之，参与公司重大事项的决策，就意味着机构投资者必须认识到并解决相关公司事务的信息成本，以及集体行动中的搭便车问题，而即使机构投资者有足够诚意解决上述难题，但其收益并未因此有显著提高。因此在逻辑上，机构投资者除了担心其积极参与公司决策的效果，还会面临来自其自身投资人的诘问。当然，具备足够实力的机构投资者，还可以通过要约收购甚至敌意收购等方式直接选出管理层。但必须看到：其一，要约收购本身需要机构投资者对被收购公司有准确的估价与前景判断，否则必须承担市场选择错误带来的严重后果；其二，在弗兰克·伊斯特布鲁克

---

[1] 证监会在《上市公司治理准则》修订的新闻发布会上指明的此次修订的目标，即为进一步规范上市公司运作，提升上市公司治理水平，保护投资者合法权益，促进我国资本市场稳定健康发展。在立足国情借鉴国外经验的基础上，特制订《上市公司治理准则》第 7 章，其中第 78 条规定："鼓励社会保障基金、企业年金、保险资金、公募基金的管理机构和国家金融监督管理机构依法监管的其他投资主体等机构投资者，通过依法行使表决权、质询权、建议权等相关股东权利，合理参与公司治理。"这是我国立法中，第一次对机构投资者股东权利的行使明确提出了要求。

的研究中，要约收购对于被收购的公司股东而言，无论收购是否成功都会产生其股价被实际推动的效果。[1]但是对收购一方而言，其获利却未必尽如人意。主要原因在于，收购本身将耗尽收购公司巨大的现金流，更不要说在敌意收购中，收购公司所借助的各种杠杆融资对其产生的债务压力。因此，即便收购成功，合并后的公司仍将面临严峻的还贷压力的考验。[2]故通过引导机构投资者参与公司事务以改善公司治理的效果是有限的，无论其采用直接或间接的方式都将遭遇高额成本的考验。

其实，对于机构投资者而言，风险的分散才是实现财富最大化的利器。因为市场的风险无处不在且无法隔离，只有保持投资组合的多样化才能在最大限度上保障自身的利益。在笔者看来，证监会坚持机构投资者积极行使股东权利，仍是坚持了股东利益最大化的传统观念，而对机构投资者复杂的利益取向未能有全面体察。机构投资者是否借助其所拥有的表决权以实现对公司的控制，本质上应是由其自身审时度势之后做出市场判断，而不应由行政命令强制。在大部分时候，机构投资者应当是通过多样化的证券投资组合，而非成为公司事务的积极参与者来获利的。总之，机构投资者在公司的主要身份应是股权受益人而非所有人。

事实上，公开的资本市场早已为股东这种身份的转变奠定了坚实的基础。其一，股东权利的标识化。控制权概念的提出意味着，股东与其出资的财产相脱离，出现所谓的"被动性财产"。因此，能够反映股东财产权利的不再是实际的财物本身，而是转化为可以方便识别的公开市场中的"纸片"[3]。这些标识化的"纸片"成为股东法定权利的依据，也是股东获得各种阶段性收益的凭证。其二，股东权利的标准化。无论是中小股东还是机构投资者，风险分散是实现其利益最优化的合理选择，而风险分散所借助的组合投资方式必须借助标准化的权利方能得以顺利实施，而在公开市场中，这

---

〔1〕　[美] 弗兰克·伊斯特布鲁克、丹尼尔·费希尔：《公司法的经济结构》（中译本第 2 版），罗培新、张建伟译，北京大学出版社 2014 年版，第 171~192 页。

〔2〕　张舫：《公司收购法律制度研究》，法律出版社 1998 年版，第 9~15 页。

〔3〕　在计算机应用于资本市场之后，这种"纸片"也被大数据所取代，资本市场真正跨入无纸化时代。

种权利的标准化是极易实现的目标。

综上所述，公司所有权与控制权（经营权）的分离，使股东表决权成为具有一定弹性的权益，股东可以根据自身的利益需求对其作出良性的安排。换言之，股东不再成为经营管理公司的必需力量，股东身份也可以由所有人逐渐向受益人转变。在这种转变中，如何看待受益权的性质又如何完成受益权与大陆法系中物权概念的衔接，不仅对于表决权信托制度，甚至对于整个公司制度都有着重要的意义。必须说明的是，股东的这种受益人身份绝不是一成不变的，可以根据其自身情况而改变，这也是笔者不赞同股权永久分离理论的原因。

第二节　表决权信托之民法法理基础建构

公司财产结构的变化，造就了股东身份的转变。尽管笔者已经论证了表决权仅是暂时与股权分离，但也必须承认表决权信托存续之时，原股东的身份为受托人取代。此时在法律关系上不可回避的问题是，原股东既为受益人，那么其受益权的法律属性为何？实际上，正是围绕该问题形成的长久论争导致表决权信托制度要么长期游离于民法、公司法之外，要么即使引入其适用范围亦被严格限缩。因此，在民法上如何妥适安置受益权是表决权信托制度的核心问题之一。

一、物权法定主义的缓和

所谓大陆法系的物权封闭性，是指物权法定。该原则一直以来是大陆法系国家财产权体系的公理性基础理论。其基本内容依我国《物权法》（已失效）第 5 条所言，即物权的种类和内容皆由法律规定。具言之，物权的类型仅仅是法源所准许的几种，当事各方无法形成具有法定物权效果的法律关系。[1]对于大陆法系的民法学者而言，物权法所描述的权利属于绝对权利，这几乎是不言而喻的论断，甚至不需要对其正当性进行特别论证。19

---

〔1〕　王利明：《物权法研究》（修订版·上卷），中国人民大学出版社 2007 年版，第 39~40 页。

世纪初，为了强化物权法定原则，特别是克服分割所有权理论，德国法学家进一步明确了所有权的权利主体归属问题，其中最为出名的就是蒂鲍的名篇《论支配性所有权与用益性所有权》。[1]其后，由蒂鲍构筑的所有权概念被普赫塔继承并继续加以论证，形成主流的所有权理论。其具体内容是：其一，所有权的客体是物，是有体物；其二，所有物是对物的完全拘束性；其三，所有权的完全性还包括排他性。这种排他性不仅相对于其他权利，而且相对于其他所有权。因此，在同一个完整的物上不能有多个所有权人。作为对物的完全管理的所有权，排除了与它并存的同级别的或者更高一级别的权利。自然与其相对的其他物权，无论涵盖多么广泛亦不具有完全性所有权。

大陆法系学者不遗余力地创造绝对物权概念的原因在于，必须明确区分物权和债权。萨维尼在其《当代罗马法体系》中写道，罗马法将两种权利严格区分，每一个权利都在各自的领域内完全独立。因此，所有权就是独立地对物进行支配，而不考虑作为媒介和预备的债权；而债权则是独立地对他人行为进行支配，而不考虑到该行为最终目的的物权。[2]而任何对这种理想状态观点的偏离都是错误的，因为假如没有概念精确、轮廓清晰的物权体系，而是任由行为人自由设立物权，不仅会导致同一客体上所有权的重叠，更为重要的是会妨害财产的自由流转，影响交易安全，徒增社会成本。可以说，整个欧洲的财产法体系都是建筑在物债二分原则之上，并围绕该体系逐渐形成了关于财产转让的规则、请求权的体系以及相应的纠纷解决机制。严格区分物权与债权，是19世纪以来商品经济得以繁荣的重要原因。

然而，必须承认欧洲各主要国家在制定民法典之时，其理想的行为范式乃以农业社会之土地为基础建立。当交易标的伴随着自由贸易的发展而

---

〔1〕［德］沃尔夫冈·维甘德：《物权类型法定原则——关于一个重要民法原理的产生及其意义》，迟颖译，王洪亮校，载张双根、田士永、王洪亮主编：《中德私法研究（2006年·第2卷）》，北京大学出版社2007年版，第190~210页。

〔2〕［德］沃尔夫冈·维甘德：《物权类型法定原则——关于一个重要民法原理的产生及其意义》，迟颖译，王洪亮校，载张双根、田士永、王洪亮主编：《中德私法研究（2006年·第2卷）》，北京大学出版社2007年版，第190~210页。

不断翻新，新的权利体系就对既有财产法制造成冲击，信托制度就是其中之一。尽管信托亦是起源于土地移转的制度，但其更为核心的作用在于对财富的传承与管理，并为世界各国广泛接受。[1]如果说所有权体系是在横向层次对权利人权利体系的广度拓展；那么信托体系就是在纵向层次，以时间为维度对不同权利人之间权利体系的深度开拓。不过按照大陆法系学者的观点，信托在本质上是对所有权的分割，所以直到 20 世纪信托制度才逐渐出现在法国、德国等一些大陆法系国家。[2]虽然大陆法系国家中的信托种类远没有英美法系国家丰富，但信托在私法、公法领域都有所运用。应当指出的是，信托关系中的分割所有权问题，特别是受益人权利的属性问题至今没有在大陆法系国家的物权理论上得到圆满解决，导致时至今日受托人违约处分信托财产时，委托人、受益人还有第三人之间的利益冲突问题仍是争议颇多且需要解决的问题。[3]

另一个对传统物债二分权利体系造成冲击的是，股权概念的出现。在《法国民法典》《德国民法典》中，其所描绘的财产仍是以有形物为规范模型。但当公司被描述为财产时，它不是仅指那些肉眼可分辨的工厂、机器、设备，而且还包括为生产、运输、配送，销售的需要而使用的设施、组织、科层、渠道，甚至也包括经理、技术专员、销售人员等，这种类型的财产在严格意义上乃是一个复杂的财产集团，而且其多以无形状态出现。资本市场的出现，不仅继续强化了上述财产集合体的复杂性，同时还使其具备了可标识性。换言之，股东出资后形成的公司财产早已超越实物财产本身，作为股东所有权利表征的股权凭证，其价值与股东出资有关，但更由公司经营状况所决定。因此，股权对于传统的物、债二分的划分标准而言，乃是全新分类。

然而，关于股权的财产属性，学界已经形成了"物权说""债权说"

---

〔1〕 陈颐：《英美信托法的现代化：19 世纪英美信托法的初步考察》，上海人民出版社 2013 年版，第 24 页。

〔2〕 李世刚：《论〈法国民法典〉对罗马法信托概念的引入》，载《中国社会科学》2009 年第 4 期，第 106~116 页。

〔3〕 孙静：《德国信托法探析》，载《比较法研究》2004 年第 1 期，第 85~95 页。

"社员权说""综合权利说""独立说"等观点，但至今仍未达成共识。股权是伴随着公司的出现而产生的新型概念，如果仅确认其物权属性则无法解释股东有权支配公司甚至其他股东为或不为一定行为；[1]而如果仅确认其债权属性，又不能回应股东依自己意思支配股权。[2]尽管有商法学者认为，股权概念是吸收物权法与债权法发展而形成的结果[3]，但笔者认为，历史上的公司法与物权法、合同法并没有逻辑上的必然联系，因此这种强行植入的做法值得反思。而信托法中的受益权，其处境甚至比股权更为尴尬，因为其是对物权法基本原则，即在同一个完整的物上不能有多个所有权人的直接冲击，对传统物权法定的冲击显然更为激烈。

有鉴于上述事实对传统物权法定的冲击，作为理论回应，在修订《德国支付不能法》时，德国学者再次详细研究了物权法定的形成、意义与功能，并且指出在原《德国物权法》的立法动议书中，对物权法定原则实际上是给予了解释空间的。[4]正如基尔克在评价草案时所言："在物权领域内，不给当事人留有创设行为空间的理论，必须消除。它具有使我们的法律陷于保守和僵化的危险。"[5]总之，随着受益权、股权概念相继为大陆法系各国家承认，无论在理论上还是实践中都形成了对原本严格的物权法定原则的缓和。换言之，大陆法系之财产权利体系已经为上述概念的融入扩展了可解释空间。不过，关于受益权的属性问题仍然困扰着大陆法系的民法学界。

二、现行物债二元论对信托受益权解读不能

物权法定原则的缓和固然为信托的融入解锁了制度之门，但受益人的

---

〔1〕 赵旭东主编：《公司法学》（第3版），高等教育出版社2012年版，第302~305页。

〔2〕 施天涛：《公司法论》（第3版），法律出版社2014年版，第254~257页。

〔3〕 叶林：《公司法研究》，中国人民大学出版社2008年版，第87页。

〔4〕 ［德］沃尔夫冈·维甘德：《物权类型法定原则——关于一个重要民法原理的产生及其意义》，迟颖译，王洪亮校，载张双根、田士永、王洪亮主编：《中德私法研究（2006年·第2卷）》，北京大学出版社2007年版，第190~210页。

〔5〕 ［德］米夏埃尔·马丁内克：《德意志法学之光：巨匠与杰作》，田士永译，法律出版社2016年版，第1~33页。

受益权如何在物债二元体系内得以安顿，仍旧考验着学者的智慧，这并非为了满足概念抽象和逻辑提升的快感，而是对涉及权利归属、课税等关键问题的关切。目前，包括我国在内的许多学者提供了自己的观点。

第一，"债权说"是视受益权为债权的学说。该学说认为，信托设立即意味着信托财产归属于受托人，受托人有义务按照信托目的为受益人的利益管理和处分信托财产；而受益人对信托财产并不享有直接的权利，只是取得相对于受托人的对人性债权而已。"债权说"实际上认为，信托是由受托人对信托财产的"完整权"和受益人的债权两方面构成的。[1]目前，《日本信托法》部分采纳了"债权说"，认为受益权是基于信托行为，受托人对受益人承担债务，依信托法要求受托人为一定行为的权利。[2]但"债权说"无法回答的是，信托财产虽归属于受托人，但受托人显然没有对信托财产进行转让的权利。

第二，"物权说"是主张信托受益权是物权的学说，而且这种物权是相对于信托财产而言的。持有该观点的日本学者新井诚认为，受托人只在信托目的限制的范围内对信托财产享有权利。而受益人享有的权利是超越单纯债权性质的权利，比如世界各国都有保障信托财产安全和独立的规定，因此受益人的权利是对信托财产而言的，并非对受托人，这与担保物权人对担保物享有的权利非常类似。[3]但是按照"物权说"，信托中将会存在两个完整的物权，这在任何一个大陆法系国家都是不可能被接受的。而且该学说在理论上还有两处漏洞：其一，物权的客体是物，受益权的客体不是物而是权利，例如本书所主要讨论的表决权信托的客体就是股权；其二，物权是直接支配权，而受益权显然不是支配权。[4]

---

[1] 赵廉慧：《信托受益权法律性质新解——"剩余索取权理论"的引入》，载《中国政法大学学报》2015 年第 5 期，第 44~59 页。

[2] 2006 年《日本信托法》第 2 条第 7 项规定："本法所称受益权，是指基于信托行为，受托人对受益人承担债务，也是根据本法之规定，为确保对受托人及其他人请求事实信托财产项下之财产的交付和行使与信托财产相关的其他给付债权的一定行为的权利。"

[3] 李宗远：《连续受益人信托下反永续原则研究》，中国政法大学 2017 年硕士学位论文。

[4] 张淞纶：《论物上负担制度》，载《私法》2012 年第 1 期，第 168 页。

　　第三，信托财产"实质法主体说"和受益权"物权说"。[1]这是由日本学者四宫和夫教授提出的观点，曾经是日本最有影响力的学说。该学说强调信托财产的独立性，这种独立性使得受益权不是针对受托人的债权，而是针对信托财产的。而且这种请求权并非一般意义上的债权，而是有着物权关系性质的物权性质的权利。[2]四宫和夫教授对信托财产的法律主体地位殊为强调。但是信托财产不具备法律人格的观点至今没有异议，而且实际上也难以完成严格的法律论证，因此最近支持该观点的学者越来越少。

　　第四，新权利说。该观点是我国多数学者的观点，主张由于受益权难以完全融入大陆法系的物权与债权，因此受益权应当被看成是一种依据信托创设的特殊权利。[3]据此，受益权应通用信托法予以特别规定，而非套用民法理论。[4]应当说，"新权利说"是比较符合受益权的实际处境的，但其仍旧没有脱离以债权物权解释受益权属性的窠臼。尽管新权利说认为受益权同股权极为类似，甚至认为对两者可以同等看待，但作为成员权利的股权与受益权的差距还是比较明显的。值得说明的是，本书所论的表决权信托以股权为客体，因此在该问题上将两者等同并无不妥，但这不意味着上述情况可以推而广之。

　　回顾上述信托受益权性质研究的主要观点，不难发现在大陆法系物债二元论下解读该问题的理论供给不足。传统的以德国潘德克吞法系为代表的物债二分所体现的区分方式主要是概念性的，强调物权的绝对性、优先性和物权标的的有体性。[5]这种截然的二元状态，忽视了权利形态的渐进

---

　　〔1〕谭津龙：《信托行为批判与重构——以合同设立的信托为视角》，中国政法大学 2010 年硕士学位论文。

　　〔2〕[日]四宫和夫：《信托法〔新版〕》，有斐阁 1989 年版，第 61~62 页。

　　〔3〕赵廉慧：《信托受益权法律性质新解——"剩余索取权理论"的引入》，载《中国政法大学学报》2015 年第 5 期，第 44~59 页。

　　〔4〕张军建：《信托法基础理论研究》，中国财政经济出版社 2009 年版，第 47~48 页。

　　〔5〕[德]沃尔夫冈·维甘德：《物权类型法定原则——关于一个重要民法原理的产生及其意义》，迟颖译，王洪亮校，载张双根、田士永、王洪亮主编：《中德私法研究（2006 年·第 2 卷）》，北京大学出版社 2007 年版，第 190~210 页。

性。因此，用现行物债二元体系来解释信托的权利结构，其矛盾点就表现得异常突出：其一，受益权既有对人权的特征，也有对物权的特征。因为信托财产多数并无人格，因此必须要针对受托人行使权利。但信托财产才是受益人实质请求的对象或者说是责任财产，这又使得受益权具备了物权的属性。其二，登记对抗第三人的效力，一直也被借以区分物权与债权，但依据《物权法》（已失效）的规定，经过登记的债权也能取得类似物权的效力。如此则信托受益权的登记行为既可被债权说所用，也可为物权说做注解。而类似的情况不只发生于登记一处，撤销权也是一样。这说明以受益权为代表的新的财产形态，无法用传统的物债二元体系进行解释。这种情况在股权出现时已经显现，而当信托还有众多现代金融产品相继涌现之时，则无疑加剧了其严重程度。笔者以为，应当尊重这种财产形态转变并融入新的权利分析标准以拓展大陆法系财产权利结构体系的内涵。

三、信托受益权的剩余索取权属性

实际上，不仅大陆法系讨论信托受益权的属性问题，英美法系也在讨论该权利是属于对人权还是对物权。因此，直至《美国信托法第二次重述》也依然保存着对受益权进行划分的简明规定。但正如大法官霍姆斯在其判决中所言，再也没有一个词比"对物"这个词被误用的程度更为严重，必须抛弃这些含混的传统概念，[1]而帮助美国法学者走出这种理论误区的正是分析法学派。[2]在分析法学派看来，普通法经过数百年的发展，形成了浩如烟海的判例。但整个法律体系却因缺乏精确的法律概念和系统的逻辑结构而显得杂乱无章、晦涩难懂。[3]因此，包括边沁在内的几代分析法学家，开始着手对普通法进行梳理，而这一项工作的核心内容就是对权利进行分析整理，最终形成了关于法律权利概念的一整套分析方法和体系。在

---

〔1〕 王涌：《私权的分析与建构》，中国政法大学 1999 年博士学位论文。

〔2〕 对分析法学派的介绍，参见［美］E. 博登海默：《法理学：法律哲学与法律方法》，邓正来译，中国政法大学出版社 2004 年版，第 123~129 页。

〔3〕 王涌：《寻找法律概念的"最小公分母"——霍菲尔德法律概念分析思想研究》，载《比较法研究》1998 年第 2 期，第 152 页。

众多分析法学派的学者中，霍菲尔德无疑是其中的集大成者。[1]

　　鉴于对人权与对物权在司法使用中的含混状态，霍菲尔德提出，所谓对物权只是表明权利的行使范围，而不是权利行使的对象。对物权所表明的是，权利的行使针对所有的他人；而对人权，即权利的行使针对特定的人。因此，所有的法律权利都是对人权，而所谓的对物权只是对抗许多人的"对人权"的总和简称，即对世权。[2]在此基础上，霍菲尔德主张用多方面的权利和少量的权利来分别替代对物权和对人权的概念：所谓少量的权利，是指一个法律主体所具有的针对另一个法律主体的单一的法律权利，而多方面的权利则是指一个法律主体所具有的针对许多法律主体的相同的但是相互独立的权利的总和。[3]

　　同时霍菲尔德还认为，多方面的权利除了有体物固有的权利，还可以包括以下的类型，即其一，与有体物有关的，即以有体物为客体的多方面权利如土地所有权；其二，与特定的有体物和权利人的身体无关的权利如专利权；其三，与权利人的身体有关，即以权利人的身体为客体的权利如身体自由权；其四，与权利人的身体无关，或与有体物无关的权利如名誉权、隐私权。[4]

　　在此基础上，霍菲尔德对普通法中一个最为常见的概念即"无条件继承的不动产所有权"进行了前所未有的精确分析。在他看来，"无条件继承的不动产所有权"是一个综合的法律利益，它具体包括：其一，多方面权利，即要求任何他人不侵害其土地的权利，任何他人有义务不侵害其土地；其二，多方面特权，即占有使用和收益甚至糟蹋其土地等特权，任何他人

---

　　〔1〕　N. E. H. Hull, "Vital Schools of Jurisprudence: Roscoe Pound, Wesley Newcomb Hohfeld, and the Promotion of an Academic Jurisprudential Agenda", *Journal of Legal Education*, vol. 45, 1995, pp. 1910~1919.

　　〔2〕　王涌：《寻找法律概念的"最小公分母"——霍菲尔德法律概念分析思想研究》，载《比较法研究》1998 年第 2 期，第 159 页。

　　〔3〕　Julius Stone, *The Province and Function of Law*, Chapter V. Hohfeld's Fundamental Legal Conception, Maitland Publications PTY. Ltd., 1947, p. 125, 转引自王涌：《私权的分析与建构》，中国政法大学 1999 年博士学位论文。

　　〔4〕　王涌：《寻找法律概念的"最小公分母"——霍菲尔德法律概念分析思想研究》，载《比较法研究》1998 年第 2 期，第 160 页。

无权要求所有人不这样做；其三，多方面权利，即处分的能力，所有人可以通过抛弃、许可和转让等方式创设任何他人对于其土地的法律利益，他人因他的处分行为而享有对于其土地的法律利益；其四，多方面豁免，即对抗任何他人处分其土地的行为，任何他人都无权处分其土地。[1]

不难发现，霍菲尔德所分析的"无条件继承的不动产所有权"与大陆法系的所有权概念在法律内容上基本一致，但显然其多方面特权的含义要比大陆法上所有权的含义广阔得多。因为它所对应的特权并非仅有占有权、使用权和收益权，还包括大陆法系所指的处分权、物上请求权。[2]但更为重要的是，大陆法系对所有权内容的归纳是以现实经济生活中的典型行为为基础的，采用了有限列举的方法；而霍菲尔德则是采取了复合概念的方法来解释所有权的可能权利形式，这样使得所有权的一切可能内容被尽量地囊括进来。申言之，霍菲尔德所构建的所有权，是法律主体对于财产所具有的相对于任何他人的权利、特权、权利和豁免的法律利益的总和，他描述的所有权是一种最完整最纯粹的所有权概念，是理想状态中的所有权。[3]但是在现实世界的任何一个国家的法律中，我们都不可能发现这样完整的所有权，因为在法律社会化原则下，现代司法创设了大量限制所有权的强制性规范，如权利不得滥用制度、相邻权制度、善意取得制度等，这些制度为所有权人设定了若干法律负担，同时也否定了所有权人原本拥有的法律利益，这足以说明所有权并非让一个人能够自行其是的普通自由，而是几乎等同于一种剩余权。[4]

将"剩余权"这种多维度权利的分析方法作为理解财产权属性的出发点，无疑为解读现代财产关系中的众多无体财产权利提供了全新的视角。率先运用剩余权理论进行法学实证分析的正是公司法领域，包括尤金·法玛、迈克尔·詹森，以及阿道夫·A.伯利和加德纳·C.米恩斯在内，他们均承认

---

〔1〕 王涌：《私权的分析与建构》，中国政法大学 1999 年博士学位论文。
〔2〕 王涌：《寻找法律概念的"最小公分母"——霍菲尔德法律概念分析思想研究》，载《比较法研究》1998 年第 2 期，第 161 页。
〔3〕 王涌：《私权的分析与建构》，中国政法大学 1999 年博士学位论文。
〔4〕 王涌：《寻找法律概念的"最小公分母"——霍菲尔德法律概念分析思想研究》，载《比较法研究》1998 年第 2 期，第 161 页。

股东的股权是一种剩余索取权。[1]具言之，公司的规模化使得股东仅凭一己之力难以实现对公司的经营管理，因此由股东出资而形成的公司资产在现实中被转化为"被动性财产"与"主动性财产"。其中"主动性财产"由公司实际控制人管理，而"被动性财产"则被标准化为权利凭证继续由股东持有并成为剩余权利索取的凭证。将剩余权理论引入公司法的另一个解释在于，公司合同是典型的不完备合同。股东之间、股东与管理层之间广泛存在的约定权利，随着公司内部关系的长期性、变动性与复杂性，都呈现出明显的无法确定的特点。而剩余权概念的提出，则无疑为这种不确定性提供了问题解决的基本起点与框架。

实际上，剩余权理论在信托关系中也能很好地解释信托受益权。在信托中，受托人为信托财产的名义所有人，但受托人对信托财产只有管理和处分的权限，没有从中取得利益的权利。[2]受托人只有在存有约定时，方可从信托财产中取得报酬，因此受托人并不享有信托财产的剩余利益。并且依据《信托公司管理办法》的规定，也不允许信托公司为投资信托做保底承诺。[3]申言之，受托人对信托财产享受的是固定利益，他并不是信托财产剩余价值的索取权人；而受益人才是信托财产风险的承担者，是信托财产剩余价值的索取权人。

至于本书所论的表决权信托，是在公司语境下对信托工具的创造性使用，剩余权理论亦可应用于该制度。职是之故，笔者尝试给表决权信托做如下法律定义：在表决权信托中，股东将其股权（登记后视为表决权）以信托方式转移于受托人，受托人作为公司名义股东依据表决权信托协议行使受托人权利；原公司股东签署表决权信托协议时，应当同时接受表决权

---

[1] Easterbrook & Fischel, "Corporate Control Transaction", *Yale Law Journal*, vol. 91, 1982, pp. 698~737.

[2] 赵廉慧：《信托受益权法律性质新解——"剩余索取权理论"的引入》，载《中国政法大学学报》2015年第5期，第44~59页。

[3] 《信托公司管理办法》第34条规定："信托公司开展信托业务，不得有下列行为：（一）利用受托人地位谋取不当利益；（二）将信托财产挪用于非信托目的的用途；（三）承诺信托财产不受损失或者保证最低收益；（四）以信托财产提供担保；（五）法律法规和中国银行业监督管理委员会禁止的其他行为。"

信托凭证（由受托人发放），并依据该凭证享有表决权信托协议中约定的相应权利。在表决权信托中，受益人承担信托财产的最终风险，是信托财产剩余价值的索取权人。

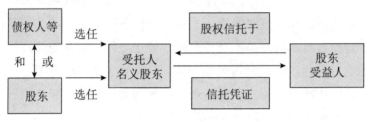

图1　表决权信托交易结构图

第三节　表决权信托与其他表决权制度的区别

前文已述，表决权是与公司控制权紧密相关的股东权利，它可由股东依据自身对公司经营管理的需求不同而产生一定的弹性。据此，股东可以与公司其他股东协商对表决权进行灵活安排以实现包括争夺控制权在内的多种目的。现代公司法以表决权为中心主要发展出了表决权代理、表决权征集、表决权拘束协议和表决权信托四种制度。[1]不过令人遗憾的是，我国对表决权制度的研究并不成熟。笔者以为，所谓传统的"一股独大"的股权结构可能是我国表决权制度停滞不前的主要原因。而随着我国公开资本市场的深入发展，股权结构多样化的出现，表决权势必成为公司法的研究重点。本节旨在厘清上述四种制度的基本概念、功能以及瓶颈的基础上，明确表决权信托在功能上与其他相关制度的差异。

一、表决权代理与表决权信托

表决权代理是指第三人为特定股东在股东大会上行使表决权，并将该

---

〔1〕　梁上上：《论股东表决权——以公司控制权争夺为中心展开》，法律出版社2005年版，第163~314页。

行为视为股东的表决权行使的制度。[1]在公司制度早期，表决权代理是被禁止的，因为股东既是公司所有者又是经营者，必须强调其对公司事务的参与性。[2]但随着社会的进步、经济的发展，股东个人的精力、知识储备甚至身体状况都无法满足在公司事务中仅凭其自己意思就能处理、应对复杂情况的要求，因此必然会借助他人之手。故此表决权代理才逐渐为各国公司法所接受，它也是目前在我国《公司法》《上市公司股东大会规则》中已经明确规定的表决权制度。

在表决权代理制度中，关于代理权能否撤回一直以来都是理论与实务界的难点。代理权的撤回是指，被代理人以单方的意思表示向代理人提出撤回其代理。法律授予被代理人随时撤回代理权的权利。这种规定在大陆法系十分常见，而《美国示范公司法修正本》也存在类似的规定。[3]问题在于，在实践中特别是在股东大会上，这种可随时撤销代理权的行为将使得表决事项的结果处于不确定之中。比如，股东已经将授权委托书交给代理人，但在股东大会召开之际又出席，此时究竟应当对表决结果如何统计。

在美国法院的实践中，并非所有的表决权代理都是可以撤回的，纽约州法院曾规定五种与某种利益相关联的代理为不可撤回的代理。[4]通过分析这些不可撤回表决权的代理，不难发现它们针对的都是十分明确、清楚的公司具体事务。换言之，假如股东无法将表决权代理的适用范围清晰框定，则表决权代理就表现出极强的不稳定性。以神开股份争夺公司控制权为例。[5]本案中，上海快鹿投资（集团）有限公司旗下的上海业祥投资管理公司（以下简称"业祥投资"）接受了神开股份的原控股股东共计8.07%

---

[1]　梁上上：《股东表决权：公司所有与公司控制的连接点》，载《中国法学》2005年第3期，第108~119页。

[2]　Robert W. Hanmilton, *The Law of Corporate*, West Group, 1996, p. 222.

[3]　沈四宝编译：《最新美国标准公司法》，法律出版社2006年版，第73~74页。

[4]　这五种代理中的被代理人包括：①接受抵押人；②一个购买其股票或同意购买其股票的人；③公司的债权人，他把他的债权扩展为要求这一任命；④公司的一位雇员，他的雇佣合同中要求有这一任命；⑤表决权拘束协议中订立的投票协议中的一方。

[5]　神开股份全称为：上海神开石油化工装备股份有限公司。官平：《神开股份控制权争夺困局待解 已申请司法介入》，载 http://finance. sina. com. cn/roll/2016-07-05/doc-ifxtrwtu9886017. shtml，访问日期：2016年7月5日。

的股权。同时，神开股份的原控股股东又将其剩余股份的15%，以股东表决权委托方式转让给业祥投资。但时隔不久，前述股东宣布撤销该表决权委托并将其股份全部转让给宁波惠佳投资管理中心（有限合伙）。该案最终不仅导致神开股份亏损2700多万元，也暴露了表决权代理在涉及公司控制权争夺时可能出现的严重弊端。

相比之下，表决权信托突出体现了它在股权关系中的稳定器作用。因为信托关系与代理关系不同，信托一旦设定即使是委托人亦不能随意终止信托。历史上，正是担心信托架构可能造成股东表决权与股权的永久分离，为避免由此导致的公司代理成本无法控制的问题，美国各州公司法专门给表决权信托明确规定了最长期限。表决权信托架构带来的稳定的股权结构，是公司经营策略得以持续的关键。

二、表决权拘束协议与表决权信托

表决权拘束协议是，就表决权的一致行使所达成的协议。理论上，有学者将表决权拘束协议分为广义和狭义两种。[1]笔者以为，股东与公司外部的非股东之间达成的行使表决权的协议，其效力存疑。故此本书所指表决权拘束协议，仅以狭义的一种为论述重点，即它是股东之间或部分股东之间以某种确定的方式，就特定事项达成的股份表决契约。[2]从法律上看，它可能导致参加者的股份作为一个集合单位而进行表决。因此，表决权拘束协议最为常用的场合是，中小股东在选举董事时利用累积投票方式实现其选举目标。

表决权拘束协议的法律基础是合同，只要股东之间意思表示真实，没有违反法律的强行性效力性规定则自应有效。问题在于，该协议履行过程中如果当事人一方不履行合同义务，对方当事人能否要求其强制履行。依照我国《合同法》（已失效）第110条非金钱债务违约责任的规定，[3]似乎表决权并

---

〔1〕 刘俊海：《股份有限公司股东权的保护》，法律出版社1997年版，第157页。

〔2〕 梁上上：《论股东表决权——以公司控制权争夺为中心展开》，法律出版社2005年版，第163~314页。

〔3〕 我国《合同法》（已失效）第110条规定："当事人一方不履行非金钱债务或者履行非金钱债务不符合约定的，对方可以要求履行，但有下列情形之一的除外：（一）法律上或者事实上不能履行；（二）债务的标的不适于强制履行或者履行费用过高；（三）债权人在合理期限内未要求履行。"

非属于不适合强制履行的标的范围。那么当表决权拘束协议被强制履行时，其执行的是本次表决具体事项还是未来所有此类事项的表决？又或者强制违约方不得行使其表决权是否也可以作为强制履行协议的方式？另外，公司语境下的合同乃是关系合同，如果强制履行表决权拘束协议则势必减损股东行使权利的自由，因此理性股东极少选择该协议作为对表决权的灵活利用，更何谈凭其实现对公司的控制权。这也可以解释为何该制度在我国并未实际运行。

而表决权信托在本质上就是以实现对公司的控制为目标，只有对公司经营活动进行全面干预才符合信托合同签订时的目的。同时，由于表决权信托以股权信托方式受让于受托人，因此表决权的行使效率亦远高于表决权拘束协议。此外，在表决权拘束协议实际履行的过程中，通常会由双方选定一名履行合同的代理人，这无疑又增加了合同的履行成本与纠纷的可能。而在表决权信托中，除非受托人故意损害信托财产或受益人利益，否则原则上受托人以股东身份行使相关权利，不受他人非法干预。

三、表决权征集与表决权信托

表决权征集，又称委托书征集，是指公司及公司外的人将记载有必要事项的空白授权委托书交付公司股东，劝说股东选任自己或者第三人代理其行使表决权的商事行为。[1]《美国证券交易法》和《日本证券交易法》均对该制度进行了详细的规定。该制度在我国亦不缺乏研究者，[2]而且实践中亦多次发生表决权征集争夺事件，比如 1994 年的"君万之争"事件、1998 年的辽宁金帝建设集团股份有限公司董事会选举事件等。[3]

然而，匪夷所思的是，在 2004 年的《上市公司股东大会网络投票工作指引（试行）》中已经明确的上市公司董事会、独立董事以及符合一定条件的股东可以行使其征集表决权的权利，在 2016 年修订《上市公司股东大

---

[1] 李博翔、吴明晖：《论股东表决权征集制度的立法完善》，载《证券法苑》2017 年第 2 期，第 162~175 页。

[2] 伏军：《公司投票代理权法律制度研究》，北京大学出版社 2005 年版；范黎红：《论上市公司委托书征集的法律规制——以美国法为研究中心》，厦门大学 2003 年博士学位论文。

[3] 罗培新：《公司法的合同解释》，北京大学出版社 2004 年版，第 216 页。

会规则》时却被遗漏了。因此，关于表决权征集，在相当长的时间里，实际上主要适用的是有关独立董事制度的相关规定。[1]换言之，独立董事是实际上，唯一可以发起表决权征集的主体。不过，2018 年修订完成的《上市公司治理准则》又将表决权征集的主体范围扩大为原先 2004 年指引的规定。[2]应当说，作为已经广泛存在于资本市场并且活跃的制度，我国监管机构已经认识到该制度的重要性，故此将其完全纳入是符合我国资本市场现阶段的发展水平的。表决权征集作为提高公司运作效率、促进管理层提升专业水平、降低代理成本的重要工具，应当有更广泛的适用空间。

不过，表决权征集与表决权信托虽然同以取得公司控制权为目的，但两者在实践方式上存在差距。显然，表决权信托获得控制权的过程主要在于股东与受托人就信托协议的反复磋商；而表决权征集则更重视征集人对其征集事项的信息披露是否全面。因此，表决权信托中的结果是当事各方积极追求的；而表决权征集的结果则主要取决于被征集人被说服的程度，因此于被征集人而言只能是被动接受。

综上所述，在完成表决权制度基础法理的阐释以及与其他类似制度在功能上的比较之后，笔者针对表决权信托的制度功能，尝试作如下总结：其一，表决权信托有助于公司获得稳定的股权结构；其二，表决权信托可使管理层的经营方针得以长久执行；其三，表决权信托有利于公司控制者投入更多的资本，培育和经营专属于公司的知识及能力；其四，表决权信托尽管无法避免股东权利被稀释的风险，但同时仍为股东保留了收回表决权的可能，这是预防公司代理成本提高的有效途径之一。

值得说明的是，上述四项股东表决权机制各有自己的制度空间，公司法的任务是提供给当事人尽可能多的制度选择，而具体如何安排则应当尊重公司、股东甚至债权人等公司各方的意见，这是当事人表意自由的体现，也是由公司法的私法性质所决定的。

---

〔1〕 证监会发布的《关于在上市公司建立独立董事制度的指导意见》（已失效）明确规定独立董事可以在股东大会召开前公开向股东征集投票权。

〔2〕 证监会于 2018 年修订的《上市公司治理准则》第 16 条再次规定了上市公司董事会、独立董事和符合有关条件的股东可以向公司股东征集其在股东大会上的投票权。

第四章

表决权信托的成立与生效

我国研究表决权信托的个别学者认为，我国虽然没有表决权信托的法律规定，但也没有不允许开展表决权信托的禁止性法律规则。因此，可凭借私法原则中的当事人之表意自由，在实务中开展表决权信托架构的设计。换言之，在部分学者眼中，表决权信托仅凭当事各方意思表示一致即可生效。然笔者以为不妥，意思自治原则并非意味着不受约束。恰恰相反，任何法律行为在具备法律效力之前，都必须有明确且不得逾越的合法范围和成立条件。而本章所论述者，正是欲使表决权信托产生效力之强行性法定规则。

第一节　表决权信托的属性

一、表决权信托的法律行为属性：要物行为抑或诺成行为

信托行为的属性研究是指，大陆法系国家在移植英美信托制度的过程中，通过一系列的抗排异努力，使信托能够为大陆法系国家所接纳而进行的法律改造。然而，该也是长期困扰信托制度在大陆法系国家发展的问题。例如，我国在 2001 年颁布的《信托法》中已经规定，未办理信托登记的，信托不产生效力。但是无论是 2007 年的《物权法》，还是 2014 年公布的《不动产登记暂行条例》，甚至 2017 年的《民法总则》都没有提及有关信托行为、信托财产、信托登记的相关内容。该立法现状导致信托行为再次游离于我国民法法律体系之外。其实，民法学者无论中外，都为结束信托行为的这种游离状态而多有努力。例如，日本学者能见善久先生认为，信托

行为相当于民法上的法律行为概念，乃依据当事人的意思而设立信托的行为；[1]我国学者王志诚先生也认为，信托行为是将财产所有权转移给受托人，使其成为权利人，以达到当事人间一定目的的法律行为；[2]张淳教授亦将信托行为定性为法律行为。简言之，在大陆法系国家中，普遍将包括表决权信托在内的诸多信托行为以法律行为定性。

濫觞于德国潘德克吞体系的法律行为，作为统摄具体设权行为的一般性规则，其之所以能够被普遍采用，乃因法律行为之观念被抽象成凭借当事人之间表意一致即生效力的，具有约束力的行为。申言之，法律行为之效力，无须交付来保障，而仅与当事各方之表意行为有关。但是作为英美法下的重要财产制度——信托，却是典型的要物行为。故此当大陆法系学者研习信托并且将其以法律行为定性时，所要面临的理论矛盾是，财产权利的移转是否应当成为信托行为产生法律效力的充分且必要要件。

源起于中世纪英国的信托，乃与衡平法有着千丝万缕的联系，信托设立需要以财产转移作为要件（宣言信托除外）正是为衡平法所确立。1854 年在 John F. Cox v. Clement Hill and Samuel Spriggand Wife 一案中，衡平法院认为无偿赠与因无交付行为而存在瑕疵，故此不能认定此类赠与的效力和执行力，这就是衡平法上的"不支持无偿受让人规则"。[3]该规则被确立之后不久，衡平法院的法官在另一案件中进一步认为，法院尽管不支持赠与中未交付的无偿受让人，但是只要基于当事人自愿且赠与业已完成，则法院会认定该赠与有效。换言之，在衡平法"不支持无偿受让人规则"下，若赠与仅是缺乏"约因"则未必导致该赠与行为无效；但若赠与既缺乏"约因"又未实际履行交付，则该赠与乃有瑕疵的赠与，衡平法院会基于该规则认定赠与行为无效。

而在英美法上，素有将信托参照赠与之相关规定一体适用的传统。例

---

〔1〕 ［日］能见善久：《现代信托法》，赵廉慧译，姜雪莲、高庆凯校，中国法制出版社 2011 年版，第 19 页。

〔2〕 王志诚：《信托法基本原理》，元照出版公司 2005 年版，第 26 页。

〔3〕 金锦萍：《论法律行为视角下的信托行为》，载《中外法学》2016 年第 1 期，第 166～180 页。

如在 Miroy v. Lord 一案中，衡平法上的"不支持无偿受让人规则"就被适用。案件中，被告即信托委托人并没有完成财产转移的登记，因此原告即衡平法上的受益人便不能强制要求委托人履行该信托。显然英美信托法在信托行为效力的问题上，很早就确立起了"财产要件规则"。申言之，设立信托时，委托人将有关财产移转于受托人是信托成立的基本原则，该原则在美国信托法重述二和重述三中均得到重申，即"根据本条设立信托的，只有当财产转移至信托名下时，信托方成立"。[1]

鉴于"财产要件规则"在英美信托法律以及众多诉讼中得到的广泛承认，大陆法系学界与实务界，在引入信托之初也承认了应当在信托立法时，对该项原则予以确立。例如，日本学者能见善久先生认为，"信托行为除了需要当事人间的合意，还需财产（权）的转移。从该种意义上，信托行为乃是要物行为"。[2]因此，1922 年《日本信托法》认为，信托人未将信托之财产转移给受托人的，信托关系未形成。笔者认为，"财产要件规则"的核心乃是对信托财产的确认。因为只有信托财产存在，信托关系方能与其他法律关系相区别。此外，"财产要件规则"还能使法院对委托人是否具有设立信托的意愿进行较为准确的判断。因此，客观评价英美法中的"财产要件规则"，其的确具备相当合理性。

然而，信托在商业领域的扩展与实践，对早已为民事信托所确立的"财产要件规则"提出了挑战。以近年来在商事信托中广泛使用的资产证券化为例，该类信托的本质是，将银行和其他金融机构未来可持续发生的债权作为证券化的标的。因此，资产证券化已经从事实上改变了传统设立信托的必备要件，即信托财产的存在与否不再是信托成立的客观前提。同时，为顺应此类商事信托的发展，日本已于 2000 年修订其《信托法》之时明确规定了，依据合同设立信托的，自合同订立时信托生效。换言之，日本已经放弃了将信托财产的现实存在作为设立信托必备要件的做法。而实践中，类似资产证券化这样的不以信托财产的现实存在为前提的信托类型还有很

---

〔1〕 高凌云：《被误读的信托——信托法原论》，复旦大学出版社 2010 年版，第 58 页。

〔2〕 ［日］能见善久：《现代信托法》，赵廉慧译，姜雪莲、高庆凯校，中国法制出版社 2011年版，第 47 页。

多。比如证券投资基金，它也是在信托生成之时，连其信托财产能否存在都未予以确认的。

其实，关于信托设立是否应以信托财产转移为必要，在英美法系国家亦是长期争论而未能解决的问题。其中持"财产说"的斯科特认为，信托财产是信托存在的必要先决条件，它是信托作为财产所有权利的标志；[1]而持"契约说"的斯通则认为，现代商业模式的发展早已突破了设立信托当以确定财产为条件，应将信托看成是围绕委托人、受托人以及受益人三方权利边界的系列合同。换言之，将信托的本质以合同定性将更为符合实际。因此，财产是否转移并非设立信托之必要，只需当事人意思合致，信托即告成立。[2]笔者以为，回顾英美信托理论的发展历史，必须看到的事实是，英美法系关于财产转移是否为设立信托之要件的争论，在根本上是关于信托的本质究竟是财产权还是合同的争论。这与在历史上信托形成的时间，既早于其契约法律体系的形成又早于其财产权法律体系的形成有关。再加上，衡平法院又长期将信托参照适用赠与的相关规则，因此才会导致在英美法上，无论是契约中的"约因"，还是财产是否转移，均会对信托设立的实际法律效果产生影响。

与英美法系不同，大陆法系引进信托之时，各国之物权法和合同法体系皆日臻完善，故此信托融入之时，应当尊重各国既有法律的基本规则。我国《物权法》（已失效）第15条明确规定，有关当事人之间订立的不动产物权合同，除法律另有规定或者合同另有约定外，自合同成立时生效；未办理物权登记的，不影响合同效力。换言之，我国物权效力原则上采物权变动区分原则，即当法律行为发生物权变动的效果时，物权变动的原因与物权变动的结果乃是两个不同的法律事实，它们在具体成立生效的判断上，适用各自不同的法律规则。具言之，欲使表决权信托行为发生法律效力，则应当具体考察该信托合同的成立生效以及信托权利的生效两个不同

---

〔1〕 Austin Scott, "the Natue of the Rights of the Cestui Que Trust", 17 Colum. L. Rev., 269, 1917, p.237.

〔2〕 Harlan F. Stone, "the Natue of the Rights of the Cestui Que Trust", 17 Colum. L. Rev., 467, 1917, p.415.

法律事实。而关于合同的成立生效，历史上的契约早已经历了合意行为同要式交易相分离的过程，因此信托合同的效力并不以信托财产的移转为要件。

详言之，在早期罗马法中，合意契约行为与物权转移行为并不具有独立的法律意义。例如，在最为古老的买卖方式曼兮帕蓄中，履行曼兮帕蓄的双方要亲自到场，邀请有行为能力的罗马公民五人作证人，一人司秤；买卖双方须依特定程式和套语表示买卖及交付合意，以此发生物权转移的效果。[1]换言之，早期罗马法，契约合意因素与履行此合意之物权转移行为，在观念上是很难分开的，它们在外观上必然表现为统一的要式交易行为。这在信用极不发达的早期商品交换中极为常见，也是适应物物交换和即时交易两种交易基本形式的必然结果。[2]而伴随着罗马社会商品交换的发展，交付制度得以从万民法中发展出来。正是交付的出现，使得类似曼兮帕蓄等要物式转移被实质上抛弃，这在便利社会经济交往的同时，直接推动了诺成契约的发展。[3]申言之，法律行为中的意思表示行为要素，在交付行为的创立过程中被抽象出来，并被以立法方式赋予法律效力，而不再依赖即时交付对其进行保障。于是民事活动中最有意义的法律行为被独立了出来，要物行为不再体现为法律行为的实质。总之，在我国物权区分原则下，信托合同的效力与信托行为的效力是截然分开的，信托财产是否转移本身不会影响信托合同是否有效成立。不过，有关信托设立的具体效果还需要从合同效力与信托权利效力两个方面进行考查。

当然，在现代合同法中依然可以找到要物行为的类型，诸如借贷、运输以及保管等，但正如梅因所言，要物行为是从古代要式交易到诺成契约发展进程中的过渡形式，其基本意义在于以公平伦理观念代替了庄严允约的形式。凡在任何合意中，以送达一种特殊物件为其目的……待送达后"债"即

---

〔1〕 董安生：《民事法律行为》，中国人民大学出版社 2002 年版，第 3 页。

〔2〕 ［英］梅因：《古代法》，沈景一译，商务印书馆 1959 年版，第 178 页。

〔3〕 江平、米健：《罗马法基础》，中国政法大学出版社 1987 年版，第 237 页。

发生而无须支付，必定是对古老有关"契约"观念的重大革新。[1]因此，大陆法系国家的要物行为其数量逐渐变得极其有限，而瑞士甚至完全取消了要物行为而以诺成行为代之。我国合同法亦体现了这一趋势。[2]

需要说明的是，包括表决权信托在内的信托品种，其信托财产多为权利，缘何没有适用我国关于动产交付之物权效力规定。笔者以为，首先，我国物权法仍以有体物为主要财产形态，对权利财产的关注不够，因此股权、资产证券化中的诸多权利本身，难以适用现行物权法中的相关规定；其次，动产以交付为物权变动的表征方式，乃因其物权形态之归属以占有方式确立。而包括信托权利在内的诸多财产权利，多数为无体物皆难以凭借占有、交付作为其权利表征，因此实务上多以登记作为权利的表征方式。故此，笔者认为，将不动产物权效力之变动规则适用于信托权利变动乃相对妥当的做法。

诚然，上述分析主要是围绕法律行为层面，对我国信托行为进行的分析、认识。但必须承认的是，于信托的发展而言，将其仅以法律行为界定无异于对其适用范围的限定化。其实，意定信托仅是信托众多类型中的一种，法律拟制的推定信托、法定信托亦是现实生活中存在的类型。故此，笔者认为不应当仅将信托以法律行为框定。在此意义上，信托应是委托人基于对受托人的信任，将其财产权委托给受托人，由受托人按委托人的意愿以自己的名义，为受益人利益或特定目的进行管理或处分的行为。[3]此概念可以拓展大陆法系国家对信托之法律属性的认定，换言之，信托不仅可依当事人之意思表示而设立，亦可由法院根据具体情势而予以设立。当然，信托设立的依据能否实现多样化，有赖于今后社会对信托的认可程度以及信托立法的完善，仅从现行法律出发则包括表决权信托在内的信托行

〔1〕[美]约翰·亨利·梅利曼：《大陆法系》（第2版），顾培东、禄正平译，李浩校，法律出版社2004年版，第72~84页。

〔2〕例如，我国《合同法》（已失效）第188条规定，具有救灾、扶贫等社会公益、道德义务性质的赠与合同或者经过公证的赠与合同，赠与人不交付赠与的财产的，受赠人可以要求交付。这无异于在事实上将赠与合同扩展为诺成合同。

〔3〕张淳：《中国信托法特色论》，法律出版社2013年版，第33页。

为仍应以法律行为定性。

二、表决权信托的信托理论分类

表决权信托是信托的品种之一，是信托架构应用于公司领域的产物。不过如同房地产信托、私人股权信托等信托品种一样，这种以信托适用领域为划分标准的信托分类，仅是表明信托可以适用的范围，但却并非法学意义上的信托分类。而针对本书所论之表决权信托，则有必要从信托法理角度，明确其理论类型归属并逐一做出详尽分析。

（一）表决权信托是私益信托

英美法系依信托目的可将信托分为私益信托、公益信托和目的信托。公益信托是指，以促进学术发展、济贫助困、环境保护等公益事业为目的的信托；[1]目的信托是指，既不是以公益为目的，也不是以特定的人的利益为目的的中间形态的信托，比如为维修坟墓或者饲养动物而设立的信托，这种信托由于缺乏受益人原本一直为英美法宣告无效，但最近英美法院的态度已经发生了改变。[2]

私益信托，泛指为了特定受益人的私人利益目的而设立的信托。[3]在信托法上，除非有特别规定，一般指的都是私益信托。表决权信托以愿意加入信托协议之股东为受益人，以维护公司运营为目的，因此属于私益信托。而其与一般私益信托不同的是，表决权信托以公司股东为受益人，但其信托却并非仅以所有受益人之利益为目的。因为若果真如此，则表决权信托实难成立，具体原因如下：其一，公司股权乃是成员权，只要表决权信托的股权数量足够控制公司则该信托即可成立。而若要求全部股权必须全部移转于受托人之手，表决权信托方能成立，则在事实上几乎没有可操作性；其二，设立表决权需要信托受益人暂时让渡公司控制权，以缓解公司困境。因此，该信托从一开始就不是仅以受益人之利益为要，其利益仅是表决权信托设立目的的部分而非全部，这也是表决权信托同其他类型信托的主要

---

〔1〕　张军建：《信托法基础理论研究》，中国财政经济出版社2009年版，第58页。

〔2〕　何宝玉：《信托法原理与判例》，中国法制出版社2013年版，第435~438页。

〔3〕　高凌云：《被误读的信托——信托法原论》，复旦大学出版社2010年版，第44~45页。

区别之一。

（二）表决权信托是自益信托

依照我国《信托法》第 43 条的相关规定，信托还可分为自益信托和他益信托。而将信托做如此划分的法律意义在于，他益信托要交赠与税，而自益信托由于不涉及财产权的实际变动，故此一般不课以赠与税。

不过，关于表决权信托的自益信托属性，我们必须要做出回答的问题是，缘何表决权信托中，可被法律指定的唯一受益人就是委托人自己。笔者认为，这主要与表决权信托所处的公司语境有关。具言之，因为公司合同乃长期性关系合同，因此受托人在处理公司事务时，会随时对其具体经营管理公司财产的方法做出调整，例如公司时常要面临对其重大资产的处理问题，再比如公司还会以融资为目的对外发售股票。上述方案未必违背信托目的和公司整体利益，但却可能对受益人利益造成影响。因此在表决权信托中，将委托人与受益人规定为同一人，有利于受托人对表决权信托协议中的具体规定，适时与受益人进行协商并做出调整。

另外，表决权信托成立后，原股东需要在公司和登记机关办理股权信托的手续，同时受托人将据此向受益人交付表决权信托凭证。不难发现，无论表决权信托运用于何种公司，其本身登记、交接手续都是比较繁琐的。若此时再容许受益人可以为非委托人的其他人，则公司花费在登记上的成本将是巨大的。况且在表决权信托中，必然在实务上会涉及公司剩余价值索取权的归属问题，若容许受益人可以为除委托人之外的其他人，则不仅在委托人与受益人之间增大了诉讼可能，而且还会使公司受托人徒增监督成本。

（三）表决权信托是营业信托

我国《信托法》第 3 条规定，在我国境内可以进行民事信托和营业信托，但其却没有明确民事信托和营业信托的区分标准。有种观点认为，应以信托财产是否以营利为目的，作为民事信托与营业信托的划分标准。[1] 笔者以为，这种区分实不足取，因为即使是民事信托也会要求其受托人在

---

[1] 周小明：《信托制度：法理与实务》，中国法制出版社 2012 年版，第 61 页。

进行信托财产管理的同时，尽可能地使其增值，以便受益人能够获得长期且稳定的收益。

实际上，民事信托与营业信托的评价维度本身就存在复杂性。多数时候评价的对象，实际上仅是具体的信托计划或信托安排，而该计划可能会因受托人与信托目的的不同而有不同的标准。就本书所述之表决权信托，其受托人多为具有相当管理公司经验的金融机构或个人（即使受托人是个人通常也会隶属于某金融机构），且其信托目的在于稳定公司营业，保障公司拥有可支配的稳定现金流，因此表决权信托乃为营业信托。2011 年福耀玻璃董事长将其家族拥有的 3 亿元股份捐赠给河仁慈善基金会。同时，其在股权捐赠协议中约定，福耀玻璃仍保留该项捐赠所对应股票的表决权。其时，学界多有学者将此次福耀玻璃的捐赠行为以表决权信托作为其理论支持。[1]但笔者以为不妥，因为该基金的设立明显是出于公益目的，应属于公益信托。其与表决权信托之私益目标，实在大相径庭。

（四）表决权信托是集团信托

在信托法理中，根据信托的管理办法将信托分为单独信托和集团信托。[2]集团信托是指，委托人乃是不特定的多数人，依据一个标准合同而缔结信托合同，由受托人共同管理运用这些信托财产的信托。例如，根据《信托公司集合资金信托计划管理办法》而成立的信托就是集团信托。而单独信托是指，信托合同是受托人和单个委托人缔结，对信托财产分别进行管理和运用的信托。[3]而表决权信托尽管是由公司股东单独与受托人缔结信托合同，但是一方面，表决权信托的委托人的数量，在表决权信托生效之前处于不确定状态，因此表决权信托具有集团信托的特征；另一方面，表决权信托合同是公司股东与受托人协商而定，该合同不仅可约束已经参加表决权信托合同的股东，还可以约束未来加入信托计划的股东。因此，表决权信托类似格式化的标准合同，也表明其属于集团信托。

---

〔1〕 马丽：《曹德旺捐股的"法律真相"》，载《法人杂志》2009 年第 4 期，第 42~43 页。

〔2〕 赵廉慧：《信托法解释论》，中国法制出版社 2015 年版，第 58 页。

〔3〕 Thomas W. Merrill and Henry E. Smith, "The Property/Contract Interface", *Columbia Law Review*, Vol. 101, 2001, p. 843.

疑问在于，依据我国相关法律之规定，集团信托计划的自然人数不得超过 50 人。而表决权信托人数众多，一般而言不仅其受托人的数量通常在 3 人以上，而且可能每位受托人接受公司股东的人数也会远远超过 50 人。故此表决权信托虽为集团信托，但不应受《信托公司集合资金信托计划管理办法》中关于委托人数量要求的约束。当然需要强调的是，表决权信托受托人数量较多，但却并非对信托财产进行分别管理，而是基于公司股东信托于其的股权进行共同管理与运用，多数表决权信托的根本目的在于挽救公司。

（五）表决权信托是裁量权信托

按照受托人对受益权的分配是否有裁量的权利，信托又可分为固定信托和裁量权信托。固定信托是指，受益人的受益权在信托条款中被明确规定。虽然受益人实际能够取得多少金钱利益他不一定清楚，但受益人可以明确知道自己受益权的范围。较为典型的就是在存在收益受益权人的场合，该受托人所获得的某种收益即属于固定信托。而裁量信托则不同，受托人对信托事务享有裁量权，可以决定受益人是否能够取得受益的数量。申言之，在受托人实际行使裁量权决定受益人利益之前，受益人的信托财产仅是一种可期待的权利，在此意义上裁量信托也是一种积极信托。

表决权信托属于裁量权信托，其受托人不仅可以根据公司发展的具体情形决定受益人能否获得利益，而且还可以通过发行新股等方式影响受益人最后所能够获得的利益。甚至在信托协议中，受托人可以通过原公司股东的授权，获得决定哪些受益人在何种条件下可优先获得收益的权利。当然与其他信托一样，拥有信托裁量权的受托人绝不是仅凭其意志就可以为所欲为，他仍然有义务履行信托条款所规定的信托义务。同时，受托人还必须尊重信托目的以及在行使裁量权时，必须以信托目的为主要考虑，即以公司利益为上。

（六）表决权信托是不可撤销信托

理论上，若委托人没有随时终止信托关系的权利，该信托即为不可撤销信托，这是因为该信托通常可能涉及第三人利益；〔1〕反之，若委托人有随时终止信托关系的权利，则该信托为可撤销信托。

前已述及，表决权信托乃是一种自益信托。根据我国《信托法》第50条之规定，自益信托的委托人随时可以终止信托关系。因此在理论上，表决权信托又似乎可以被归入可撤销信托。但是表决权信托有其特殊性，因为虽然在形式上其为自益信托，且由受托人与公司股东分别签订信托协议设立，似乎满足委托人可以随时终止信托关系的条件。但实际上，表决权信托能否有效成立并非仅与委托人与受托人的意思表示有关，还涉及移转股权的数量是否能产生对公司的控制力量，而只有在移转股权满足一定数量之后，以公司整体利益为目的的表决权信托方能有效成立并存在。至于个别委托人要求终止信托的行为，除非再加上受益人委员会集体表决且通过信托被终止的决定，否则很难影响已经有效成立的信托。因此笔者认为，表决权信托属于不可撤销信托。而个别委托人所要求终止信托关系的请求，在表决权信托下，将被视为是信托关系的退出，乃是需要通过转让表决权信托凭证来实现的。

第二节　表决权信托合同的成立

本书针对信托效力的生成适用物权效力区分原则，意味着对表决权信托的效力将分信托合同效力与信托权利效力两个部分予以分别考查。而关于信托合同的效力问题，依据我国《合同法》（已失效）第44条之规定，合同自成立时生效。换言之，法律行为的成立要件与法律行为的生效要件并不需要加以区分。我国早有学者对此提出批评，这种做法虽然体现了简化传统民法繁琐规则的积极精神，但却在法律行为理论与实践中留下了一系列缺口。〔2〕上述意见虽然年代稍显久远，但至今仍旧值得重视以及再次学习、思考。

---

〔1〕　高凌云：《被误读的信托——信托法原论》，复旦大学出版社2010年版，第43页。
〔2〕　魏振瀛：《关于合同的成立条件与有效条件》，载《法制日报》1988年8月24日。

在理论上，笔者认为应当将法律行为的成立与法律行为的生效加以明确区分，其原因在于：法律行为的成立与否乃是一事实判断问题，其着眼点在于，某一法律行为是否已经存在，行为人从事的某一具体表示行为是否属于意思表示行为；而法律行为的生效与否则是一个法律价值判断问题，其着眼点在于，行为人从事的某一表意行为是否符合法律的精神与现行法律法规的规定，它们决定了该表意行为能否取得法律所允许的效力。[1]因此，法律行为的成立是法律行为生效的逻辑前提。正如学者所言，（法律行为）只有成立后才谈得上进一步衡量其是否有效的问题。而法律行为之不成立者，亦即该法律行为不存在之谓，此种情形依理论言之，当然尚无有效无效之可言。[2]

而在我国的司法实践中，由于未对法律行为的成立与法律行为的生效加以区分所导致的法律纠纷，可谓层出不穷。例如，在公司股权优先购买权的纠纷中，是否承认股权转让先合同之效力是长期困扰学界、实务界的问题。[3]依笔者之见，该问题正是未有区分法律行为成立规则与生效规则所造成的不良后果。而如若将上述两者做有效区分，则有关股权优先购买权中的很多争议，实际上都是不存在的。具言之，依现行法律规定，股权对外转让应当经过公司表意行为。而所谓股权转让先合同，[4]在本质上并无法包含公司表意行为，据此该合同属于表意并不完整，故而该合同本身尚未成立，更无法影响紧随其后的股权优先权购买合同的效力。总之，应当将法律行为之成立规则与其生效规则区分。因为法律行为的效力如果出现缺陷或许还可以弥补，而法律行为的成立如果缺乏构成要素则无法补救。

既然法律行为的成立规则是一个事实构成规则，其仅能作出成立与不成立两种事实判断，那么构成该事实判断的具体标准又该如何确定？由于

---

〔1〕 董安生：《民事法律行为》，中国人民大学出版社 2002 年版，第 134 页。

〔2〕 王家福主编：《中国民法学·民法债权》，法律出版社 1991 年版，第 27 页，转自董安生：《民事法律行为》，中国人民大学出版社 2002 年版，第 134 页。

〔3〕 胡晓静：《论股东优先购买权的效力》，载《环球法律评论》2015 年第 4 期，第 35~48 页。

〔4〕 所谓股权转让先合同，是指在股权对外转让之前，公司股东与其意欲转让的第三方就相关股权转让事宜而现行订立的合同。

法律行为的成立是事实判断，所以判断法律行为成立与否的标准就不能是当事人的主观认识和自定的标准，而应是依据法律规定的统一规则和客观标准。[1] 而一切法律行为所必不可少的共同要件，乃是意思表示，也只有它能够符合法律行为所必需的客观基础要件要求。[2] 申言之，法律行为是否成立，仅以该具体表意是否具备构成法律所要求的基本要素为断。这也是史尚宽先生提出的，法律行为之成立，应仅着眼于法律行为的外部容态。[3] 在此基础上，笔者将本书所论表决权信托合同之成立所应包含的核心要素，做总结如下：

第一，表决权信托合同的成立，要求行为人必须意识到且积极追求其设立表决权信托的行为效果。换言之，作为表决权信托的当事各方，应当含有设立表决权信托法律关系的意图。2002 年朱某林与浙江五芳斋实业股份有限公司（以下简称"五芳斋公司"）的发起人之一——嘉兴市商业控股有限公司（以下简称"嘉兴商业公司"）签订股权转让协议。该协议约定，嘉兴商业公司将其持有的五芳斋公司 507.58 万股的 50%，以溢价方式转让给朱某林，转让金额为人民币 900 万元。但由于我国《公司法》（1999年）规定，发起人持有的股份在公司成立后一段时间内不得转让，因此双方约定待五芳斋公司成立满足《公司法》（1999 年）之要求后，双方在约定时间到产权交易所办理过户手续。而股权未过户期间，嘉兴商业公司授权朱某林行使自己的表决权并承担相应义务。有学者认为，此次五芳斋公司的股权转让中，存在构思设计颇为精巧的表决权信托行为。[4] 然笔者以为，该案例中仅涉股权转让并不存在表决权信托架构。前已述及，表决权信托合同的成立，必须以行为双方有明确的设权意图为要。显然，嘉兴商业公司和朱某林签订协议的真实意图在于转让股权绝非表决权信托。因为协议中不仅没有嘉兴商业公司为信托受益人的法律地位安排，甚至连该公司的

---

〔1〕　史尚宽：《民法总论》，中国政法大学出版社 2000 年版，第 24 页。
〔2〕　郑玉波：《民法总则》，中国政法大学出版社 2003 年版，第 330 页。
〔3〕　史尚宽：《民法总论》，中国政法大学出版社 2000 年版，第 26 页。
〔4〕　陈瑞、沈华勤、张斌：《案例二：五芳斋股权：能否附条件转让》，载《公司法律评论》2002 年第 0 期，第 305~308 页。

股权收益也没有予以保留，故此上述公司的行为不符合表决权信托合同之成立要件。

该观点在美国公司法的司法实践中，也得到了同样的认定。特拉华州在 20 世纪 50 年代左右相继审理了一系列有关表决权信托合同是否成立的案件，其中包括 Ringling v. Ringling Bros - Barnum & Bailey Combined Shows，Aberarombie v. Bavies，Lehrman v. Cohen 等。在这些案件中，法院均否认了表决权信托的效力，认为它们只是"事实上的表决权信托"，是虚假的信托，不能产生法律上的效力。[1]法院之所以作出如此认定，其主要原因在于，要把表决权信托同表决权拘束协议等股东表决权机制相区别。因为相对于其他可实现控制公司的表决权机制而言，表决权信托中受托人的权利更大，也更容易导致代理成本的增加。精心设计的背后可能隐藏有巨大的制度代价，因此必须对受托人的权利进行严格监督。而上述裁判所反映的问题实质就是，表决权信托的成立，必须以当事人之间存有明确的设立意图为判断，否则那些仅是事实上的表决权信托存在规避法律监管之嫌，故不能予以认定。

第二，表决权信托合同的当事人必须完整明确地指明所欲设立之表决权信托法律关系的主要内容，且其内容没有自相矛盾之处。那么何谓表决权信托法律关系的主要内容？依据我国《最高人民法院关于适用〈中华人民共和国合同法〉若干问题的解释（二）》（已失效）的规定，当事人对合同是否成立存在争议，人民法院能够确定当事人名称或者姓名、标的和数量的，一般应当认定其成立。具言之，在表决权信托协议中，如果协议内容能够明确当事人以及信托所涉及的股权，则可认为具备合同的主要内容，合同可以成立。至于表决权信托的数量，笔者认为不宜作为判断表决权信托合同是否成立的事实要件。因为在表决权信托行为生效之前，股权信托的数量都处于变化之中，难以作为判断合同成立的客观标准。相对而言，数量要求在表决权信托中更适宜作为衡量合同效力的价值判断。

---

[1] 梁上上：《论股东表决权——以公司控制权争夺为中心展开》，法律出版社 2005 年版，第 270~274 页。

第三，表决权信托合同必须通过外界可以进行客观识别的方式明确表达。换言之，表决权信托合同必须以书面形式进行订立，这也是我国《信托法》的明确要求。[1]诚然，现代民法强调形式自由之宗旨，对于法律行为的形式以不要式为原则，要式为例外。[2]只要当事人之表意行为足以为外界客观识别，即可认为其符合法律行为成立的形式要求。因此，原则上法律对意思表示的形式并不作特别要求。然而，表决权信托所涉利益相关者众多，且公司合同中的法律关系处于不断变化之中，故此其合同以要式为必要意义重大：其一，书面订立的严格程序，有助于敦促当事各方慎重地对其从事的意思表示进行选择，特别是委托人在一定时间内让渡了管理控制公司的权利时；其二，书面形式有助于表决权信托合同各方保存其法律行为的证据，防止有关利益各方恶意篡改法律行为的具体内容；其三，书面形式的表决权信托合同亦有利于合同的公示，实现保障交易安全之必要。

第三节　表决权信托合同的生效

合同的生效乃是法律价值判断问题，其核心在于对法律行为意思表示的有效性品质的判断。它回答的是已经成立的法律行为，倘若欲使其发生当事人所期待的法律效果所应具备的法律要件。当然，法律行为的效力瑕疵是可以弥补的，因此假如法律行为不符合其生效要件，并不一定必然产生行为无效的后果。

按照法律行为效力的一般理论，该生效要件可以分为一般生效要件和特别生效要件。前者是指法律行为发生完全效力所具备的普遍性法律条件；后者是法律对某些行为所附加的特殊条件。就表决权信托合同的生效要件而言，既包括法律规定的一般生效要件，也包括其作为特殊信托品种，所应当符合的特别生效条件。

---

[1]　我国《信托法》第8条第1款明确规定："设立信托，应当采取书面形式。"

[2]　董安生：《民事法律行为》，中国人民大学出版社2002年版，第141页。

一、表决权信托合同生效之一般要件

(一) 表决权信托当事人具备完全行为能力

表决权信托乃根据委托股东与受托人双方表意合致，而予以设立的法律行为，因此合同双方均应是合格主体，即具备完全民事行为能力的理性人或机构。倘若委托股东中，存在无民事行为能力或限制民事行为能力的自然人，则非经其法定代理人同意，其签订表决权信托协议并参与信托的表意行为无效。

而就受托人来说，具备完全行为能力仅是其能够承担表决权信托责任的起点。除此之外，受托人还必须是具备相当知识技能的专业人员。当然最为重要的是，受托人必须取得委托股东、公司债权人甚至公司利益相关人员的信任。由此引发的逻辑问题是，独立董事能否被选任为表决权信托的受托人。

在公司法的理论中，独立董事作为公众公司治理结构中的必要力量，其主要作用包括：其一，维护股东利益，使其免受管理层侵害；其二，当公司利益相关方发生利益冲突时，作为广泛社会利益维护者，可以出面对此种博弈进行平衡与协调。而表决权信托的受托人，之所以能够取得包括委托股东在内的公司各利益相关方的信任，也是因为委托人信赖其能够利用自身的专业知识，在帮助公司走出困境的同时，也能公允地处理公司间复杂的利害冲突。因此，表决权信托的受托人与独立董事，在维护公司各方利益平衡的问题上存在共识。上述认识似乎也印证着，独立董事乃是表决权信托中受托人的最佳选择。然事实绝非如此简单。

其实，早有学者就独立董事的局限性作过如下分析：其一，独立董事大都时间有限。在独立董事制度中存在的一个悖论是，董事应对公司负注意之责，但只有成功人士才能获邀出任，而独立董事却极其繁忙，要他们为这一职位挤出大量时间极不现实。其二，独立董事大都专业知识匮乏。由于竞业禁止规定的存在，拥有专业知识的独立董事，既不可能同时在两个存在竞争关系的公司中任职，也不愿意到可能与自己公司存在竞争关系的公司中任职。于是多数独立董事，极可能对其任职公司所从事行业的专

业知识，在储备上严重不足，这使得他们往往在董事会上三缄其口。或者
也会因为所涉事项过于复杂，害怕明确表态所可能造成的巨大争议而选择
性沉默；其三，独立董事大都存在信息偏差。这与独立董事大都事务繁忙、
分身乏术有关，因此，独立董事大多依赖经理层向其提供信息。而这些信
息不可避免地存在虚假、误导甚至是歪曲等种种问题，[1]如此则使得独立
董事的决策能力大为削弱，导致其对公司决策判断的踟蹰而再次选择沉默。
其四，独立董事也大都缺乏利益激励和商效运作压力。独立董事的薪酬通
常与公司利润无关或者关系不大，在公司风险项目获得成功时，其无法直
接获得金钱利益；而项目失败时，却可能名誉受损或甚至承担法律责任，
这决定了独立董事过于保守的倾向。[2]

　　而表决权信托的受托人，借由股东信托其的股权而取得公司控制者地
位。因此，受托人必须通过持续使公司获得良好业绩，才能稳固在信托结
构下形成的股权关系，否则信托将因目的无法实现而失败。显然，受托人
的主要职能就是经营管理公司，而独立董事无论其时间、经验、技术都无
法保证其对公司经营的实际参与。当然，笔者无意否认独立董事的现实功
能价值，只不过就表决权信托中的受托人选任而言，独立董事并不适宜。事
实上，英美公司制度下的独立董事，其核心作用仅是对经理层与股东间的利
益冲突进行外部监督。就此而言，在表决权信托中，独立董事虽不能以受托
人身份出现，但仍可以外部监管者身份出现。其作用在于，防止受托人剥
夺公司机会或者倾轧中小股东。

　　（二）表决权信托合同当事人表意自愿真实

　　意思表示自愿是指，行为人的意思表示乃出于其自由意志，而非因他
人不当干涉所为，这是法律行为中意思表示应有的品质。[3]对于符合自愿
原则的表意行为，应确认其完全效力；而对于不符合自愿原则的法律行为，

　　[1]　罗培新：《独立董事——神话与现实（上）》，载《金融法苑》2001年第4期，第
51～55页。

　　[2]　罗培新：《独立董事——神话与现实（上）》，载《金融法苑》2001年第4期，第
51～55页。

　　[3]　张金玲：《民事行为制度下意思自治原则的适用》，载《法制与社会》2008年第25期，第
81页。

则需依《民法典》中关于欺诈、胁迫以及显失公平等规定，对行为的效力予以确定。就表决权信托合同所涉及的股东与受托人而言，信托合同之生效应是双方当事人表意自愿的体现，自不待言。另外，笔者认为，在表决权信托中意思表示自愿原则，除了应体现在股东（委托人）加入时的自愿，也应体现在原股东（受益人）退出时的自愿。需要强调的是，所谓受益人的自由退出，是指其有权自由转让表决权信托凭证，而并不是自由终止信托法律关系。总之，无论进入还是退出表决权信托，相关利益主体原则上均不应受不当干预。

而意思表示真实是指，行为人内容意思与外在表示相一致或符合。民法中对意思表示真实原则，主要是通过对不真实意思表示行为的效力评价规则予以实现的。我国自 2005 年开始，有多家上市公司设立慈善基金，例如牛根生及其家族的"老牛专项基金"，新华都实业集团股份有限公司董事长陈发树设立的"新华都慈善基金会"以及福耀玻璃的河仁慈善基金会。[1]有不少学者认为，上述基金会的共同点在于，将上市公司股份信托于基金会的同时，将股份的表决权予以保留。据此，学界多有将这种类型的股权捐赠以表决权信托定性的观点，认为其是新型股权捐赠的操作模式。[2]笔者以为该观点不妥，从上述基金（会）的构造而言，它们是将股东的自益权利分离而将共益权利保留，这实际上是与表决权信托大相径庭的。而从其表意内容来看，上述基金（会）的设立皆以慈善为目的，设立人仅是出于家族股权不致旁落的考量才将表决权予以保留。但显然该信托并非以管理公司为目标，故也不符合表决权信托的设立目的。

另外，上述基金（会）无一不是依单方法律行为而设立，这与表决权信托乃双方当事人表意合致的法律行为本身也并不相容。在笔者看来，上述基金（会）中的股权赠与行为的本质，是通过信托实现对股权自益权部分的分离。至于缘何开展此种类型信托，笔者以为，当前我国不少民营家

---

〔1〕 田蓉、秦正：《我国股权捐赠模式之法律探索》，载《苏州大学学报（哲学社会科学版）》2012 年第 6 期，第 111~115 页。

〔2〕 段冰：《论表决权信托制度在慈善领域的运用——对曹德旺"捐股"的法律思考》，载《生产力研究》2011 年第 9 期，第 96~97 页。

族企业面临财富传承难题，故此上述企业的股权赠与应是期望借助信托架构实现对财富传承新兴方式的探索，至于其法律效果究竟如何还有待市场验证。

（三）表决权信托合同内容合法

法律行为内容合法条件又称"内容合法要件""内容合法原则"，这一原则旨在对法律行为的内容品质实施控制。依此原则，为使法律行为发生完全的法律效力，其内容须不违反法律的限制。而关于该问题的关键，乃在于不得违反法律的范畴如何界定。关于法律行为内容合法，德国学者曾率先形象地指出，它提供了一条使公法规范进入私法领域的管道，打破了公法与私法原则上互不相属、各成体系的状态，为国家政策对私法的干扰提供了依据。而起初德国民法学者的立法目的主要是，考虑援引刑法对法律行为内容加以控制。[1]但随着干预性的经济社会法规不断膨胀，民法所引致的公法转向了行政法规。不过大部分民法学者认为，如果简单地界定违反公法效力性规定的法律行为皆归无效，则在行政法规不断膨胀的今日，私法交易将处于极不安定的境况。[2]因此，民法学界业已达成的共识是，只有违反法律、行政法规的强制性规定中的效力性规范，才会产生合同无效的后果。近年来，我国学者对该问题亦有广泛探讨并初步吸纳德国学者的相关结论，不过由于我国法律政策变化较快，因此对该问题的研究还有待具体深入。

然而，本书所论之表决权信托尚未纳入我国法律体系，因此对其合同内容是否合法仅能做理论考察。不过新近受到学者广泛关注的福建伟杰投资有限公司诉福建天策实业有限公司一案，笔者以为或对包括表决权信托在内的信托合同的效力问题产生影响。[3]在该案中，引发争议的是《保险公司股权管理办法》第31条，即有关投资人不得委托他人或者接受他人委

---

〔1〕　苏永钦：《私法自治中的国家强制》，中国法制出版社 2005 年版，第 12 页。

〔2〕　董安生：《民事法律行为》，中国人民大学出版社 2002 年版，第 155 页。

〔3〕　《金融监管行政规章与商事合同的效力——评福建伟杰公司、福州天策公司、君康人寿保险公司营业信托纠纷案》，载 http://iolaw.cssn.cn/cgtj/201905/t2019 0520_ 4898554.shtml，访问日期：2019 年 1 月 18 日。

托持有保险公司股权的规定。不少学者认为，法院以该条为法律依据，判决所涉协议因违反公共利益而无效，乃是扩张行政法规效力性规范范畴的做法，是明显的公法对私权的侵犯。[1]不过，在阅读网上公布的相关材料之后，笔者以为，本案虽为信托持股但实际上乃是隐名代持，其本质仍属股权委托行为，此其一；[2]其二，《保险公司股权管理办法》的制定目的在于，使保险公司股权结构保持清晰、公开透明且不得影响股权自由流转。换言之，倘若福建伟杰投资有限公司与福建天策实业有限公司期望其签订的股权代持行为有效，则必须证明该股权代持不会对保险公司股权结构的透明，以及股权的自由流转造成不当影响。就此而言，本案中的当事人显然缺乏相关证据，因此将《保险公司股权管理办法》第31条作为效力性规范并无不妥。但必须予以说明的是，该案仅能视为在保险公司中对股权代持法律关系的否定，而绝非对我国其他股权代持现象的否定。另外，也必须看到公法规范对私法的效力评价的单一化，将对营商环境造成巨大影响。而该案所涉及的正是，公法对经济干预的边界问题。因此在对法律行为作出无效判决前，法院有必要先审查行为之意图、目的、效果，并结合案件具体情况，从而作出较为妥适的综合判断，否则极易导致公法对经济生活的不当干预，进而使整个私法交易处于不安的境地。

（四）表决权信托合同不违反社会利益和公共道德

社会利益和公共道德也称"社会公共利益"或"善良风俗"，学界将其概括为维系国家或社会生活所必须维护之一般利益，是现代国民之一般道德观念。但问题在于，不违反社会利益和公共道德原则具有鲜明的时代特点，以及广泛的灵活性与包容性，极易导致司法认定的困难和滥用。实际上，表决权信托早期被否认的命运，就与股权分离被认为是违反社会公共利益的行为有很强的关联。笔者以为，尽管该原则是判断法律行为效力的一般原则，但损害公共利益是授权法院运用公序良俗原则判断法律行为效

---

〔1〕 马荣伟：《金融监管与司法审查的边界》，载《中国金融》2018年第20期，第103~104页。

〔2〕 唐青林、李舒主编：《公司法司法解释四裁判综述及诉讼指南》，中国法制出版社2017年版，第12~13页。

力的底线条款，因此在适用上对其必须保持克制。

二、表决权信托合同生效之特别要件

首先，是表决权信托的设立目的要件。在信托发展的历史上，英国通过 Knight v. Knight 一案确立了著名的信托设立"三原则"，即意图的确定性、信托财产的确定性以及受益人的确定性。[1] 前已述及，表决权信托乃自益信托，即受益人与委托人乃为一人，因此受益人的确定自不待言。而信托在商业领域的广泛应用，又使得信托合同的效力不再与信托财产是否具有确定性相关联。换言之，作为商事信托的表决权信托，其信托合同设立所需要进行重点考察的特别要件，只有信托设立的意图。理论上，信托设立意图，也可以称为信托设立的目的。

我国《信托法》第 6 条明确规定，设立信托，必须有合法的信托目的。有学者曾经就何谓表决权信托设立之目的合法，做过简要的总结，例如，为确保公司政策管理的继续；使公司控制股东掌握控制权等。[2] 然而，这些列举式的合法信托标准，受到了美国一些学者的反对。他们认为，凭借这种主观性的言词很难证明表决权信托设立目的的合法。他们进一步指出，通过信托文件对信托在设立时的目的进行考察并没有实质意义，因为在信托实际运行的过程中，这些目的并不总能对信托本身进行控制。[3]

笔者赞同表决权设立目的仅凭主观性描述，的确难以判断其是否符合法律要求。但若就此否定对表决权信托的目的进行审查，则实在有些矫枉过正。既然我国现行法明确对信托设立目的的合法性提出了要求，笔者以为，对其落实的体现就是，明确信托品种在设立时所应当遵守的基本宗旨。具言之，股东与受托人在设立表决权信托时，不能仅以某个股东或某部分股东的利益为目的，而应以公司整体利益为目的。这是表决权信托设立目

---

〔1〕［日］能见善久：《现代信托法》，赵廉慧译，姜雪莲、高庆凯校，中国法制出版社 2011 年版，第 20~23 页。

〔2〕梁上上：《论表决权信托》，载《法律科学（西北政法学院学报）》2005 年第 1 期，第 83~90 页。

〔3〕梁上上：《论表决权信托》，载《法律科学（西北政法学院学报）》2005 年第 1 期，第 83~90 页。

的具备合法性的一般要求，也是内容的基本要求。

其次，是表决权信托合同生效的数量要件。关于表决权信托合同的生效时间，《美国统一事业公司法》规定，从表决权信托的第一张股票以信托名义登记时，该信托便生效。[1]不难发现，该规定所规范的并非信托合同的生效时间，而是信托权利的生效时间。那么本书所论的信托合同的效力问题，能否对应理解为，自表决权信托协议由第一位公司股东签字之日起，该协议具备合同效力呢？笔者以为，不能做如此简单对应。

表决权信托合同的效力，并不以信托财产的转让为条件，因此原则上双方当事人表意一致并签字后合同自应生效。然而，表决权信托的设立目的乃以公司整体利益为要，而且如若期待通过表决权信托实现公司经营管理的稳定执行，那么客观上，表决权信托所需要塑造的结果应是：受托人成为对公司具有绝对控制力的名义股东。其背后的法律含义表明，只有在签署相当股权比例的表决权信托协议后，受托人方能有条件去实现表决权信托的设立目的。

疑问在于，究竟应当以信托多少比例的股权，来判决表决权信托合同业已生效。该问题需要作进一步分析。既然表决权信托所需要塑造的结果是，受托人成为对公司具有绝对控制力的名义股东，则具体的信托股权比例就与各公司具体的股权结构密切相关。依据我国《〈企业会计准则第2号——长期股权投资〉应用指南》（2014年）的相关规定，股东持股20%以上的，会对公司经营决策产生影响；[2]而我国《公司法》又规定，当股东持股达到34%时，就会对公司重大决策拥有一票否决权。似乎上述两种持股比例，都已经达到表决权信托合同生效的特别要求，然而，笔者以为表决权信托之所以能够完成对公司经营政策的长期持续，其最主要的原因在于凭借控制能实现公司股权结构的稳定。因此，无论是20%、34%甚至51%，都未必能够实现股权结构的相对稳定。据此，笔者提出欲使表决权信托合同产生

---

〔1〕 沈四宝编译：《最新美国标准公司法》，法律出版社2006年版，第80页。

〔2〕 在我国《企业会计准则第2号——长期股权投资》中，长期股权投资被视为一种投资方对被投资单位实施控制、重大影响的权益性投资。而在会计制度中以权益法核算投资公司股权达20%的正式长期股权投资的起点。

效力，则对所完成信托股权数量的特别要求是，委托人信托给受托人的名义持股比例不得低于 67%，即达到股东对公司的绝对控制的要求。当然，由于表决权信托受托人可能本身已经是公司的大股东，因此在表决权信托成立的具体比例中，可以减去其原本的持股比例。另外，在实践中，假如表决权信托受托人乃由金融机构任命的数人共同组成，则此时信托合同生效的股权比例，应当将各受托人总的持股数额合并计算。

最后，是表决权信托合同生效的期限要件。在英美法信托法上有所谓"反永久权规则"，即预期未来权益欲有效，该权益就必须在一定的时间内确定地成就。[1]该规则的首要目的就是，避免委托人对信托财产的绝对控制。其原因在于，此种限制将对财产权利的流通形成阻碍，是委托人利用信托对其财产权利的不当使用。故此包括英国在内的众多英美法系国家，纷纷给信托生效的期限加以明确限定。[2]但随着美国商业性投资信托的大量涌现，受托人已经获得了对其信托之财产进行处分的权利。因此，原先导致信托财产极易发生的留置问题便不再存在，持续数百年的信托反永久权原则也就可以有所松动。

不过与其他信托不同，对表决权信托提出期限要求，实际上还存在另一层含义。股东将其表决权信托，乃是出于希望使公司脱困而自身能力又有限的原因。但此种让渡本身，实际上为公司代理成本的增加提供了条件，因此这种让渡只能具有短期性，股东不可能将其表决权完全让与。这与前文提及的与股权的暂时分离理论相吻合。而该理论反映在表决权信托合同效力问题上，就形成了法律对于表决权信托期限的明确规定。例如，《美国示范公司法》规定了表决权信托的期限是 10 年，《纽约州公司法》对此也作出了同样的规定。

然而，现代公司营商环境变化多端，股东长达 10 年让渡其管控公司的权利，实际上不利于对受托人管理公司的效果进行有效监督。特别是已处于经营困境的公司，一旦选择受托人不当又无法轻易从表决权信托中脱离，

---

〔1〕 李清池：《作为财团的信托——比较法上的考察与分析》，载《北京大学学报（哲学社会科学版）》2006 年第 4 期，第 130~138 页。

〔2〕 何宝玉：《信托法原理与判例》，中国法制出版社 2013 年版，第 92~93 页。

则无论于公司还是受益人都无异于雪上加霜。因此笔者建议，我国表决权信托的期限可以参照《公司法》第 70 条关于公司董事的任职规定。而鉴于表决权信托所面对的公司困境的复杂性，笔者以为表决权信托的期限可以延长，但最长不得超过 6 年。同时，在未来表决权信托的立法中，还应明确信托协议若超过最长期限要求，则超过部分无效。

第四节　表决权信托权利的生效依据

　　动产以占有为权利表征；不动产和权利则以登记为权利表征。因此，表决权信托应当以股权转移登记作为其权利效力实现的前提。申言之，何者可以作为股权移转登记的客观依据，是在判断表决权信托权利生效时所必须讨论的问题。值得说明的是，公众公司表决权信托权利生效的判断，乃以证券登记结算机构的登记作为客观判断依据，而下文所论之表决权信托效力依据乃以有限公司为模型。

　　表决权信托以股权为客体，依我国《公司法》第 86 条第 1 款之规定，股权的效力依据应是工商登记。而且我国《最高人民法院关于适用〈中华人民共和国公司法〉若干问题的规定（三）》又确立了股权善意取得制度，这使得我国工商登记的效力，似乎可与不动产之物权登记效力相对照。因此依现行法，我国表决权信托应以工商登记作为信托权利实现的表征依据。然而，笔者认为尽管同为权利外观基础，但工商登记并不能取得与我国的不动产物权登记相同的法律地位：

　　首先，两者的法律效力不同。我国《物权法》（已失效）第 9 条认定，不动产登记既是物权变动的基本公示方法，也是不动产物权变动的法律依据；而我国《公司法》第 86 条，尽管规定股东变更应当办理工商登记的变更，但其效力仅是对抗效力而非权利生效要件。换言之，工商登记的变动对股权变动而言，其对外的公示作用并没有取得公信力，因此在股权变动上学界素有内外效力区别的考察。

　　其次，两者的技术要求不同。建构不动产公信力的核心在于，保证记载内容的真实，与实际权属高度一致。为此，《物权法》（已失效）第 12 条甚至要求在权利申请者提供完整资料的同时，登记机构还有必要对不动产进行实地查看。而在《不动产登记暂行条例》及其实施细则中，亦详细规定了登记机构所应查验的主要内容。反观《公司法》第 86 条之规定，股权变更的工商登记仅仅涉及股东的姓名或者名称。而《公司登记管理条例》（已失效）针对股权变更的其他重要信息，比如股权变动的原因，股权有无权利负担等皆未有提及。2013 年为配合我国公司资本改革的深入，我国《公司法》又进一步简化了工商登记的事项，从而在事实上进一步弱化了工商登记的作用。因此，工商登记无法达到权利变动表征所需要的技术要求。

最后，两者责任承担不同。其实不动产公示乃是以国家责任为保障的行政行为，因此《物权法》（已失效）《不动产登记暂行条例》皆明确规定了登记机构的国家赔偿责任；而工商登记对申请人所提供的各项材料仅是进行形式审查，因此如果存在因登记内容错误而发生的权利损害，登记机构不承担任何法律责任。实际上，工商登记作为公司依法向政府审批机构或登记机构提供信息披露的重要方式，其仅承担将必要信息进行披露的义务。因此，工商登记的构建基础并不以公示公信力的实现为要求，也无法实现商事外观而应承担的功能。据此，工商登记是难以成为股权变更效力的表征依据的。

工商登记仅是股权变动对外效力的参考，其效力表征不能，为股权变动效力的内部表征文件，提供了制度功能得以彰显的理由。申言之，我国股权变动效力的表征，应以内部文件作为效力依据的客观判断基础。而前述《美国统一事业公司法》也规定，当表决权信托的第一张股票以信托名义登记时，则信托生效。该规定也视为美国法对上述观点的佐证。另外，《美国统一事业公司法》还规定，受托人应将受益人名单和表决权信托合同副本提交给公司主要机构。因此，上述法律规定所反映的事实逻辑是，公司股权的变动应当首先以内部效力的实现作为权利实现的判断依据。在此基础上，需要继续考察的问题是，公司股权变动内部效力的具体判断依据又是什么。[1]

---

〔1〕 吕红兵等编著：《公司法适用疑难问题通览——法律原理、观点、实例及依据》，人民法院出版社 2013 年版，第 265~269 页。

依现行公司法，具备股权内部效力表征功能的文件主要有股东名册和公司章程。相比较而言，公司章程更适宜成为股权变动的形式依据：其一，公司章程是由股东共同制定的规范公司行为的基本规则，是公司最为重要的法律文件；其二，依《公司法》第87条的规定，股权转让后，有关公司股权在公司章程中的修改不需要由股东会再另行表决。[1]申言之，将公司章程作为股权变动的形式依据，在内容与形式上都达到了成为表征依据的要求。然而，笔者以为，在多数情况下，以公司章程作为权利变动依据是适宜的。但是，由于表决权信托的特殊性，因此以股东名册作为表决权信托的权利变动依据更为妥当。详言之，依据公司法之规定，股权的变动乃与公司意思密切关联，因此公司章程的变化其实质体现的是公司表意的结果。而表决权信托之设立，则与公司意志并无直接关联，乃是股东与受托人双方意思表示一致的产物，故此公司章程难以反映这种法律关系的实质。

然而，表决权信托以股东名册作为权利变动的形式依据，其障碍在于我国长期对股东名册制度的构建不足。不仅现行《公司法》从未承认股东名册在股权变动中的重要地位，而且《公司登记管理条例》（已失效）亦未将其列入公司登记的必要条款。立法的不足直接导致，现实中公司未有置备股东名册的情况不在少数。因此，倘若未来我国要借鉴表决权信托制度，则修改完善现行股东名册登记制度是必要的。

考虑到股东名册制度的完善尚待时日，并且股东名册确实仅能反映权利变动对内效力，而其对外效力表征功能不如工商登记和公司章程。因此笔者建议，可将公证制度引入表决权信托权利生效的认定之中。因为表决权信托的权利变动主要以内部文件完成表征效果，且工商登记仅能形成对抗第三人的效果，因此表决权信托登记在对外的公示公信力上有所欠缺。而该信用缺失，可由公证加以弥补。申言之，在表决权信托权利的效力认定中，除了完成股东名册的变更外，可将表决权信托协议列入公证范围，以实现对外权利变动的表征。笔者认为，公证制度在股东名册制度尚未建

---

〔1〕 我国《公司法》第87条规定："依照本法转让股权后，公司应当及时注销原股东的出资证明书，向新股东签发出资证明书，并相应修改公司章程和股东名册中有关股东及其出资额的记载。对公司章程的该项修改不需再由股东会表决。"

立健全之时，其现实意义于表决权信托而言殊为重要。

　　另外，必须说明的是公众公司的表决权信托权利的实现，不仅需要完成公司股权在证券登记结算机构的登记，同时还应当完成受益人的表决权信托凭证在该机构的登记、备案，否则表决权信托凭证将无法实现在资本市场的自由流通。

　　总而言之，表决权信托作为意定信托，其核心是由当事人之表意行为构成制度赖以存在的前提。然而，必须明确的是，包括表决权信托在内的所有表意行为，其效力得以实现必须受到诸多法律法规的调整、控制，而绝非仅凭当事人的主观意志即可实现。历史上对意思自治放任造成的灾难，[1]使得我们应当警醒，意思自治原则并不是民法最重要的原则，它并没有取得优于其他民法基本原则的地位。因此，在表决权信托的设立过程中，应当对涉及限制当事人各方表意自由的强制性规范予以明确。唯有如此，当事人方能在法律许可的范围内，进行任意性规则的协商以及相互间权利、义务的调整与分配。

---

　　〔1〕　董安生主编：《新编英国商法》，复旦大学出版社 2009 年版，第 484～485 页。

第五章

表决权信托受托人之权利边界

如果本书第三章的结论之一，即信托受益人的受益权能够以剩余权的属性融入大陆法的财产权利体系，那么在表决权信托中，受托人的所有权与受益人的受益权之间，就各自权利义务如何划分的问题就成为新的理论压力存在。一方面，表决权信托若得以建立，则意味着公司绝对控股大股东的出现。然而，该大股东又仅为名义股东，实践中既可能存在公司代理成本问题，又可能存在对小股东的倾轧问题。因此，有必要在信托协议中，明确受托人之权利边界防止其权利滥用。另一方面，表决权信托受托人之权利获得，乃借由股东信托协议之授权，而设立信托的目的在于稳定公司经营、解决公司困境。可如若协议处处限制受托人权利，则委托人设立信托的目的又可能无法实现。总之，在表决权信托协议中，关于当事人权利、义务的划分属于任意法之范畴，同时也是信托目的得以实现的关键。其中，受托人所享有的相关权利的边界问题，更是上述问题中的核心与难点。

第一节　表决权信托受托人之一般权利与权利边界

公司股东与表决权信托受托人签署表决权信托协议，并办理表股权信托登记后，受托人即成为公司之名义股东，同时也是对公司具有绝对控制权的控股股东。因此，受托人可能会透过或直接或间接的影响力，决定公司董事会中的董事们应当做什么，不应该做什么。例如在著名的 Shepaug 一案中，受托人促成董事会们订立了一系列的建筑契约，这些契约是以受托人个人利益而非以受益人的利益为目的的。故此，康涅狄格州的法院认为，这项交易因违反信托目的而无效。[1]可见，若不对受托人权利给予适当控制，则不仅可能造成公司出现严重的代理成本问题，也会使中小股东的利益受到损害。有鉴于此，表决权信托的委托人（公司股东）在订立信托协议时，应当就受托人所享有的公司管理权的具体内容、权利范围与受托人进行积极协商。同时，协议还应当允许委托人对某些核心的股东权利予以适当保留。

一、表决权信托受托人之一般权利

（一）表决权信托受托人的公司管理权

受托人对董事会的控制，既可以体现在公司制定经营计划、投资方案之上，也可以体现在利润分配与亏损弥补之上。但依据我国《公司法》第66条第3款的规定，表决权信托中的委托人（股东）可以对其公司的管理权进行部分保留。[2]不过为实现信托目的，协议仍应当保障受托人对公司经营管理的全面控制地位。因此在委托人保留管理权方面，笔者以为尚有可资深入探讨的巨大空间。

1. 修改公司章程的权利

公司章程由设立公司的股东制定，是有关公司组织与运行规范的基本文件，主要调整公司与股东之间，股东与股东之间以及股东会、董事会、监事会等公司机关之间的权利分配关系，是公司设立的必备文件也是公司自治行为的重要依据。[3]关于公司章程的属性，我国学者曾有过不少研究。[4]但笔者比较赞同英国学者高尔的观点，即章程是公司股东、董事及高层管理人员之间订立的合同。[5]因为公司章程带有明显的自治性质，其虽由

---

〔1〕［美］阿道夫·A.伯利、加德纳·C.米恩斯：《现代公司与私有财产》，甘华鸣、罗锐韧、蔡如海译，商务印书馆2005年版，第242页。

〔2〕《公司法》第66条第3款规定，股东会作出修改公司章程、增加或减少注册资本的决议，以及公司合并、分立、解散或者变更公司形式的决议，应当经代表2/3以上表决权的股东通过。

〔3〕赵旭东主编：《公司法学》（第4版），高等教育出版社2015年版，第152页。

〔4〕周友苏：《新公司法论》，法律出版社2006年版，第196~199页。

〔5〕Paull. Davies, D. D. Prentice, *Gower's Principles of Modern Company Law*, Six Edition, London Sweet &Maxwell, 1997, pp. 120~122.

发起人或部分股东共同制定完成，但若含有不利于投资者之条款，则投资人自会用脚投票。因此，公司章程，特别是公司初始章程，体现了契约各方意思在表达上的自由、一致。

然而，股东制定好公司初始章程，仅是开启了公司长期关系合同的第一步。作为典型公司合同的公司章程，也具备不完备契约的诸多特征：其一，投资人个人的有限理性决定了，公司章程当事各方在签定时，无法预见公司运营过程中可能发生的一切；其二，公司外在环境的复杂性、不确定性，使得公司章程不可能包含所有与公司发展相关的条款；其三，公司信息的不对称、不完全以及契约激励约束机制的失灵，也会导致当事人不能对公司发生的偶发事件作出准确的应对方案。公司章程的这种不完备性，直接决定了它所应当具备的开放状态。公司参与各方应当审时度势，针对公司发展中的具体情况适时对章程进行增删修改，以回应公司各参与方变动不居的心理预期。据此，我国《公司法》明确规定了，公司股东会有权按照资本多数决原则，对章程进行修改。[1]

疑问在于，通过资本多数决对章程进行修改，明显不同于公司初始章程的制定。因为若投资者不满初始章程所订立之条款可直接拒绝投资，所以初始章程中侵犯股东利益的条款极为罕见。而对章程进行修改则不然，股东固有的理性冷漠，使得其通过用脚投票方式维护自身利益的成本大大增加，因此如果管理层通过修改章程实现其侵害股东利益的目的，恐怕多数股东即使有所觉察也极有可能会无计可施。不能否认的是，由表决权信托所创造出的绝对控股股东，更是加大了上述情形存在的可能性。受托人可能利用其控制地位修改公司章程、压榨其他股东，并将其谋取一己之利的行为合法化。换言之，资本多数决作为章程后续修改的重要条件，由公司合同的长期性、不确定性所决定。然而，对于表决权信托中后续章程的修改，鉴于信托受益人在章程修改过程中无法充分且及时地实现其表意自由，遭受受托人盘剥的可能性增大，在表决权信托协议中，应当明确以下

---

　　[1]《公司法》第66条规定："股东会的议事方式和表决程序，除本法有规定的外，由公司章程规定……股东会作出修改公司章程、增加或者减少注册资本的决议，以及公司合并、分立、解散或者变更公司形式的决议，应当经代表三分之二以上表决权的股东通过。"

公司章程条款或严格被限制选出，或即使可能被选出亦应当满足相当之条件。

第一，公司董事的信义义务不得选出。由于特拉华州法院在 1985 年的 Smith v. Van Gorkom 一案中对董事信义义务的解释太过严苛，于是特拉华州立法机关颁布了一项旨在减轻董事义务的法令。[1] 随后，又有一些州因担心在公司注册的竞争中进一步落败于特拉华州，遂亦通过法令允许公司章程选出董事义务条款。然而，安然事件的爆发，使立法者和经验丰富的法官对上述做法完全不能认同。[2] 将董事信义义务选出意味着，管理者能够毫无障碍地把经营风险转移给公司股东。而在表决权信托中，受托人极有可能既是名义控股股东又是公司董事，但其在信托中却并不享有信托利益，信托受益人才是公司风险的最后承担者。如果允许受托人在修改公司章程时将董事的信义义务选出，则意味着公司董事在经营公司时所应秉持的忠慎原则将难以适用于信托受托人。因此，表决权信托中的受托人如果修改公司章程，则不得选出董事信义义务条款。

第二，公司股东的投票机制不得选出。在我国无论是公众公司的"一股一权""同股同权"，还是有限公司须按出资比例行使表决权，本质上皆以资本多数决为股东的投票机制。然而，近年来在新兴科技公司中，双层股权架构方兴未艾。在实践中，更是存在公司管理层通过劝诱股东修改章程的方式而完成其实际应用。[3] 在表决权信托中，受托人虽然是名义股东却拥有绝对数量表决权，故此其亦有条件通过修改公司章程引入双层股权架构，以实现对公司控制权的进一步强化。笔者在前文已经述及，表决权信托中受益人（原股东）的股权与其表决权仅是暂时分离，而倘若受托人通过修改章程而将双层股权架构作为公司的表决机制，则无异于将受益人的表决权与股权完全分离。而且股东选择以表决权信托方式使公司脱困，

〔1〕　张开平：《英、美公司法上的董事注意义务研究》，载王保树主编：《商事法论集》（第 2 卷），法律出版社 1997 年版，第 345~346 页。

〔2〕　R. W. Hamilton, *The law of Corporations*, West Publishing Co., 1986, 302~305.

〔3〕　Gilson, Ronald J., Gordon & Jeffrey N., "Doctrine and Markets: Controlling Controlling Shareholders", U. PA. L. Rev., 785, 2003, p. 137.

其本身就含有没有完全放弃股权的初衷，因此若受托人通过修改公司章程而引入双层股权架构，显然同受益人的真实表意相冲突。

第三，公司董事会的构成不得选出。对于公司董事会构成的规定，根据我国《公司法》，在封闭公司中拥有较强的任意性，在公众公司中则强行性更为突出。依《公司法》以及《上市公司治理准则》的相关规定，股东会对董事的提名、董事更换的数量、独立董事的数量等事项均有决定权。而在表决权信托下，受托人对董事会的影响是决定性的，因此修改公司章程制造傀儡董事会的可能性极高。为避免此种局面的出现，其一，应当明确规定，在公司章程中修改董事会结构的规定属于无效行为；其二，委托人在信托协议中约定，将董事提名权、独立董事提名权予以保留。特别是将对独立董事的提名与任命的权利予以保留，以使独立董事更好地发挥对受托人的监督作用。

第四，考虑到公司和商业实践的不确定性，可以赋予受托人在具体修改公司章程其他事项时一定的灵活性。例如，我国《公司法》第22条规定了禁止公司控股股东实施关联行为。但控股股东的关联行为并不一定造成公司的损失，有时甚至还有可能大大降低公司交易成本。因此，法律明确规定，只有损害公司利益的关联行为才被禁止。在表决权信托中，受托人也会有类似情况的出现。比如，剥夺公司机会、自我交易、为他人提供担保等，上述情形是否全部作为禁止公司章程选出的事由值得商榷。笔者认为，就上述事项而言，应当可以随着市场环境的变化，而由委托人与受托人事前进行充分协商，事后由受益人与受托人随时进行适度调整。总之，对于其他不得选出的章程条款应与个案中的具体情形相结合后加以判断。

2. 发行新的权利凭证的权利

表决权信托实现公司控制权的方式是，股东将其股权信托给受托人，受托人凭借控股数量成为实际上掌握公司控制权的人。由于选择成立表决权信托的公司，主要是在事实上已经遭遇了经营困境的公司，因此作为公司实际控制人的受托人必然面临公司的融资问题。一般而言，企业资产负债表右侧的负债和所有者利益代表着现代公司融资的两种主要途径，即公司债券与公司股票。现代公司通过对其的成功发行，实现资本市场对公司的融资。

在表决权信托中，发行公司债券，对加入表决权信托的受益人（公司原股东）以及未加入表决权信托的股东而言，其压力主要是来自公司财务以及公司的剩余索取权。然而，由于公司本身剩余价值所剩无几，上述压力在有限责任的保护下可以忽略不计。而历史上的表决权信托，之所以能够设立并最终忝列于美国公司法之中，乃因受托人是取得公司债权人信任之人，甚至受托人往往就是由债权人从自己公司中直接选任的。因此，成立表决权信托，本身就意味着公司债券实际上已经存在发行的对象。所以在表决权信托协议中，委托人将发行公司债券的权利授予受托人，并不会存在理论与实践上的压力。

不过，作为所有权权益代表的公司股票，其发行能否由委托人充分授权则是值得深入讨论的问题。在表决权信托中，受托人所发行的应当是公司股票的替代品种，即表决权信托凭证。它既是受益人的权利凭证，也是表决权信托设立的依据。详言之，在表决权信托设立之初，表决权信托凭证作为与股权的交换凭证，其发行权利当然由受托人享有。但在表决权信托设立完成之后，委托人是否还应当将发行表决权信托凭证的权利让渡给受托人，或者更准确地说，委托人应当在多大程度上继续对该权利予以保留，是在信托协议订立时当事双方必须认真考虑的问题。

其实，受托人发行新表决权信托凭证的行为，本质上就是表明委托人是否允许新投资人加入表决权信托。客观上，倘若将发行新凭证的权利全权授予受托人，则势必由于公司股票数量的增加，而导致公司原有股东的相关权益被稀释；而如果不将发行新凭证的权利授予受托人，又会造成公司融资渠道狭窄以致信托目的无法达成。笔者认为，关于表决权信托凭证的发行权利能否授予受托人，所应讨论的实质是，发行新的表决权信托凭证是否会给信托受益人以及未加入信托之其他股东的相关利益造成不良影响。其实，发行新表决权信托凭证作为公司的重要融资手段，原则上委托人可以将该项权利授予受托人。但鉴于该行为可能对各利益相关方带来损失，因此委托人可以就凭证发行的数量提前作出安排。比如，美国《特拉华州普通公司法》明确规定，假如发行新股不超过股本总额的20%，则不需要由股东投票表决。[1]笔者以为，在表决权信托中，委托人授予受托人发行新的信托凭证的权利可以适当借鉴此条。唯如此，既能满足公司的融资需求，又能使信托受益人以及公司其他股东的股权稀释程度有所控制。

此外，关于受托人定向增发权利新股，受托人与受益人可通过协商来决定受益人能否享有优先购买权，以缓和股权稀释对其股权收益带来的可能的减损。笔者以为，在前文中提及的格力电器收购案中，如果格力电器在其方案中能融入公众公司的股权优先购买制度，或能缓解中小股东对管理层的敌意。[2]另外，还需要说明的是受托人增发优先股的情况。由于优先股本质上同债券十分类似，因此发行优先股主要是对公司财务带来压力。笔者认为，在表决权信托中，通过适当减少受益人的收益而获得资金的行为应当被容忍。因此，只要受益人获得受托人足够充分的信息披露，则受托人对外发行优先股的权利应当得到信托受益人的授权与支持。

3. 宣布或留存股息的权利

表决权信托受托人宣布或留存股息所反映的问题实质是，受托人是否应当及时给受益人、其他股东分配利润。然而，这个看似无可争议的问题实际上已经争议了近百年。在以美国公司法为代表的域外公司法中，公司将分配利润的权利交给董事会；而我国则同多数大陆法系国家一样，将公司分配利润的审议批准权交给股东会。不过在笔者看来，无论该项分配股权利益的决定由何人作出，公司利润分配的模式一直以来都是较为固定的。依据我国《公司法》第210条之规定，公司在缴纳税款、弥补亏损、计提公积金后可以分配股东利润。[3]而依据我国2006年修订的《企业财务通则》第50条的规定，法定公积金达到注册资本50%的可以不再提取，而任

---

〔1〕 徐文彬等译：《特拉华州普通公司法》（最新全译本），中国法制出版社2010年版，第50～54页。

〔2〕 陈绍霞：《格力电器：终止收购珠海银隆是明智之举》，载 https://xueqiu.com/1876614331/78114510，访问日期：2016年11月28日。

〔3〕《公司法》第210条规定："……提取法定公积金之前，应当先用当年利润弥补亏损。公司从税后利润中提取法定公积金后，经股东会决议，还可以从税后利润中提取任意公积金……"

意公积金的提取比例由投资人自由协商。[1]不难发现，在公司缴纳税款、弥补亏损、计提法定公积金之后，关于公司是否应当给股东分配利润的问题，我国会计实务是将其列入任意法的规则范畴中的。然而，由于我国《公司法》乃将股东资产收益权以法定权利定性，[2]由此便引发了实践中关于股息分配问题的诸多争议。

历史上，最为著名的侵犯股东利润分配权的案件，正是前文所提及的Dodge v. Ford Motor Co. 一案。在该案的判决中，法官明确了对股东分配利润不应施加任何限制的原则。[3]然而，在1930年的Barclay v. Wabash Ry 一案中，美国最高法院虽然没有将股东分配利润不应施加任何限制原则予以完全推翻，但至少也在相当程度上动摇了该原则。[4]在该案中，Wabash 铁路公司本来每年都有足够的利润对优先股股东分配，但其董事会宣布将在某一年为优先股股东分配股息之后，才开始对普通股宣布并分配其股息。而法院经过审理后认为，该方案有效。法院在随后的判决中，公布其认定的理由如下：尽管公司利润确已被赚取且的确未及时分配，但只要在以后的公司经营中有一年宣布支付股息，就可视为达到了对股东进行分配利润的要求。这一结论在美国最高法院的大法官之间引发了极大争议，其中汉德法官就明确表示，对公司股息的留存完全不合理。不过，汉德法官的意见最终也没有影响案件的最终裁判结果。

2000年针对公司章程能否选出公司利润分配的问题，也曾经引发我国学界、实务界的广泛讨论。和美国最高法院的最终结果不同，当时的我国多数学者认为该章程条款无效，只有少数学者认为股东分配利润乃任意法

---

[1]　《企业财务通则》（2006年修订）第50条规定："企业年度净利润，除法律、行政法规另有规定外，按照以下顺序分配：（一）弥补以前年度亏损。（二）提取10%法定公积金。法定公积金累计额达到注册资本50%以后，可以不再提取。（三）提取任意公积金。任意公积金提取比例由投资者决议……"

[2]　《公司法》第4条第2款明确规定，公司股东对公司依法享有资产收益、参与重大决策和选择管理者等权利。

[3]　Dodge v. Ford Motor Co. , 170 N. W. 668, 684（Mich, 1919）.

[4]　Barclay v. Wabash Ry, 30 F. （2d）260（C. C. A. 2d）1930.

范畴。[1]笔者一贯认为，变动不居的公司商业发展史，常常不断拓展着公司法的解释空间。正如笔者所言，事实上股东利润分配应属于任意法范畴。尽管目前在我国还没有对此给予认可，但是新兴互联网公司的大量出现，如亚马逊、Facebook（脸书）、微软等则不断提示我们在新兴科技行业中确认该规则的重要意义。而本书所论表决权信托，从表面看来，股东的受益权作为原公司股东最为重视的权利在信托架构中予以保留，似乎受益人应当更有动力保障该权利的实现。但受益权能否实现并非独立的理论问题，而应是根据公司实际境况作出通盘考量后，方能决定的事实问题。故此，笔者建议将宣布或留存股息的权利交由受托人，但同时应当对该权利进行必要限制：其一，同类股东之间利润的分配不可以存在方案上的具体偏差；其二，除非存在特殊的商业需求，否则不应当为某类股东的利息而留存股息；其三，为公司留存股息仅是对公司业务的考量，绝不可用于私人动机。

4. 处置公司资产的权利

我国《信托法》明确规定了受托人有权处置信托财产，[2]而通过表决权信托，受托人更是获得了控制股东的地位。因此，原则上受托人自应获得处置公司资产的权利。不过，毕竟受托人取得的是名义股东地位，且法律上也保留了受益人对受托人的财产管理方法进行调整的权利。[3]换言之，受托人究竟在何种程度上被赋予处置公司资产的权利，属于信托各方可以协商的范畴。

事实上，现代世界各国公司早已摆脱单纯通过买卖处置公司资产的方式，而是通过公司法的授权，使公司可以通过股票交换、资产并购等多种方式实现对公司资产的利用。只不过，在处置公司资产过程中极易引发争议的问题是，处置公司资产是否应当经过全体股东表决后方能实施。从近

---

[1] 蒋大兴：《公司法的展开与评判：方法·判例·制度》，法律出版社 2001 年版，第 331 页。

[2] 《信托法》第 36 条规定，受托人违反信托目的处分信托财产或者因违背管理职责、处理信托事务不当致使信托财产受到损失的，在未恢复信托财产的原状或者未予赔偿前，不得请求给付报酬。换言之，我国允许受托人在信托目的下，对信托财产进行处分。

[3] 于海涌主编：《英美信托财产双重所有权在中国的本土化》，中国政法大学出版社 2011 年版，第 120~121 页。

百年的发展实践来看，多数国家认可只要股东多数而非全部同意即可实现对公司财产的处置。[1]

伴随着公司规模的逐渐扩大，目前多数国家认为，处置公司资产时应当强调的是，只有对于公司资产处置数额达到"重大"标准，股东才有机会进行全面介入。另外，美国在 Windhurst v. Central leather Co. 一案中，为了实现对股东利益的保护，法院还为股东处置公司重大资产增加了公平原则。[2]所谓公平原则，即公司在出售公司资产时，该资产范围可以包括公司任何资产。而假如公司伴随有错误的行动，以致侵犯了其他公司股东的利益，则该处置公司资产的行为无效。申言之，管理层或控股股东在处理公司资产时，只有在公司各类股东的相关权益均被承认，且实质上得到保护的前提下，资产被处置的行为才有效。在此意义上，即使在表决权信托协议中约定，委托人或受益人将处置公司资产的权利授予受托人亦不必担心自身利益受损。因为假如有证据证明，受托人在处置财产时行为不当且非以公司全体利益为要，则受益人享有对该处置公司财产的行为予以撤销的权利。[3]

诚然，公司管理权中并非仅仅涵盖上述四项，还有诸如公司兼并、自我交易等未能进行深入讨论。主要原因在于，表决权信托目前仍是书本中的制度，在信托协议订立过程中，双方当事人如何博弈仅存在于笔者的头脑风暴之中。不过应当强调的是，表决权信托中受托人在行使其管理公司的权利时，应当以公司整体利益为宗旨而非以个人或公司内部团体利益为目标。

（二）表决权信托受托人的报酬请求权与求偿权

1. 表决权信托受托人的报酬请求权

在继受英美法系信托制度的过程中，我国的信托制度原则上是以民事信托作为规则设计的模型，因此《信托法》中设置了没有约定则受托人不

---

〔1〕　[日] 神田秀树：《公司法的理念》，朱大明译，法律出版社 2013 年版，第 150 页。

〔2〕　[美] 阿道夫·A. 伯利、加德纳·C. 米恩斯：《现代公司与私有财产》，甘华鸣、罗锐韧、蔡如海译，商务印书馆 2005 年版，第 278 页。

〔3〕　方家麟：《信托法之理论与实务》，中国政法大学出版社 2004 年版，第 147 页。

得收取报酬的规定。大法官塔尔博特爵士曾经指出，受托人、遗嘱执行人以及遗产管理人不能为自己付出的努力和辛劳取得报酬。[1] 在民事信托中，规定受托人不得获得报酬有其深刻的历史背景：一是，早期信托的受托人都是德高望重且十分富有。通常其没有必要通过信托为自身取得利益，再加上受托人对信托财产的管理也极其简单，因此也没有收取报酬的必要。二是，受托人从信托财产中收取报酬本身和忠实义务不太相容。受托人应当只能为了受益人的利益，而不能从信托中为自己谋利。三是，在信托中，如果本金受益人和收益受益人同时存在，则究竟受托人的报酬从何处取得极易引发争议。[2]

然而，大量商事信托的出现，改变了传统的受托人无报酬原则。在现代商事信托中，受托人实际上是信托财产的固定利益索取权人。同时，商事信托中的受托人在管理信托财产的过程中，被要求具备极高的专业素养、道德品质以及对公司事务管理的谨慎忠实，而这些注意义务与道德要求必然只有那些具备专业知识的人员方有可能达标。因此在商事信托中，受托人应当享有报酬请求的权利基础条件已经生成。而表决权信托作为商事信托的典型，其受托人比其他受托人所从事的事务更加繁杂，故此其应当被支付报酬。实践中，我国目前的信托品种以商事信托为主，因此事实上也很少有表意双方不就受托人信托报酬的具体标准进行深入协商。

此外需要说明的是，对于表决权信托受托人的报酬请求权，我国《信托法》并没有规定其具有优先性，只是在《信托法》第57条中规定，受托人在行使请求给付报酬的权利时，可以留置信托财产。依据我国关于留置权的相关规定，留置权的财产只能是动产。[3] 因此，有学者建议，应当赋予信托受托人报酬请求权优先地位，弥补由于现行留置权规定在实际履行时造成的实质不公。但有日本学者认为，不能一律对受托人的报酬请求赋

---

〔1〕 赖源河、王志诚：《现代信托法论》（增订3版），中国政法大学出版社2002年版，第141~142页。

〔2〕 谢哲胜：《信托法总论》，元照出版公司2003年版，第69页。

〔3〕《物权法》（已失效）第230条规定："债务人不履行到期债务，债权人可以留置已经合法占有的债务人的动产，并有权就该动产优先受偿。前款规定的债权人为留置权人，占有的动产为留置财产。"故此只有动产才能为留置财产。

予优先地位。因为职业化专家为受托人提供服务的这种报酬请求权，通常源自公司营业上的利益，因此缺乏优先于其他债权人从信托财产中得到清偿的理由。[1]上述理论在日本颇有影响，而且在新《日本信托法》中有所体现。[2]笔者认为，尽管日本学者的观点殊值借鉴，而表决权信托受托人的报酬也确实源于公司营业利益；但是，表决权信托受托人以管理公司事务为信托目的，所进行的并非一般的商业资金信托，其报酬请求权的内容与管理费用十分类似。所以，笔者认为，未来在引入表决权信托制度时，应当赋予该受托人报酬请求权优先性地位。

2. 表决权信托受托人的求偿权

依照我国《信托法》的规定，受托人在根据信托文件行使表决权的过程中，因处理信托事务所支付的费用，例如对第三人所负债务等，应当以信托财产承担。[3]而如果受托人以其固有财产先行支付，则可对信托财产享有优先受偿的权利。在一般商事信托中，可以将是否具备优先受偿性视为受托人的求偿权利与受托人的报酬请求权利之间的差别。但如前文所述，在表决权信托中，上述两种权利并没有这样的差别。

而关于受托人的求偿权尚有一系列问题值得思考：第一，求偿权优先性针对的对象是信托财产还是受益人的财产。我国《信托法》没有规定受托人有针对受益人的法定求偿权，因此，原则上受托人求偿权优先性应当指向的是信托财产。但从法理上看，受托人在处理信托事务过程中，所支出的费用和对第三人所负债务都是为扩大受益权而产生的债务，因此将受托人求偿权指向受益人财产似乎也具备相当合理性。但是日本信托法学者在关注该问题时，注意到，在商事信托特别是受益权的证券化中，受益人的受益权具备相当确定性与可转让性，而将受托人求偿权的优先性针对此

---

〔1〕［日］能见善久：《现代信托法》，赵廉慧译，姜雪莲、高庆凯校，中国法制出版社2011年版，第209页。

〔2〕《日本信托法》第49条第6项规定，受托人能从信托财产获得优先受偿的范围限于，"为各个债权人……的共同利益所支出的必要的、合理的和信托财产的保存、清算或分配相关的费用"。

〔3〕《信托法》第37条第1款规定，受托人因处理信托事务所支出的费用、对第三人所负债务，以信托财产承担。受托人以其固有财产先行支付的，对信托财产享有优先受偿的权利。

类信托受益权则势必大大降低信托受益权的流通性。[1]因此，新《日本信托法》规定，不允许受托人向受益人求偿。而本书所论的表决权信托，其受益人的信托凭证正是具备证券化特征的受益人财产，因此在引入该制度时，受托人求偿权的优先性对象亦不能指向受益人的财产。

第二，我国《信托法》规定，受托人在信托事务的管理过程中，以自身固有财产承担对第三人的责任的，可以对信托财产行使优先求偿权。但表决权信托的受托人与其他信托的受托人一样，既是自身固有财产的财产权人，也是信托财产的财产权人。理论上，受托人可以选择用固有财产还是信托财产来承担对第三人所负的信托债务。然而，对于第三人债权人在信托财产不足以清偿债务时能否请求受托人以固有财产清偿债务，我国《信托法》未予以规定。在英美信托法中，受托人因处理信托事务而产生的侵权责任或者其他合同责任，应承担相应责任。该项原则，一直以来都是信托法中不容置疑的基本原则，甚至无须再进行深入论证。但笔者在翻阅表决权信托的历史资料时发现，几乎所有的表决权信托协议都明确规定了受托人对第三人责任的有限性，即受托人乃以信托财产为限对第三人承担相应责任。换言之，表决权信托中受托人的第三人责任不能指向其固有财产。有学者将这种根本性改变，归功于《美国统一信托法》的示范和推动，[2]但笔者大胆揣测，《美国统一信托法》作出这种实质性变更的根本动力，极有可能是来自当时如日中天的表决权信托制度。值得说明的是，受托人对第三人承担个人责任的有限性原则，仅在类似表决权信托的商事信托中可以适用。至于能否同样适用于民事信托类型，笔者以为尚存在可进一步论证的空间。

二、表决权信托受托人的忠实、善管义务

关于受托人义务的规定，主要依据的是我国《信托法》第 25 条。根据该条规定，受托人应当为受益人的最大利益处理信托事务，学理上将之概

---

[1] 方家麟：《信托法之理论与实务》，中国政法大学出版社 2004 年版，第 147 页。
[2] 赵廉慧：《信托法解释论》，中国法制出版社 2015 年版，第 371 页。

括为受托人的忠实义务；同时，受托人管理信托财产时，必须恪尽职守，诚实、谨慎，学理上将之概括为受托人的善管义务，又称谨慎义务。[1] 严格意义上讲，我国信托法在受托人的忠实义务和善管义务方面所作的规定较为笼统、简单，仅是原则性的规定。因此，当受托人的一般义务规则适用于表决权信托的具体内容时，为避免出现理解偏差有必要进行详细区分。

（一）表决权信托受托人的忠实义务

受托人在执行信托事务的过程中，必须全部为了受益人的利益，不得从事利益冲突行为，该义务即为忠实义务。在忠实义务下，我国《信托法》第26条、第27条创立了两项基本原则，即受托人不得取得信托利益以及不得将信托财产转变为固有财产。[2] 问题在于，由于表决权信托设立在公司语境下，因此受托人乃以公司整体利益为信托目标，受益人利益只是其中需要考量的部分利益。故此，关于受托人忠实义务亦应当随着表决权信托的具体内容而作相应调整。

所谓受托人不得取得信托利益，是指除了信托文件有约定信托报酬之外，受托人不得因信托事务处理而取得利益。[3] 在表决权信托中，关于该项规定可能在认定上会遭遇难题。因为受托人有时会出现在身份上发生重合的情况，即受托人既是表决权信托的受托人同时也是公司的股东，而且有时还有可能是公司的高管人员，这样几乎受托人处理所有信托事务时，都可能涉嫌利用信托财产为自己谋利。历史上的受托人忠实义务，是在英国信托法历史上十分著名的 Boardman v. Phipps 一案中被正式确立的，在该案中，受托人的忠实义务被视为一种严格责任。[4] 但笔者认为，当时之所以出现如此严苛的义务，乃因彼时技术条件针对信托财产账户，根本无法实现对固有财产与信托财产的区分。但该问题早已随着计算机技术的普及而大为改观，

---

[1]《信托法》第25条规定："受托人应当遵守信托文件的规定，为受益人的最大利益处理信托事务。受托人管理信托财产，必须恪尽职守，履行诚实、信用、谨慎、有效管理的义务。"

[2]《信托法》第27条规定："受托人不得将信托财产转为其固有财产。受托人将信托财产转为其固有财产的，必须恢复该信托财产的原状；造成信托财产损失的，应当承担赔偿责任。"

[3]《信托法》第26条第1款规定："受托人除依照本法规定取得报酬外，不得利用信托财产为自己谋取利益。"

[4] Gary Watt, *Trusts and Equity*, 5th edition, Oxford University Press, 2012, p. 357.

目前受托人忠实义务的核心难点在于，受托人与受益人之间的利益冲突，即受托人利用自己地位对受益人的应获利益造成的侵犯。不过，表决权信托的制度本质是，受益人通过让渡其表决权以成立信托，其目的乃是使公司脱困。换言之，表决权信托自设立之初就没有仅以受益人的利益为目的，信托目的是以公司整体利益为出发点的。因此，表决权信托的受托人，倘若其管理公司行为之目的乃为公司整体利益考量，则只要事前经过受益人同意或授权，纵使有所侵犯受益人利益也属于合理范畴。其实，忠实义务在当代公司法中，也已经出现了缓和迹象。例如，我国《公司法》第22条明确规定了公司高管若从事关联交易乃违反忠实义务的典型行为。但该法条还同时强调，只有该行为已经形成对公司利益的危害时，才应当予以禁止。[1]而《信托公司管理办法》也规定，只有开展不合法关联交易才属违反受信人忠实义务。[2]总之，在公司语境下，由于受托人身份的复杂性、重合性，忠实义务的严格适用可能会不利于受托人对公司事务的管理。因此在表决权信托中，受托人是否违反了忠实义务，必须结合具体情况才能作准确判断。

而忠实义务违背的第二种行为，尽管相对容易判断，但是否应被一律禁止也值得商榷。所谓不得将信托财产转变为固有财产，主要是指受托人不得侵占信托财产。然而，无论在表决权信托中还是在其他信托中，受托人事实上都是信托财产的实际控制人。因此似乎只要想认定，受托人的这种侵占在理论上就毫无障碍，但是并非所有的占用都是侵占行为且都会造成信托财产的损失，比如，对自我交易禁止的认定，就一直处于这种难题之中。同受托人不得取得信托利益一样，受托人对信托财产的占有，是否一定构成法律意义上对信托财产的侵犯，是必须结合具体案件才能作出的判断。而如果缺乏相关具体的事实条件，甚至连法院也很难认定受托人的行为是否

---

〔1〕《公司法》（2023年）第22条规定："公司的控股股东、实际控制人、董事、监事、高级管理人员不得利用关联关系损害公司利益。违反前款规定，给公司造成损失的，应当承担赔偿责任。"

〔2〕《信托公司管理办法》第35条规定，信托公司开展关联交易，应以公平的市场价格进行，逐笔向中国银行业监督管理委员会事前报告，并按照有关规定进行信息披露。

构成对信托财产的侵占。

（二）表决权信托受托人的善管义务

我国《信托法》中，实际上未对忠实义务与善管义务予以明确区分，理论上学者将以注意义务为基础的"恪尽职守""谨慎"作为善管义务的核心内容。美国信托法理论将善管注意义务定义为，受托人对信托财产进行管理时应尽到的谨慎义务。[1]根据上述基本理论，笔者以为，表决权信托中的受托人的善管义务是指，受托人凭借自己的专业技能，对市场形势作出准确判断后，在进行公司事务管理时，所应当秉持的不低于处理自己事务的所应尽之注意义务。之所以如此，乃因表决权信托中委托人将其表决权赋予受托人，导致事实上形成了受托人对公司的控制权。这种对公司经营权的让渡是建立在对受托人品格和能力的双重信任基础之上的。故此在表决权信托的执行过程中，关于受托人的善管义务还应存在如下具体要求：

第一，受托人应当亲自管理信托事务。我国《信托法》第30条规定，受托人应当自己处理信托事务，一般情况下，不得委托他人代为处理。[2]不过，假如信托文件另有约定或者受托人有不得已事由，可以委托他人代为处理。[3]然而，笔者以为在表决权信托中，应当严格履行受托人亲自管理信任事务的原则。因为表决权信托乃信托运用于公司语境，受托人的选任除了与原公司股东签署信托协议，实际上还涉及债权人等利益相关人员的认可。因此，其与一般信托受托人承担的普通事务管理相比，技术性和复杂性更甚。当然，受托人如果发生确如法律规定的不得已的事由时，参照美国表决权信托制度可以通过指定多位受托人，并且明确新任受托人选任顺序的方法来应对。[4]总之，表决权信托对受托人亲自管理公司事务的原则十分坚持。

---

〔1〕Jill E. Martin, *Modern Equity*, 17th edition, Sweet & Maxwell Ltd, 2005, p. 561.

〔2〕《信托法》第30条规定："受托人应当自己处理信托事务，但信托文件另有规定或者有不得已事由的，可以委托他人代为处理。受托人依法将信托事务委托他人代理的，应当对他人处理信托事务的行为承担责任。"

〔3〕Jill E. Martin, *Modern Equity*, 17th edition, Sweet & Maxwell Ltd, 2005, p. 561.

〔4〕Harry A. Cushing, *The Voting Trusts: A Chapter in Recent Corporate History*, The Macmillan Company, 1927, p. 219.

第二，受托人应当对信托财产给予分别管理。信托财产的独立性，决定了受托人必须按照《信托法》第29条的规定，将信托财产与固有财产分别管理、分别记账。[1]在表决权信托中，受托人的分别管理义务殊为重要，特别是当公司分配股权收益时，尽管表决权信托中的受益人可以凭借信托凭证取得股权收益，但受托人作为公司管理层，其分配股权利益的对象并非仅有受益人，还应当包括没有参加信托的股东，甚至有时还会包括优先股股东。另外，基于受托人身份的复杂性，很有可能其自身也是信托受益人，也需要参与股权收益分配。总之，通过受托人分别管理义务的实现，表决权信托账户可以将各种相关财产明确区隔，从而能够有效防范受托人对受益人利益的不当侵占。

第三，受托人共同管理时的共同责任。表决权信托中由于股东人数较多，因此受托人数量普遍为3人以上，而事实上，这些受托人可能由同一家信托公司委派。当多名受托人以公司董事身份出现在公司中，他们对公司事务的处理并非由任一受托人决定，而是由所有受托人共同决定。

具言之，在一般情况下，受托人在处理公司事务时，应当依照公司董事会议事规则，即一人一票，多数人意见为主的表决方式共同行事。不过，受托人也可以按照信托协议的规定，对某些公司的具体事务进行分别处理。应当明确的是，无论是共同处理公司事务，还是分别处理公司事务，全体受托人对上述事务的后果共同承担责任。另外，公司董事会除受托人外还有其他成员的，受托人可以成立受托人委员会，作为表决权信托的专门议事机构。但该机构并非公司必设机构，公司事务的执行机关仍是董事会。

在公众公司的董事会成员中，除了受托人，还应当有独立董事。正如前文所言，笔者认为对于提名与选任公司独立董事的权利，受益人应当予以保留。因为独立董事可以对受托人信托文件的执行进行有效监督，而当受托人与独立董事意见无法达成统一时，也可以提出交由受益人委员会进行裁决的要求。而受益人委员会则可依据信托协议的目的，对公司事务的

---

[1]《信托法》第29条规定："受托人必须将信托财产与其固有财产分别管理、分别记帐，并将不同委托人的信托财产分别管理、分别记帐。"

管理享有最终解释权。

可以说，表决权信托受托人的忠实义务和注意义务虽各自具有不同的特点，但共同确保信托管理的顺利实现，因此两种义务可以说是承担信托这辆马车的两轮。而在这两轮之间还存在两种义务，即受托人提供信息的义务和受托人的公平义务，该两项义务是受托人忠实义务和注意义务的润滑剂。受托人提供信息的义务是指，表决权信托成立后，受益人无权干涉信托事务的具体执行。但为了保护受益人利益，法律赋予受益人了解受托人处理信托事务、查询受托人信托文件的权利，并明确规定受托人不得设置障碍。甚至美国《特拉华州普通公司法》还规定，受益人因查阅、复制表决权信托协议以及相关文件所产生的费用由受托人承担。[1]

而关于受托人的公平义务则是指，在同一表决权信托中，可能会存在不同受托人的情形，公司原股东会根据自己的判断选择合适的股权受托人，这样在同一表决权信托中，可能会形成多个表决权受益人团体。受托人的公平义务要求受托人不仅在受益人团体内部对受益人公平对待，而且对受益团体外部不同受益人团体中的受益人也不得差别对待。针对受托人的公平义务，笔者以为还应当强调的是，对于未加入表决权信托的其他股东，受托人亦不得歧视也要采用公平原则予以对待。尽管他们并非信托受益人，但受托人在公司中的控股地位以及董事的身份，都决定了其对上述股东也存在信义义务。

总之，无论是忠实义务还是善管义务，无论是提供信息的义务，还是公平义务，均是受托人必须遵守的行为范式。如果受托人突破了上述行动底线，则必会承担相应责任，自不待言。

三、表决权信托受托人违反义务的后果

第一，违法所得的归入。表决权信托受托人，乃是为公司整体利益管理信托财产的。因此，除了取得约定报酬，以及《信托法》第 28 条规定的

---

[1]　徐文彬等译：《特拉华州普通公司法》（最新全译本），中国法制出版社 2010 年版，第 90 页。

可以保留的部分利益之外，[1]如果受托人因为自我交易、关联交易而获得相应收益，且上述交易受益人不知情，则该交易之所得属于非法侵占或侵犯受益人利益的收入，应当由受益人取得。需要注意的是，不仅受托人利用信托财产取得的利益（信托报酬除外）可以成为归入对象；那些因管理信托财产而获得的信息和机会，只要被受托人不当使用的，其交易所得利益也应划归归入权范围。

第二，违背信托目的行为的撤销。受托人通过向第三人处分信托财产，而向自己或者第三人输送利益的，该行为会因违背信托目的被受益人提起诉讼，最终由法院撤销该受托人管理公司事务的行为。不过，有学者认为违背信托目的行为的撤销权，不但应赋予受益人，而且未参与表决权信托的股东亦应有此权。其原因在于，该违背信托目的的行为同样侵害股东利益。[2]笔者以为该观点不妥，其混淆了信托与公司这两种不同的法律关系。诚然，违背信托目的的行为也可能损及未加入表决权信托的股东利益，但由于诉请撤销的行为乃是受托人的行为，因此其提出者只能是受益人。不过，未加入信托的其他股东也并非完全没有救济途径。只不过，其应当提出诉讼的依据是公司董事的信义义务，而非受托人的信义义务。

第三，受托人造成损失的损害赔偿。依据《信托法》第27条，无论是受托人将其固有财产与信托财产进行相互交易，还是受托人将其管理的信托账户下的财产进行相互交易，[3]原则上都应当遵循恢复原状原则的优先适用；若不能恢复，则受托人才对受益人的信托财产损失加以赔偿。

第四，受托人的资质被否定。表决权信托受托人之所以能够取得公司的实际控制权，乃因委托人、债权人对其专业技能的肯定与信任，因此若违背该信任的受托人还应承担资格责任。具言之，其一，委托人或受益人

---

〔1〕 依据我国《信托法》第28条的规定，受托人不得将其固有财产与信托财产进行交易或者将不同委托人的信托财产进行相互交易，但信托文件另有规定或者经委托人或者受益人同意，并以公平的市场价格进行交易的除外。申言之，在上述交易下的经营所得可作为受托人约定的报酬不必被归入。

〔2〕 雷晓冰：《表决权信托制度研究》，华东政法大学2007年博士学位论文。

〔3〕 《信托法》第27条规定："受托人不得将信托财产转为其固有财产。受托人将信托财产转为其固有财产的，必须恢复该信托财产的原状；造成信托财产损失的，应当承担赔偿责任。"

若对受托人的工作能力给予否定,则可经过受益人委员会解除受益人对受托人的聘用;其二,依据《信托公司管理办法》,若受托人违背信托义务造成严重后果,[1]还可由原中国银行业监督管理委员会依法取消其从业的资格,并且对直接责任人还可能做进一步处理。当然,上述违反信托义务的最终后果,应当结合受托人的具体行为作出相应判断。

四、表决权信托受托人的"经营判断规则"

在探讨表决权信托受托人的注意义务时,必须提及美国信托法上的受托人谨慎规则。该规则的具体内容是,由于现代社会中的商事信托受托人多有投资权限,因此一般不允许受托人从事过分冒险的投资行动。然而,表决权信托中的受托人,实际上可能既是公司股东,同时也是公司资产的实际控制人,其信托权限要远大于一般商事信托受托人。一方面,受托人的谨慎规则,要求受托人管理公司事务时应当慎重且经过深思熟虑;另一方面,商业环境变化快速,商业机会稍纵即逝,公司整体利益的最大化必然要求受托人为公司积极行使管理公司的各项职能。作为公司管理层,如何保证受托人免受所谓受托人注意义务的不当苛责,是表决权信托中无法回避的问题。笔者以为,该问题的本质是,关于受托人的经营责任需要在市场与法律之间寻求新的解释,而美国的经营判断规则可以有效缓解该问题。

最早提出经营判断规则的领域是公司法,由于管理层的判断失误而造成公司损失的,管理层应否承担赔偿责任是长期困扰美国公司法各界的难题。[2]一方面,公司合同都是长期合同,公司持续经营有利于公司成长,而如果因经理层一时经营不慎就中止公司经营、更换管理层,未必比由原管理层继续经营对公司更为有利;另一方面,正如弗兰克·伊斯特布鲁克和丹尼尔·费舍在其书中的设问,法官几乎可以在各种复杂案件中做出精妙判断,但在判断公司管理层管理公司事务是否得当面前却犹豫再三,乃

---

[1] 笔者认为,由于表决权信托中的受托人可能是由信托公司委派,因此如存在受托人违背信托义务的情形,则应当考虑适用《信托公司管理办法》第 61 条之规定,即先行处理信托公司。

[2] Solomon, *Corporations*: *Law and Policy*, 3rd, ed., West Publishing Co., 1994, pp. 695~696.

因其无法准确探明管理层经营之得失。[1]详言之，一项商业决策往往在可能赢得相当利润的同时，亦面临着风险的增加。再加上法院往往仅能进行事后审查，这无疑增大了法官的判断难度。有鉴于此，美国特拉华州最高法院的法官总结出，以庇护公司管理层为目标的经营判断规则，即公司董事在作出经营决策时，应当以熟悉情况为基础、怀有善意，并且真诚相信采取的行动符合公司最佳利益……在没有滥用裁量权的情况下，法院将尊重董事们的经营判断。如果推翻该规则，则举证责任在原告。[2]笔者认为，表决权信托受托人的地位与公司董事类似（多数场合下两者身份是重合的），因此可以将经营判断规则适用于对受托人行为的判断上。尽管该规则可能导致受托人免于信托责任的严格审查，但公司语境的复杂性和不确定性决定了信托受托人的稳定将更有利于公司的长远利益。因此，经营判断规则正是在衡量各方利益之后做出的理性选择。

第二节　表决权信托变更中的受托人的权利边界

一、表决权信托变更的含义

表决权信托关系和其他任何法律关系一样，有其产生发展变更乃至消失的过程。广义上的表决权信托的变更，包括信托目的的变更、信托当事人的变更以及信托条款的变更。但笔者以为，表决权信托的变更应当在狭义范围内使用。因为前文已述，信托成立中唯信托目的合法，仍在信托效力环节发挥实质作用。因此，信托目的是信托成立的前提，也是受托人行为是否妥适的最终判断。申言之，信托目的的变更标志着，一个信托的终止和另一个信托的开始。而本书此处所论之表决权信托并不涉及信托的这种根本性的变更，所以笔者将表决权信托变更的具体含义限缩于狭义范围。

---

〔1〕　Frank H. Easterbrook & Daniel R. Fischel, *The Economic Structure of Corporate Law*, Harvard University Press, 1991, p. 94.

〔2〕　[美]罗伯特·W. 汉密尔顿：《公司法概要》，李存捧译，刘李胜校，中国社会科学出版社 1999 年版，第 277 页；罗培新：《公司法的合同解释》，北京大学出版社 2004 年版，第 216 页。

其具体包含两个方面的变更：其一，表决权信托当事人的变更，由于表决权信托是自益信托，故其当事人的变更是指受托人和受益人的变更；其二，是表决权信托条款的变更，在大多数情况下指的是，信托财产管理方法的变更，包括受托人管理和处分信托财产权限的变更。而表决权信托的变更原则，在一般意义上应遵循当事人意思自治的原则。换言之，涉及表决权信托具体变更的要求、方法的，协议各方可进行协商并列入表决权信托协议之中。当然，协议没有就变更作出约定的，大陆法系国家一般将变更协议的权利赋予委托人；而英美法系国家则是由法院变更，我国《信托法》遵循了大陆法系国家的传统做法。不过，考虑到委托人可能出于某种原因会出现缺位的情况，因此我国《信托法》对受益人也赋予了信托变更权。但是，关于表决权信托的变更，最为核心的问题还是表决权信托受托人所享有的变更信托的相关权利。

二、表决权信托当事人变更中的受托人的权利边界

表决权信托当事人的变更，主要涉及的是受托人和受益人的变更。关于表决权信托受托人的变更方式，包括受托人的解任、受托人的辞职，而不包括受托人的转委托。缘何当事人的变更将转委托的情形排除，前文已在受托人注意义务中完成论证，此处不再赘述。而受托人的解任，乃是由于受托人违反了信托的忠实义务、善管义务，而被委托人或受益人解除了受托人的权限，因此并不属于受托人的权利范畴。由上可知，在表决权信托受托人的变更当中，唯有辞任属于受托人的权利。

我国《信托法》第38条规定了信托受托人的辞任权。[1]因此在现行法律规定中，受托人的辞任仅需经过委托人和受益人的同意。但笔者认为，在表决权信托中该规定有画蛇添足之嫌。因为表决权信托受托人所需专业能力甚强，他需要承担繁重的公司运作经营，若无足够能力岂非将公司引入歧途。故倘若受托人经过判断予以辞任，应当对各方都是理性选择。所

---

〔1〕《信托法》第38条规定："设立信托后，经委托人和受益人同意，受托人可以辞任。本法对公益信托的受托人辞任另有规定的，从其规定。受托人辞任的，在新受托人选出前仍应履行管理信托事务的职责。"

以在表决权信托中，受托人的辞任并不需要经过委托人或受益人的同意。而翻阅美国表决权信托的历史，即可发现此为常例。只不过，受托人的辞任必须以书面形式向受益人委员会提出。同时，协议还会要求在新的受托人选任之前，原受托人可暂时管理公司相关事务，否则造成的损失将由受托人承担。[1]

另一种表决权信托当事人的变更是关于信托受益人的变更。回顾表决权信托的设立过程，在公司股东移交其股权的同时，受托人会向公司股东发行表决权信托凭证，作为其信托权益的凭证。此时受托人成为公司名义股东，原公司股东成为信托受益人。因此，表决权信托受益人的变更，在事实上存在两种情况：其一，受益人退出表决权信托；其二，受益人的表决权信托凭证变更。从理论上看，作为意定法律行为，似乎在表决权信托中，无论是加入信托还是退出都应当属于当事人之自由意志可以决定之事项。笔者以为，就受益人表决权信托凭证的变更而言，由于表决权信托凭证是受益人的收益凭证，赋予其流通性不仅不会对表决权信托的设立产生影响，而且其有效流通实际上还能形成资本市场对受托人公司管理效果的直接反馈。因此，受益人表决权信托凭证的变更与受托人无关，应当容许受益人信托凭证自由变更的权利。

而受益人退出表决权信托，实际上意味着受益人将信托给受托人的股权份额移出。此事关信托之效力问题，考虑到信托设立的根本目的，故不能赋予受益人此种自由。具言之，一方面，表决权信托的设立有数量要求，正如笔者在前文所述，表决权信托是实际上制造出一个公司控股股东，要实现该目标其控制的股权份额不得少于67%。而如果任由受益人从信托中移出其股权，则将对已经生效的表决权信托产生无法挽回的影响。另一方面，表决权信托的最根本优势正在于管理层对公司政策的稳定执行，该优势亦要求受托人掌握足够的股权份额。总之，信托受益人的变更，主要是指信托凭证的自由流通，而不是受益人的任意退出信托。有学者担心表决权信托凭证的流通问题，因为这是涉及我国现行《证券法》的技术性规定。

---

[1] Simon E. Baldwin, "Voting Trust", *Yale Law Journal*, 24 (10), 1891, pp. 445~467.

笔者以为，未来在我国《证券法》修订之时，调整我国现行关于证券品类的规定便可解决这一问题。

三、表决权信托管理方法变更中的受托人的权利边界

表决权信托财产的管理方法，是表决权信托协议中最为重要的条款之一。在信托文件中，原则上应当由当事双方协商而定，有点类似于公司重整计划的方案。但事实上，在大多数情况下这种约定常常无法适应经济形势的发展。因此，从美国表决权信托发展的历史上看，极少当事人将表决权信托的管理方法详细地列入表决权信托的协议之中。从信托立法来看，不论是《美国信托法重述》还是我国《信托法》，均没有将表决权信托管理的方法列入信托协议条款的必要条款之中，而仅是将其列入选择条款。既然表决权信托管理方法如此重要，却缘何未将其列入必要条款？既然协议当中未有列明信托财产的管理方法，又何谈变更呢？

笔者以为，正是因为在公司语境下，表决权信托财产的管理方法会随着经济形势的发展而变化，因此受托人是凭借其专业的知识和技术经验，根据公司、市场的具体情况自行确定信托财产的管理方法的。申言之，由于表决权信托财产的管理方法处于随时调整状态，受托人自然拥有适时调整具体管理方法的权利。不过，对于受托人的调整权利并非没有法律限制。我国《信托法》第21条即列有明确且具体的规定。[1]上述法条也表明，虽然受托人在管理公司事务时，拥有适时调整具体管理方法的权利，但同时《信托法》亦将该权利分配给了委托人、受益人。换言之，委托人和受益人既可以参与到信托管理方法的具体制定中，也可以对受托人调整具体信托管理的方法进行有效监督。

近年来我国有学者提出，日本、韩国出现了将调整信托财产的方法赋予法院的立法倾向。[2]但笔者以为，从日本、韩国信托法的具体规定来看，

---

〔1〕《信托法》第21条规定："因设立信托时未能预见的特别事由，致使信托财产的管理方法不利于实现信托目的或者不符合受益人的利益时，委托人有权要求受托人调整该信托财产的管理方法。"

〔2〕 徐孟洲主编：《信托法》，法律出版社2006年版，第129~130页。

该规定的核心是受托人与受益人在管理信托财产的方法上发生了根本分歧，因此才需要由法院来作裁定。该立法思路在未来我国引入表决权信托制度时殊值借鉴，但却不能表明法院能够直接对信托财产的管理方法造成影响。

第三节　表决权信托终止中的受托人的权利边界

一、表决权信托终止的事由与受托人的权利边界

我国《信托法》第53条规定了信托终止的六项具体事由。[1] 表决权信托作为信托具体类型中的一种，原则上也应当适用《信托法》中关于信托终止的相关规定。不过，就表决权信托终止的事由而言，除了上述法定事由，还应当包括表决权信托期限的规定。前已述及，在笔者看来，美国公司法中表决权信托的存续期限于现代公司而言，明显存在过长的问题。因此笔者建议，我国在引入表决权信托制度之时，应放弃美国公司法之规定，而将表决权信托的最长存续参照适用我国公司董事的相关规定，即表决权信托的最长期限不得超过6年。

此外，无论信托终止事由的具体内容是什么，我国《信托法》未规定受托人有自行宣告信托终止的权利（宣言信托除外）。它们或由当事各方的表意自由而定，或由法律明确规定。因此，受托人因自身原因而提出辞任受托人的，并不构成表决权信托的终止。这一方面，由信托财产的独立性决定；另一方面，也与信托目的尚未实现有关。同样的道理，受托人的被解任，也仅仅能引起受托人的重新选任，而绝不会引发表决权信托的终止，不能成为信托终止的事由。总之，受托人辞任与解任受托人都只能导致受托人的重新选任，而不是信托的终止，这也是由信托财产的独立性和表决权信托的稳定性共同决定的。

---

[1]《信托法》第53条规定："有下列情形之一的，信托终止：（一）信托文件规定的终止事由发生；（二）信托的存续违反信托目的；（三）信托目的已经实现或者不能实现；（四）信托当事人协商同意；（五）信托被撤销；（六）信托被解除。"

二、表决权信托终止后的受托人的权利边界

表决权信托终止后，表决权信托的法律关系归于消灭，它将涉及信托财产的归属、信托的暂时存续以及受托人的清算。具言之，表决权信托关系终止后，受托人应当向受益人归还公司股权，并完成公司新的股权凭证的制作和发行。同时，表决权信托的受益人也应当归还其表决权信托凭，由受托人统一收回后予以注销。如果还涉及上市公司的表决权信托凭证，则还需要由受托人牵头完成在证券登记结算机构的注销登记。申言之，表决权信托终止后，除非公司破产清算，否则公司并不会出现一般信托中的剩余财产归属争议问题，这是由表决权信托的自益属性决定的。

当然，在表决权信托终止后，信托财产完成各种交接移转手续之前，信托的清算和表决权的交付在客观上均需要经过一段时间。在此期间，为了维护信托财产权利归属人的利益以及保证信托清算的顺利进行，可以视信托仍暂时存续。同时，在表决权信托的暂时存续期间，仍由受托人实际掌握清算的信托财产，享有清算权利。不过，对于因管理信托以及清算事务所支出的必要费用，受托人可提出对信托财产优先求偿的要求，其范围由信托财产的实际数额确定。

还有学者提出在信托清算期间，如果有第三人向受托人提出实现债权，受托人应当满足。笔者以为，倘若第三人是受托人的个人债务引起，则受托人不得以信托财产为其赔偿；而倘若第三人是因表决权信托事务的执行而导致，则受托人有义务为其清偿。但此权利能否实现则还要参考剩余财产的数量以及有无其他的在先权利。清算工作完成后，表决权信托受托人还应当向公司股东（原受益人）制作清算报告，并由公司股东签字并确认。

综上所述，本部分的作用在于，通过明确受托人在表决权信托协议中的权利、义务和责任，进一步夯实表决权信托的技术理论基础。阿道夫·A. 伯利和加德纳·C. 米恩斯在其著作中就曾提示，通过表决权信托获得的公司控制权，其形态有别于其他合法控制权，（因为）它是固定的、界限分

明的、无法转让的，并且附带明确而易于辨识的责任。[1]固然，该评价中难免有作者夸大的成分，但直至今日表决权信托仍可留存于美国多数州的公司法之中，也足见其强大的生命力。必须明确的是，针对公司制度中的任何问题都不可能会存在一种一劳永逸的解决方法，表决权信托也是如此。特别是受现行公司法律制度的限制，在实践操作中，我国目前还不曾出现过真正意义上的表决权信托。所以在研究、借鉴该制度的过程中，还需要深入了解该制度可能导致的陷阱与危害，并对这些问题的预防作出相应的适当解释。

---

　　[1]　[美]阿道夫·A. 伯利、加德纳·C. 米恩斯：《现代公司与私有财产》，甘华鸣、罗锐韧、蔡如海译，商务印书馆 2005 年版，第 88 页。

信托制度之所以仍备受赞誉，主要原因是其对财产权利的灵活运用。经过信托架构改造后的财产权利，就如同给人类利用财富、创造财富的想象力插上了翅膀。这一点在表决权信托制度中也得到了印证，在信托的架构下，股东的表决权成为与公司控制权密切关联的弹性权益。而依托股东信任获得公司实际控制权的受托人，则凭借其专业能力使公司在经营效率和融资能力上都获得大幅提升。但是必须强调的是，包括表决权信托在内的各类信托类型尽管以灵活著称，但也绝非没有制度缺陷。就本书所论之表决权信托制度而言，回顾其发展历史就不得不注意到，无论在制度产生之初，还是法律对其承认之时，都曾围绕制度可能带来的风险进行过数次异常激烈的争论。而表决权信托最终在美国式微，也与上述激烈争论不无关系。因此历史的经验和教训足以说明，如果不对表决权信托的制度风险、制度陷阱详加讨论，则势必导致不公平的后果。职是之故，我国若引入该制度则应当对其可能带来的不利影响做充分预估。当然，或许笔者关于该问题的思考未必周全，但至少也是一种警示。

第一节　表决权信托的制度局限性之一：垄断工具及其防范

表决权信托是通过将原本分散的股份集中于受托人来实现其对公司的实际控制的。在表决权信托发展早期，它主要用来解决铁路公司面临的大面积债券违约问题。但随着制度向纵深发展，为突破美国当时公司法上公司之间不能相互持股的规定，表决权信托被塑造成收购、兼并公司的重要工具。[1]

19 世纪末，美国经济走上快车道，而生产力的快速发展导致行业之间形成激烈的竞争。各行业为避免竞争带来的损害，纷纷开始扩大自己的经营规模以达到保护自己的目的。最典型的例证就是，1882 年由洛克菲勒标准石油公司牵头设立的美国标准石油信托公司（Standard Oil Trust）。当时为了规避美国公司法上公司之间不能相互持股的规定，洛克菲勒听从了美国著名律师塞缪尔·多德的建议。针对洛克菲勒以及他的 9 个同盟者的总计 46 家石油企业，塞缪尔·多德设计出的表决权信托是将上述公司的全部股份由美国标准石油信托公司获得。表面上看似独立的 46 家企业，实际上是受美国标准石油信托公司意志的统一支配。[2]这种表决权信托的使用方式在给利用者带来巨大收益的同时，也促使表决权信托发展成为一种重要的企业并购形式，从而再次获得了极大的发展。

但是很快企业间的并购就发展成了行业的垄断，继而给美国经济带来了严重的后果。具言之，在表决权信托架构支持下，企业的快速膨胀在给行业带来巨额财富积聚的同时，也使得行业的发展快速且集中，然而，获得垄断地位的企业也开始获得将同行业的其他企业排除于市场竞争之外的能力。借由垄断带来的不公平竞争，一直以来都是美国政治、经济、文化当中极力避免出现的价值取向，因此垄断是美国人非常讨厌的东西。[3]无论是在普通人眼里，还是在法学家眼里，垄断一词总是会和欺诈联系在一起。而对于作为垄断行为的法律架构的表决权信托制度，人们也逐渐开始对其产生严重的负面评价。例如，霍姆斯法官在由其审判的 Brightman v. Bates 一案中就认为，掌握公司控制权的控股股东，所做的任何将其股份捆

---

[1] 崔之元：《美国二十九个州公司法变革的理论背景》，载《经济研究》1996 年第 4 期，第 35~40、60 页。

[2] 王丽萍：《论美国法上的"表决权信托"及对我国的借鉴意义》，对外经济贸易大学 2003 年硕士学位论文。

[3] Marco Becht & J. Bradford DeLong, *A History of Corporate Governance Around the World*：*Family Business Groups to Professional Managers*, University of Chicago Press, 2005, p. 619.

绑在一起，以确保其不丧失公司的控制权的尝试都十分值得质疑。[1]结果，本来在美国经济史上具有重大贡献的表决权信托，就被人们认为是垄断企业压制自由竞争、维持独占市场的一种十分盛行的方式。而后世也将以这种方式成立的企业，统一以"托拉斯"（Trust）命名。而当表决权信托总是和垄断联系在一起的时候，人们就对表决权信托"不得不持有一种怀疑的态度"，于是表决权信托就开始成为一个"不幸的名字"（an unfortunate name）。[2]从19世纪90年代开始，美国各州逐渐制定反垄断法，作为实现垄断的重要途径——表决权信托架构，也难以摆脱被限制甚至禁止的命运。[3]

笔者以为，我国在引入表决权信托制度时，也应当对该制度可能造成的行业垄断进行有效预防。例如，当公司进行表决权信托架构设计时，如果可能构成行业垄断，则有关部门可以对其适用我国《反垄断法》的相关规定，对公司是否涉嫌垄断进行审查，以预防公平竞争的市场环境被破坏。不过需要明确的是，经过数十年反垄断法理论的发展，仅仅是具有市场支配地位，或者经营者集中，都不应是行业垄断的判断标准。具言之，依据我国现行《反垄断法》第27条的相关规定，在某些已经构成经营者集中的情形下，尽管公司已经拥有市场相当份额，但国务院反垄断执法机构仍然会认可这种经营者集中企业的存在。[4]申言之，并非所有由表决权信托带来的经营者集中，都会被认定为垄断。只有该公司同时存在滥用市场支配地位的情形，则信托架构才会被划归为应当加以防范的垄断范畴。因此，我国《反垄断法》在事实上，为我国表决权信托的引入创造了积极条件。

此外，《反垄断法》第27条的规定也提示我们，预防垄断的根本目的

---

〔1〕　Maurice Finkelstein, "Voting Trust Agreements", *Michigan Law Review*, Vol. 24, 1926, pp. 344~369.

〔2〕　Gary D. Berger, "The Voting Trust: California Erects a Barrier to a Rational Law of Corporate Control", *North Carolina Law Review*, Vol. 48, 1970, pp. 309~422.

〔3〕　美国律师协会反垄断分会编：《合并与收购：理解反垄断问题》（第3版），黄晋译，北京大学出版社2012年版，第8页。

〔4〕　《反垄断法》第27条规定："经营者集中有下列情形之一的，可以不向国务院反垄断执法机构申报：（一）参与集中的一个经营者拥有其他每个经营者百分之五十以上有表决权的股份或者资产的；（二）参与集中的每个经营者百分之五十以上有表决权的股份或者资产被同一个未参与集中的经营者拥有的。"

是维护公平竞争。因此，如果是有利于增强行业的市场力量或者关乎国计民生的行业并购，则不仅不应被限制反而应当被鼓励。2017年12月，我国国家发展和改革委员会联合财政部等12部委发布《关于进一步推进煤炭企业兼并重组转型升级的意见》，支持有条件的煤炭企业之间，或与产业链相关的企业实施兼并重组。[1]笔者认为，当前我国经济面临一定的考验，不仅是煤炭行业，包括机械、纺织等加工制造行业都处于棘手的行业转型时期。在这种情况下，表决权信托在实现行业转型升级方面的突出作用应当及时被给予重视。

第二节　表决权信托的制度局限性之二：避税工具及其防范

信托课税问题，西方学者称之为现代税制中最为复杂和最为棘手的领域，足以说明该问题复杂、尖锐，极富挑战性。[2]由于信托在财产移转方面存在的特殊性，因此在现代税法理论上，按照财产是否真实移转将信托区分为形式移转和实质移转。申言之，对信托财产的形式移转，理应排除在课税范围之外；而对信托财产的实质移转，则应视构成课税要件事实的不同，而分别课征遗产税、赠与税或者所得税。因此，所谓信托财产移转税制，实际上就是由遗产税、赠与税以及所得税制度复合而成的。依据上述标准衡量本书所论之表决权信托，由于在前文中，笔者已经将表决权信托以自益信托定位，因此表决权信托应当属于仅是形式移转的信托，所以应当免于征税。将表决权信托以自益信托定位，笔者的目的在于：受托人利用表决权信托实现对公司的经营管理，而在公司语境下，公司的经营情况充满

---

〔1〕《关于进一步推进煤炭企业兼并重组转型升级的意见》明确提出支持有条件的煤炭企业之间实施兼并重组。大力推进不同规模、不同区域、不同所有制、不同煤种的煤炭企业实施兼并重组，丰富产品种类，提升企业规模……推进中央专业煤炭企业重组其他涉煤中央企业所属煤矿，实现专业煤炭企业做强做优做大。

〔2〕徐孟洲、席月民：《论我国信托税制构建的原则和设计》，载《税务研究》2003年第11期，第31~36页。

不确定性，故此表决权信托以自益信托定位，有益于信托方法的适时调整。但早有学者认为，表决权信托除了可以应用于公司治理，在家族财富传承方面也有发挥制度优势的空间。[1]笔者对该结论原则上赞同，由此则表决权信托亦能以他益信托定位。不过无论表决权信托是他益信托还是自益信托，在税法的根本逻辑上，仍旧需要解决的是应否向受托人征税的问题。关于该问题，我国学者展开了充分的讨论，并逐步达成了共识。

其实，我国现行法中并没有关于信托是否应当征税，以及如何征税的具体规定，对于信托征税的问题学界也有不同认识。[2]目前我国学者对信托导管理论多表示支持。所谓信托导管理论，是指信托不过是委托人为了受益人的利益而建立的一个输送财产的导管。委托人通过设立信托，将财产权利移转给受托人，并以信托本旨和目的约束受托人，要求受托人将信托利益分配给受益人。[3]从信托关系可以看出，信托设立时委托人移转财产给受托人的行为，以及信托存续或终止时受托人移转信托利益给受益人的行为，均为形式上的移转。信托真正的目的是，委托人经由受托人之手，将信托财产或信托收益转移给受益人。因此，受益人才是信托财产及其收益的实质享有者，委托给受托人只是达成信托目的的手段而已，因信托而产生的所得税理应对受益人课征。[4]申言之，依照信托导管理论，无论信托是自益信托还是他益信托，信托系当事人间约定目的下的一种导管，系信托委托人为谋受益人之利益将信托所得分配、转让给受益人的一种手段而已。因此，委托人移转信托财产于受托人，均是财富的形式移转，自然不必课税；然而，受益人作为财富升值的享有者，应当对这部分的受益承担纳税义务。[5]由于信托导管理论重视实质所得者为何，较符合经济及赋税

〔1〕　袁吉伟：《生命周期、财富传承与家族信托——长期视角下的家族财富发展研究》，载《内蒙古金融研究》2013年第10期，第47~55页。

〔2〕　郝琳琳：《论信托避税及其防范规则》，载《北京工商大学学报（社会学科学版）》2011年第5期，第112~116页。

〔3〕　刘继虎：《信托所得课税的法理与制度研究》，中南大学2011年博士学位论文。

〔4〕　刘继虎：《论形式移转不课税原则》，载《法学家》2008年第2期，第77~83页。

〔5〕　刘继虎：《论形式移转不课税原则》，载《法学家》2008年第2期，第77~83页。

公平原则，故目前施行信托之国家，多以此为课税依据。[1]

笔者基本赞同上述学者观点，不过税收问题关乎国家政策，是否征税乃是涉及多方利益博弈的复杂判断，其往往是众多决定性因素的综合考量。如果单从完善我国资管市场，促进资管行业转型之目标考量，笔者认为，信托导管理论将表决权信托中的受托人排除出纳税范围，应当比较适应我国现阶段的经济发展。

不过需要防范的是，实践中将表决权信托滥用，使其成为股权转让的避税工具。2014年被媒体称为PE"租壳"上市的深圳证券交易所叫停天晟新材重组事件，[2]在舆论的关注和证监会的约谈中戛然而止。就法律关系本身而言，此次事件的本质就是，利用表决权信托谋求公司的控制权，进而实现公司上市的目的，而表决权信托在此方面的特殊作用素来是被肯定的。笔者并不否认，此种安排的确使绩差公司找到了规避退市的后门，导致创业板直接退市的规定形同虚设；也赞同天晟新材的确存在规避现行公司借壳上市相关法律规定的行为。但笔者认为，上述观点的实质均是，天晟新材所设计的表决权信托由于违反了公共政策，因此被给予否定评价。但笔者认为此次事件的关键问题是，天晟新材的信托架构极有可能是利用表决权信托行股权转让之实，借以完成相关人员之避税目的，因此该信托设计构成典型的违法信托。不过，鉴于我国相关法律的阙如且该事件被最终叫停，该事件的性质究竟怎样已经无法得出更加深入的结论。

当然，判断表决权信托是否属于避税工具，鉴于目前其最有可能发生的领域在资本市场，故此应当主要由证监会来进行有效甄别。不过同样因为未引入相关制度，可能会出现在制度的认定上难以明确的局面。还需要特别指出的是，假如出现由表决权信托的效力认定存在争议而引发诉讼的情形则法院也可能成为表决权信托效力的认定机构，而目前我国《信托法》在此方面亦缺乏相关规定。其实，实践与理论的发展都已经提醒我们，表

〔1〕 李生昭：《中国信托税收机理研究——基于信托本质分析基础》，载《中央财经大学学报》2014年第6期，第19~22页。

〔2〕 陈浠：《遭深交所关注发函约谈 天晟新材取消委托投票权尝试》，载 http://business.sohu.com/20141028/n405522641.shtml，访问日期：2014年10月28日。

决权信托势必会成为今后信托制度研究的重点、难点，因此在某种程度上对立法的需求已经显得刻不容缓。

第三节　表决权信托的制度局限性之三：中小股东利益保护之不能

中小股东是伴随资本市场出现而产生的概念，它与控制股东是相对概念。对于中小股东而言，其对公司的投资行为需要承担双重风险：一是，搭便车带来的共同决策的风险；二是，大股东对其股权收益的倾轧。而该现象在我国"一股独大"的现实国情下，可能更为突出。针对这种情况，我国《公司法》规定了许多旨在保护少数股东权益的制度，比如累积投票制度、异议股东股份价值评估权制度以及股东诉讼制度等。[1]然而，尽管相关法律法规对中小股东权益的保护极为重视，但实际情况却始终令人担忧。以累积投票为例，我国《公司法》第 117 条规定："股东会选举董事、监事，可以按照公司章程的规定或者股东会的决议，实行累积投票制。本法所称累积投票票制，是指股东会选举董事或者监事时，每一股份拥有与应选董事或者监事人数相同的表决权，股东拥有的表决权可以集中使用。"依据上述规定，显然累积投票属于任意性规则，原则上公司完全可以通过公司章程将其排除适用。而即使中小股东能够得偿所愿，顺利选出代表自己利益的公司高管，仅靠一两名董事、监事实现对其权益的保护，仍显得不切实际。总之，我国现行《公司法》中关于保护中小股东权益的制度存在某些缺陷。

鉴于保护中小股东权益的累积投票制度存在缺陷，有学者认为，表决权信托可以通过集中大量中小股东的分散股权，形成一支具有支配力的，且能够与公司控股股东相抗衡的稳定力量。因此，表决权信托制度可以实现保

---

[1] 黄辉：《现代公司法比较研究——国际经验及对中国的启示》，清华大学出版社 2011 年版，第 186 页。

护中小股东权益的目的。[1] 但是笔者认为，大多数中小股东所持有的股份数量都很少，这表示即使将其表决权进行有效集中，也不能形成对公司的支配力。然而，另有学者提出，即使在公司存在控股股东的情况下，拥有一定比例表决权的中小股东也可以通过表决权信托，并且在累积投票制度的配合下选出一两个可以代表自己利益的董事。这一两个董事虽然在整个公司的董事会中不能形成绝对的控制权，但中小股东行使表决权的目的本来就不在于经营公司，而是保护自己的合法权益不受控制股东的侵犯，因而即使只有少数维护自己利益的董事，也足以防止大股东权利的肆意滥用。[2]

笔者认为，针对表决权信托究竟能否如上述学者所愿，成为保护中小股东利益的工具，应当从设立表决权信托的制度目的出发进行研究。我国著名信托法学者杨崇森教授曾经在其著作中，对表决权信托意欲实现的合法目的进行了详细的总结，他认为以下目的的表决权信托属于合法：①为确保政策与管理之继续所成立之表决权信托，尤以在新公司欲吸引投资人之情形为然；②使拥有大多数股份之股东控制公司；③将公司之管理权保留由原始发起人控制；④防止与本公司相竞争之其他公司取得本公司之控制权；⑤实现公司资产出售之计划以便于公司之解散；⑥使两个持股公司共同经营一个被它们控制之公司；⑦表决权信托系公司于财务困难时重整计划之一部分时；⑧在破产程序更生计划之下所建立之表决权信托；⑨协助财务窘迫之公司获得贷款或保护其债权人。[3] 申言之，表决权信托意欲实现的信托目标，皆以获得公司控制权为目的，而纵然中小股东有权设立表决权信托，但其亦绝难能够控制公司。

另外，还有美国学者也列举了表决权信托目的违法的类型，具体包括：①牺牲公司和其他股东利益使参加表决权信托的股东获得某种特权，如确保表决权信托协议当事人被雇佣并获得薪水；②通过在股东之间创造异议或

---

〔1〕 刘倚源：《构建我国的表决权信托制度——以中小股东利益保护为中心》，载《甘肃政法学院学报》2014年第6期，第126~131页。

〔2〕 李兴华：《表决权信托法律制度研究》，中国政法大学2007年硕士学位论文。

〔3〕 杨崇森：《信托与投资》，正中书局1977年版。

僵局阻挠或中断公司业务的和谐进行；③使局外人或少数人控制公司；④规避法律等。[1]例如，根据公司法的规定，与公司有利害关系的股东，无权参与该事项的表决。如果股东为了实现行使表决权的目的而将其表决权信托给受托人，由受托人以受托人自己的名义参与表决，应属于规避法律的行为，当自始无效。即使表决权信托已经成立，如果因情况发生变化导致类似情况发生，该原则同样适用。通过对上述违法表决权信托目的的分析，不难发现，表决权信托只能以公司整体利益为信托目的，而不能成为某一股东或者某一公司内部集团的利益实现工具。就此而言，表决权信托也不能成为维护中小股东利益的选择。

应当说明的是，实践中表决权信托目的究竟是合法还是违法必须通过一定的证据予以证明。美国著名公司法学者汉密尔顿对该问题也进行过描述，他认为"（表决权信托）这类动机的证明有赖于主观性的证词……那些审慎且口严的人尽管其动机不纯，但可能也会设立一个可强制执行的表决信托，而一个多嘴的人尽管其动机基本良好，也有可能无意中发表一些对设立信托的潜在目的有害的声明"。申言之，表决权信托的目的仅凭其书面协议，往往很难认定。因此在美国一些州的表决权信托实践中，信托目的并非调查和证明的绝对事项。因此，笔者从信托目的角度出发，论证表决权信托不能应用于中小股东利益的保护，可能存在论证不够周延的情况。

不过笔者认为，即使表决权信托的目的未必需要在信托设立时进行审查，但是表决权信托设立目的的基本宗旨，则是无论如何都应当被尊重的。因此，无论是表决权信托在外国的实践，还是表决权信托的基础理论，都表明这样一个事实：表决权信托的存在，从来都不是单独为了某一个或者某一些股东的利益而设，其设立始终是为了公司整体利益，这也是笔者支持在我国引入该制度的原因之一。因此，表决权信托的设立不能仅为中小股东这一个阶层股东之利益，因为它从根本上是违反表决权信托设立的目的的，属于无效的信托。

---

　　[1]　梁上上：《论表决权信托》，载《法律科学（西北政法学院学报）》2005 年第 1 期，第 83～90 页。

另外，笔者认为更值得深思的问题是：究竟应当在何种程度、何种范围提供对中小股东利益的保护。中小股东与控制股东同为公司剩余价值的索取权人，两相比较显然后者存在更大的经营公司的动力。而正如学者所言，中小股东既然未必会有极高的经营热情，那么我国一直殊为强调，在董事会中必须有作为代表中小股东利益的董事是否果如人们预料般合理，诚值考量。需要说明的是，笔者并非反对中小股东利益之保护，我国之公众公司确实存在"一股独大"的现象，因此保护中小股东利益确有实际意义。然笔者所反对的，乃将表决权信托作为保护中小股东利益的工具。

第四节　表决权信托的制度局限性之四：
职工持股新方式之否定

职工持股制度，作为西方国家公司法中，实现职工参与公司治理的一项重要内容，是指在股份公司的"内部"或者"外部"设立管理职工股的管理机构，公司以某种形式包括有偿或者无偿，赋予包括企业经理人员在内的企业职工全部或者部分股份，帮助企业职工持有公司股票，并以此为基础让职工参与企业管理的一种新的股权制度。[1]职工持股制度，在美国可追溯到 20 世纪 50 年代，在日本可以追溯到 20 世纪 60 时代，普及于 20 世纪 80 年代后半期。[2]

我国职工持股制度先后大体经历了内部职工股、公司职工股、职工持股会三个阶段。目前在实务当中，职工持股会已经取代了内部职工股和公司职工股。而就职工持股会而言，一般该持股会由职工持股大会、理事会或管理委员会组成，并由理事长代表职工参加股东大会行使表决权。[3]然而，该治理结构最大的问题是，没有明确职工与职工持股会之间的关系。

---

〔1〕　漆丹：《我国股份公司股东表决权信托之法律问题研究》，中南大学 2006 年博士学位论文。

〔2〕　聂德宗：《职工持股与我国国有企业的股份化》，载《政法论坛》1999 年第 2 期，第 14~20 页。

〔3〕　陈雪萍：《国有股权有效行使的信托路径及其法律制度研究》，法律出版社 2013 年版，第 167 页。

于是很多地方是按照职工持股会作为公司的股东享有股份上的所有权利，而职工则按照投入的资金额对职工持股会享有出资者权益的模式来界定的。[1]然而，这种地方模式在实际上否定了职工的股东地位，因此职工持股会等于是代替职工投资获取分红的一个机构，完全背离了鼓励职工持股、参与公司管理之初衷。而且在这种模式下，职工投入资金购买公司股份却得不到股东权利，而仅仅作为持股会的投资人，在职工持股会侵犯职工利益时，混乱的权利义务结构使职工的合法权利根本得不到保障。实践中，职工持股会往往会成为公司管理者控制公司的工具，有违我国公司法禁止公司行使自己持股表决权的立法精神。[2]

立法上，我国的《公开发行证券的公司信息披露内容与格式准则第1号——招股说明书》（已失效）明确规定，发行人曾存在工会持股、职工持股会持股、信托持股、委托持股或股东数量超过200人的，应详细披露有关股份的形成原因及演变情况；进行过清理的，应当说明是否存在潜在问题和风险隐患，以及有关责任的承担主体等。经过对该条内容的具体分析，可以发现，我国已经从事实上否定了职工持股会的持股方式；而实务中，以我国TCL公司的职工持股计划为例：在公司上市的整个计划安排实施过程中，由于职工持股权属问题相关法律阙如，导致公司连续受到监管机构的质询。[3]最后，如果该公司不是最终否定了职工持股会这一方案，则TCL公司上市计划很可能将无法实现。而在2013年发布的《为深入贯彻落实国务院决定　证监会发布各项配套规则》中，证监会又再次重申了否认职工持股会的合法性的观点。[4]

---

〔1〕　王保树：《职工持股会的法构造与立法选择》，载《法商研究（中南政法学院学报）》2001年第4期，第3~10页。

〔2〕　冯果、罗小洋：《职工持股会法律性质刍议》，载《法制与社会发展》2001年第2期，第56~59页。

〔3〕　陈亨伦：《上市公司员工持股信托制度研究》，华东政法大学2016年硕士学位论文。

〔4〕　《为深入贯彻落实国务院决定　证监会发布各项配套规则》明确要求解决历史遗留事项："股份公司股权结构中存在工会持股、职工持股会持股、委托持股、信托持股等股份代持关系，或者以'持股平台'间接持股以致实际股东超过200人的，应当将代持股份还原至实际股东，将间接持股转为直接持股，并依法履行相应的法律程序。这不仅是探索合理解决我国企业股份制改革遗留事项的一项必要举措，也是金融支持和服务实体经济发展的一项重要措施。"

针对此种情形，有学者认为，职工持股信托制度的核心内容是使企业员工能够取得劳动和资本收入，并且鼓励员工参与企业管理，以激发员工的创造精神、认同感、责任感。而由于现行制度无法完成这一制度设计的初衷，该学者进而提出可利用股东表决权信托制度来实现我国职工持股制度的再造。上述学者注意到，假如职工持股会作为职工持股的受托人，则可以用信托法上的信托义务来实现对持股会受托人行为的控制。如此则既可以完成公司职工持股的目标，又不与现行法律相冲突。

然笔者认为，上述学者尽管认识到我国现行职工持股的问题在于股权关系无法厘清，但关于职工持股的另外一个更为复杂的问题却未有提及，即职工利益与股东利益的异质性。[1]2016年初上市的中国山水水泥集团有限公司因违规购买小股东股份，引发了公司实际控制权大战，而该案中所争议的标的正是小股东对中国山水水泥集团有限公司的投票权。在这场复杂多变、各方博弈、一波三折、层层加码的公司控制权之争中，职工表决权信托的委托人与受托人之间的矛盾持续恶化且最终无法调和。在这场被媒体形容为没有赢者的公司控制权争夺战中，恰好印证了笔者的担心。由于股东与职工在根本利益上的异质性，一旦条件成就则极易引发相互间的利益冲突，最终导致公司股权结构长期处于无法稳定的状态，而公司亦因此遭受巨大经济损失。笔者之所以反对将表决权信托作为我国职工持股问题的解决方案，就是因为该架构在解决上述问题时，违背了表决权信托的设立原则，即表决权信托之设立应当以公司整体利益为准。当然，假如公司出现经营危机，拥有公司股权的职工，同其他股东共同以全体公司利益之目的出发，将其股权信托给表决权信托的受托人，这种做法自应具备合法性。但直接将表决权信托作为职工持股方式的做法，笔者无法赞同。

当然，我国尚缺乏表决权信托的实例，信托目的也不能仅是文字考察而更应当重视对信托协议具体内容的执行。因此，如果在职工持股的表决权信托方案的执行中含有为公司整体利益之目的，则该方案最终能否成立，

---

〔1〕 叶林、李辉：《劳动契约下公司社会责任的实现机理》，载《扬州大学学报（人文社会科学版）》2015年第1期，第5~12页。

只能等待制度落地后，由市场对此加以验证，笔者不作过多揣测。

第五节　表决权信托的制度局限性之五：
股东歧视及其预防

前已述及，表决权信托协议要想生效应当满足一定的股权移转条件，因此该协议需要受托人与公司的绝大部分股东达成一致同意。该事实表明，在已经设立完成的表决权信托中，仍然可能存在不加入该信托的股东。而受托人虽然应当遵守信托协议，以公司整体利益为信托目的；但实际上，倘若受托人与信托受益人形成联合，在具体公司事务的执行时，未能充分考量未加入信托之股东的利益，甚至在分配股息时也常常寻找借口将未参加信托的股东排除在分配名额外，或者迟延对上述股东进行利润分配，就会造成在信托架构下的"股东"之间权利的不平等。

而在表决权信托的发展历史上，一些美国法院认为，如果在公司中存在这样的表决权信托协议，则该信托会被认为存在歧视，乃是违反公共政策的无效信托。因此，那些未进入信托的股东有权向衡平法院提出诉讼，以阻止该表决权信托协议生效。[1]同垄断一样，美国的文化中也经常将联合和不公平联系在一起。所以，为了避免在股东之间形成歧视，当时美国各州的表决权信托立法通常会规定，在表决权信托成立之后，应当容许其他股东可以随时加入。但这种做法实际上收效甚微，因为一定会存在一些不愿加入表决权信托的公司股东。

而关于表决权信托的股东歧视问题，是依靠公司决议时采取的类别股东分别表决机制才最终予以解决的。由于公司股东会已经在事实上为受托人掌握，所以设立表决权信托的公司，通常还会再设立受益人委员会以实现对受托人的监督。同时，除了受益人，公司还会有优先股股东以及未加入信托的股东。因此，如果公司要对某些涉及公司相关人员重大利益的决议，

---

[1]　梅慎实：《现代公司机关权力构造论》（修订本），中国政法大学出版社 2000 年版，第 290 页。

诸如分配股息、发售新股等，进行表决，就会对所有利益相关方的投票进行分别统计和计算。而且只有决议在他们各自组别的表决数均超过半数时，公司决议才会对其生效。当然，这无疑给受托人的管理工作带来了挑战，也是对其专业性的一种测试。

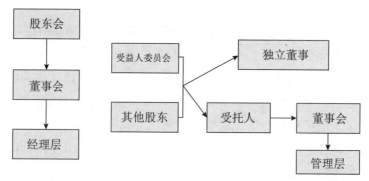

图2　普通公司与表决权信托架构下公司治理结构对比图

第六节　表决权信托的制度局限性之六：公司代理成本及其预防

由于通过表决权信托可以控制公司董事会，影响公司经营决策，因此表决权信托完全能够成为公司控制权争夺的工具。[1]美国早期法院认为，表决权信托的受托人仅是名义股东，因此成立表决权信托无异于将公司的实际控制权交给了与公司完全没有直接利害关系的人，这种做法违背了公共政策。当时的公共政策认为，没有人会像股东那样存在对公司事务的浓厚兴趣，更没有理由去相信一个不享有公司利益的人会真正关心公司的发展，这些人通常有更隐秘的动机。[2]在1915年伊利诺伊州的 Luthy v. Ream 一案

---

〔1〕〔美〕罗伯塔·罗曼诺编著：《公司法基础》（第2版），罗培新译，北京大学出版社2013年版，第348页。

〔2〕 David B. Parker and Anthony R. Mellow, *The Modern Law of Trusts*, Sweet & Maxwell, 3rd, 1975, 224.

中，法院明确判决该表决权信托无效。法官认为，以集中股份的方式行使一个法律允许、公司同意的计划本质上并不违法，但是必须有一些限制条件否则将走向极端。而如果表决权信托协议是在辛迪加成员之间达成，[1]而这些成员又是公司董事或管理者，则该表决权信托协议就很容易掺入秘密因素，协议签署者可能从协议签署中获得好处，这种不公平、不诚信行为应该是要受到谴责的。类似的看法在其他的判例中也不时出现，有学者甚至说，阅读卷宗就会发现，表决权信托协议的赞成者一直努力以损害公司利益来增进个人福利，这样的协议违背了衡平法的一般规则。[2]

　　然而，上述法院判决或者学者意见都完全忽视这样的事实，即表决权信托之所以出现是为了解决铁路公司出现的大面积债券违约。申言之，表决权信托主要适用的情景是公司陷入困境，此时股东的剩余索取权几乎为负数。股东让渡其表决权的目的在于，扩展公司融资渠道、提高企业经营效率，使公司实现脱困。而且公司代理成本本质上与公司股权分散有关，也并非仅是表决权信托所致。

　　笔者当然无意否认表决权信托可能造成的公司代理人成本问题，只不过认为该问题可以通过其他途径得到预防：其一，在表决权信托协议中，明确受托人的权利、义务和责任；其二，受益人保留对独立董事的提名以及任命的权利；其三，受益人对公司信托事务享有知情权，受益人委员会也可以定期对信托受托人的各项管控公司行为进行检查监督。

　　综上所述，若我国将表决权信托引入，则我们所期待的适合该制度的理性法律机制就是，在允许股东表决权和股东所有权暂时分离的同时，又能够保护那些短暂放弃表决权的股东的利益。因为表决权信托和公司的发展历史经验都提示我们，表决权与股权的分离确实是造成权利滥用的温床。但表决权信托作为一种能有效控制公司经营管理权利的手段，在帮助公司摆脱经营困难时有着十分突出的作用。因此，尽管该制度存在某些缺陷，

---

　　[1]　梁上上：《论表决权信托》，载《法律科学（西北政法学院学报）》2005年第1期，第83~90页。

　　[2]　Gary D. Berger, "The Voting Trust: California Erects a Barrier to a Rational Law of Corporate Control", *North Carolina Law Review*, Vol. 48, 1970, pp. 309~422.

但是就其立法而言，应当以实现这样一种理念为目标：在充分发挥表决权信托效用的同时，又能够防止其被滥用，而不是仅仅因为这一制度存在的某些瑕疵就因噎废食。

结　语

与美国公司拥有自然生长、脉络清晰的发展历史不同，回顾我国公司制度的发展历程，由于早期引入公司制度的直接目的是，承担政企分开，并创建国家社会主义市场经济主体要素的重要任务，因此长期以来我国公司法中设立的诸多制度，都是政府主导的政策型制度，此种立法倾向直至今日仍对我国产生深远影响。而由此带来的问题就是，我国公司立法具体规则大而化之、简而化之下的趋同性、规范性。然而，伴随着我国资本市场的快速发展，一方面，公司立法的趋同持续被强化；另一方面，落地生根之后的我国公司制度，也势必将开始遵循其自我发展的轨迹。而我国公司类型的多样、公司所处情况的复杂以及公司股东间的异质，都向我国公司法提出了规则多样性的要求。而表决权信托制度，无论从其历史发展还是制度功能，无疑都是能够提供这种多样性和差异性的制度。笔者认为，我国在经过学界、实务界十余年理论研究和实务演练之后，实际上也已经具备将表决权信托引入我国公司法的条件。

在笔者即将结束本书写作之际，发生了两起引起笔者深度关注的重大事件。一是，国务院同意科创板在上海证券交易所试点，并将同股不同权正式纳入试点范围。这意味着，相关部门已经开始正视我国公司法所应当具备的多样性需求问题。尽管在没有正式修改《公司法》的前提下，引入同股不同权制度的做法值得商榷，但对公司制度多样性需求的正式承认，无疑也为表决权信托制度的落地创造了机遇；二是，在中国银行业协会主办的"不良资产投资实务研讨会"中，有学者提出将信托作为核心的处理模式之一。从表决权信托受托人的选任视角出发，我国信托公司财产管理职能的回归，也为制度移植的最终实现提前做好了实务准备。

当然，无论是双层股权架构，还是表决权信托都必须接受市场的最终验证。任何制度都不可能一劳永逸地解决问题，只有在实践的检验中，才能发展出适合中国国情的公司制度。就此而言，弗兰克·伊斯特布鲁克在其合著的《公司法的经济结构》中的一句话颇为适合作为本书的结尾，以时刻警醒作为公司制度研习者的我们："最好的治理结构并非从理论中产生，它一定是从实践经验中发展而来的。对于那种声称某一种结构或某一类结构是最好的治理结构的观点，我们持怀疑的态度。不过我们还是会看见，这种各类型的承诺，却非常有可能在投资者的竞争中出现。"

参考文献

一、中文类

（一）中文类专著

1. 邓峰：《普通公司法》，中国人民大学出版社 2009 年版。

2. 苏永钦：《寻找新民法》，北京大学出版社 2012 年版。

3. 柯芳枝：《公司法专题研究》，台湾大学法律学系法学丛书编辑委员会 1976 年版。

4. 叶林：《公司法研究》，中国人民大学出版社 2008 年版。

5. 赖源河、王志诚：《现代信托法论》（增订 3 版），中国政法大学出版社 2002 年版。

6. 梁上上：《论股东表决权——以公司控制权争夺为中心展开》，法律出版社 2005 年版。

7. 孔祥俊：《司法理念与裁判方法》，法律出版社 2005 年版。

8. 任学安：《公司的力量》，山西教育出版社 2011 年版。

9. 吴小杰、刘志军：《资本的故事》，经济日报出版社 2016 年版。

10. 纪录片《华尔街》主创团队：《华尔街 II 金融的力量》，中国商业出版社 2011 年版。

11. 叶林主编：《公司法原理与案例教程》，中国人民大学出版社 2010 年版。

12. 薛波主编：《元照英美法词典》（缩印版），北京大学出版社 2013 年版。

13. 陈颐：《英美信托法的现代化：19 世纪英美信托法的初步考察》，上海人民出版社 2013 年版。

14. 李震东：《公司重整中债权人利益衡平制度研究》，中国政法大学出版社 2015 年版。

15. 赵中孚主编：《商法总论》（第 4 版），中国人民大学出版社 2009 年版。

16. 葛伟军：《英国公司法：原理与判例》，中国法制出版社 2007 年版。

17. 罗培新：《公司法的合同解释》，北京大学出版社 2004 年版。

18. 张巍：《资本的规则》，中国法制出版社 2017 年版。

19. 汪世虎：《公司重整中的债权人利益保护研究》，中国检察出版社 2006 年版。

20. 杨崇森：《信托与投资》，正中书局 1977 年版。

21. 李国光主编：《新企业破产法条文释义》，人民法院出版社 2006 年版。

22. 熊宇翔：《信托多棱镜》，中国金融出版社 2016 年版。

23. 潘菊秀：《公司法》（修订版），元照出版公司 2002 年版。

24. 吕红兵等编著：《公司法适用疑难问题通览——法律原理、观点、实例及依据》，人民法院出版社 2013 年版。

25. 王林清、杨心忠：《公司纠纷裁判精要与规则适用》，北京大学出版社 2014 年版。

26. 朱伟一：《美国公司法判例解析》，中国法制出版社 2000 年版。

27. 张舫：《公司收购法律制度研究》，法律出版社 1998 年版。

28. 王利明：《物权法研究》（修订版·上卷），中国人民大学出版社 2007 年版。

29. 赵旭东主编：《公司法学》（第 3 版），高等教育出版社 2012 年版。

30. 施天涛：《公司法论》（第 3 版），法律出版社 2014 年版。

31. 张军建：《信托法基础理论研究》，中国财政经济出版社 2009 年版。

32. 孙宪忠：《中国物权法总论》，法律出版社 2014 年版。

33. 刘俊海：《股份有限公司股东权的保护》，法律出版社 1997 年版。

34. 伏军：《公司投票代理权法律制度研究》，北京大学出版社 2005 年版。

35. 王志诚：《信托法基本原理》，元照出版公司 2005 年版。

36. 高凌云：《被误读的信托——信托法原论》，复旦大学出版社 2010 年版。

37. 江平、米健：《罗马法基础》，中国政法大学出版社 1987 年版。

38. 张淳：《中国信托法特色论》，法律出版社 2013 年版。

39. 何宝玉：《信托法原理与判例》，中国法制出版社 2013 年版。

40. 周小明：《信托制度：法理与实务》，中国法制出版社 2012 年版。

41. 赵廉慧：《信托法解释论》，中国法制出版社 2015 年版。

42. 董安生：《民事法律行为》，中国人民大学出版社 2002 年版。

43. 史尚宽：《民法总论》，中国政法大学出版社 2000 年版。

44. 郑玉波：《民法总则》，中国政法大学出版社 2003 年版。

45. 苏永钦：《私法自治中的国家强制》，中国法制出版社 2005 年版。

46. 唐青林、李舒主编：《公司法司法解释四裁判综述及诉讼指南》，中国法制出版社 2017 年版。

47. 董安生主编：《新编英国商法》，复旦大学出版社 2009 年版。

48. 周友苏：《新公司法论》，法律出版社 2006 年版。

49. 蒋大兴：《公司法的展开与评判：方法·判例·制度》，法律出版社 2001 年版。

50. 于海涌主著：《英美信托财产双重所有权在中国的本土化》，中国政法大学出版社 2011 年版。

51. 方嘉麟：《信托法之理论与实务》，中国政法大学出版社 2004 年版。

52. 谢哲胜：《信托法》，元照出版公司 2016 年版。

53. 徐孟洲：《信托法》，法律出版社 2006 年版。

54. 黄辉：《现代公司法比较研究——国际经验及对中国的启示》，清华大学出版社 2011 年版。

55. 陈雪萍：《国有股权有效行使的信托路径及其法律制度研究》，法律出版社 2013 年版。

56. 梅慎实：《现代公司机关权力构造论》（修订本），中国政法大学出版社 2000 年版。

57. 吴日焕译：《韩国公司法》，中国政法大学出版社 2000 年版。

（二）中文类译著

1. ［美］弗兰克·伊斯特布鲁克、丹尼尔·费希尔：《公司法的经济结构》（中译本第 2 版），罗培新、张建伟译，北京大学出版社 2014 年版。

2. ［英］亚当·斯密：《国富论：强国富民的西方经济学"圣经"》，胡长明译，江苏人民出版社 2011 年版。

3. ［美］罗伯特·W. 汉密尔顿：《公司法概要》，李存捧译，刘李胜校，中国社会科学出版社 1999 年版。

4. ［德］马克思：《资本论》（第 3 卷·第 2 版），中共中央马克思恩格斯列宁斯大林著作编译局译，人民出版社 2004 年版。

5. ［英］F. W. 梅特兰著，大卫·朗西曼、马格纳斯·瑞安编：《国家、信托与法人》，樊安译，北京大学出版社 2008 年版。

6. ［美］阿道夫·A. 伯利、加德纳·C. 米恩斯：《现代公司与私有财产》，甘华鸣、罗锐韧、蔡如海译，商务印书馆 2005 年版。

7. ［美］理查德·A. 波斯纳：《法律的经济分析》，蒋兆康译，林毅夫校，中国大百科全书出版社 1997 年版。

8. ［美］麦克尼尔：《新社会契约论》，雷喜宁、潘勤译，中国政法大学出版社 1994 年版。

9. ［美］亨利·汉斯曼：《企业所有权论》，于静译，中国政法大学出版社 2001 年版。

10. ［美］克里斯多夫·M. 布鲁纳：《普通法世界的公司治理：股东权力的政治基础》，林少伟译，法律出版社 2016 年版。

11. ［美］罗伯特·C. 克拉克：《公司法则》，胡平等译，工商出版社 1999 年版。

12. ［英］丹尼斯·吉南：《公司法》（原著第 12 版），朱羿锟等译，法律出版社 2005 年版。

13. ［美］奥利弗·E. 威廉姆森、西德尼·G. 温特编：《企业的性质：起源、演变和发展》，姚海鑫、邢源源译，商务印书馆 2007 年版。

14. ［美］艾伦·德肖维茨：《你的权利从哪里来?》，黄煜文译，北京大学出版社 2014 年版。

15. ［德］米夏埃尔·马丁内克：《德意志法学之光：巨匠与杰作》，田士永译，法律出版社 2016 年版。

16. ［美］E. 博登海默：《法理学：法律哲学与法律方法》，邓正来译，中国政法大学出版社 2004 年版。

17. ［英］丹尼斯·罗伊德：《法律的理念》，张茂柏译，联经出版事业公司 1984 年版。

18. 沈四宝编译：《最新美国标准公司法》，法律出版社 2006 年版。

19. ［日］能见善久：《现代信托法》，赵廉慧译，姜雪莲、高庆凯校，中国法制出版社 2011 年版。

20. ［英］梅因：《古代法》，沈景一译，商务印书馆 1959 年版。

21. ［美］约翰·亨利·梅利曼：《大陆法系》（第 2 版），顾培东、禄正平译，李浩校，法律出版社 2004 年版。

22. 徐文彬等译：《特拉华州普通公司法》（最新全译本），中国法制出版社 2010 年版。

23. ［日］神田秀树：《公司法的理念》，朱大明译，法律出版社 2013 年版。

24. 美国律师协会反垄断分会编：《合并与收购：理解反垄断问题》（第 3 版），黄晋译，北京大学出版社 2012 年版。

25. ［美］道格拉斯·C. 诺思：《经济史中的结构与变迁》，陈郁等译，上海三联书店、上海人民出版社 1994 年版。

（三）中文类论文

1. 叶名怡：《结构化资管计划的私法规制——以"宝万之争"为例》，载《法学》2018 年第 3 期。

2. 冯果：《股东异质化视角下的双层股权结构》，载《政法论坛》2016 年第 4 期。

3. ［日］中野正俊：《股东表决权的信托行使》，漆丹译，载漆多俊主编：《经济法论丛》（第 8 卷），中国方正出版社 2003 年版。

4. 林嘉、李敏：《TCL 集团职工持股信托方案评析——运用信托方式解决职工持股问题的法律思考》，载《法学杂志》2005 年第 5 期。

5. 熊宇翔：《表决权信托运用的一个成功范例——青啤股权变更案的深层次解读》，载《税收与企业》2003 年第 4 期。

6. 胡大展：《论信托法的源流》，载《法学家》2001 年第 4 期。

7. 李群星：《论信托财产》，载《法学评论》2000 年第 1 期。

8. 王文宇：《表决权契约与表决权信托》，载《法令月刊》2002 年第 2 期。

9. 覃有土、陈雪萍：《表决权信托：控制权优化配置机制》，载《法商研究》2005 年第 4 期。

10. 郇志茹：《表决权信托之理论正当性证明》，载《法学》2007 年第 10 期。

11. 朱春叶：《刍析表决权信托客体——表决权抑或股权》，载《天津市政法管理干部学院学报》2006 年第 4 期。

12. 胡智强：《论表决权信托——以小股东利益保护为背景展开的研究》，载《现代法学》2006 年第 4 期。

13. 史济春：《企业、公司溯源》，载王保树主编：《商事法论集》（第 1 卷），法律出版社 1997 年版。

14. 王丽萍：《美国法上的"表决权信托"及对我国的借鉴意义》，载沈四宝、丁丁主编：《公司法与证券法论丛》，对外经济贸易大学出版社 2005 年版。

15. 王保树：《从法条的公司法到实践的公司法》，载《法学研究》2006 年第 6 期。

16. 蒋大兴、金剑锋：《论公司法的私法品格——检视司法的立场》，载《南京大学学报（哲学·人文科学·社会科学版）》2005 年第 1 期。

17. 张开平：《英、美公司法上的董事注意义务研究》，载王保树主编：《商事法论集》（第 2 卷），法律出版社 1997 年版。

18. 罗培新：《公司法强制性与任意性边界之厘定：一个法理分析框架》，载《中国法学》2007 年第 4 期。

19. 汤欣：《论公司法的性格——强行法抑或任意法》，载《中国法学》2001 年第 1 期。

20. 朱建军：《我国有限责任公司股份转让法定规则的立法技术分析》，载《政治与法律》2014 年第 7 期。

21. ［日］内贵田：《现代契约法的新发展与一般条款》，胡海宝译，载梁慧星主编：《民商法论丛》（第 2 卷），法律出版社 1994 年版。

22. 汤欣：《降低公司法上的代理成本——监督机构法比较研究》，载梁慧星主编：《民商法论丛》（第 7 卷），法律出版社 1997 年版。

23. 许可：《股东会与董事会分权制度研究》，载《中国法学》2017年第2期。

24. 周游：《公司法上的两权分离之反思》，载《中国法学》2017年第4期。

25. 邱峰：《财富传承工具之抉择——家族信托模式探析》，载《新金融》2014年第12期。

26. 袁吉伟：《生命周期、财富传承与家族信托——长期视角下的家族财富发展研究》，载《内蒙古金融研究》2013年第10期。

27. 田蓉、秦正：《我国股权捐赠模式之法律探索》，载《苏州大学学报（哲学社会科学版）》2012年第6期。

28. 张钦昱：《论公平原则在重整计划强制批准中的适用》，载《法商研究》2018年第6期。

29. 王欣新：《再论破产重整程序中的债转股问题——兼对韩长印教授文章的回应》，载《法学》2018年第12期。

30. 唐林垚：《我国要约收购及触发点的保留与改进——兼析与欧美上市公司收购规则的比较》，载《政法论丛》2018年第3期。

31. 方流芳：《中西公司法律地位历史考察》，载《中国社会科学》1992年第4期。

32. 叶林：《私法权利的转型——一个团体法视角的观察》，载《法学家》2010年第4期。

33. 李诗鸿：《公司契约理论新发展及其缺陷的反思》，载《华东政法大学学报》2014年第5期。

34. 许剑宇：《股份表决权信托研究》，载《研究生法学》2007年第6期。

35. 邓峰：《董事会制度的起源、演进与中国的学习》，载《中国社会科学》2011年第1期。

36. 赵旭东、王莉萍、艾茜：《国有资产授权经营法律结构分析》，载《中国法学》2005年第4期。

37. 梁上上：《股东表决权：公司所有与公司控制的连接点》，载《中国法学》2005年第3期。

38. 周游：《股权的利益结构及其分离实现机理》，载《北方法学》2018年第3期。

39. 肖海军：《瑕疵出资股权转让的法律效力》，载《政法论坛》2013年第2期。

40. ［德］沃尔夫冈·维甘德：《物权类型法定原则——关于一个重要民法原理的产生及其意义》，载张双根、田士永、王洪亮主编：《中德私法研究（2006·第2卷）》，北京大学出版社2007年版。

41. 李世刚：《论〈法国民法典〉对罗马法信托概念的引入》，载《中国社会科学》2009年第 4 期。

42. 孙静：《德国信托法探析》，载《比较法研究》2004 年第 1 期。

43. 金锦萍：《论法律行为视角下的信托行为》，载《中外法学》2016 年第 1 期。

44. 马丽：《曹德旺捐股的"法律真相"》，载《法人》2009 年第 4 期。

45. 魏振瀛：《关于合同的成立条件与有效条件》，载《法制日报》1988 年 8 月 24 日。

46. 胡晓静：《论股东优先购买权的效力》，载《环球法律评论》2015 年第 4 期。

47. 陈瑞、沈华勤、张斌：《案例二：五芳斋股权：能否附条件转让》，载《公司法律评论》2002 年第 0 期。

48. 田蓉、秦正：《我国股权捐赠模式之法律探索》，载《苏州大学学报（哲学社会科学版）》2012 年第 6 期。

49. 段冰：《论表决权信托制度在慈善领域的运用——对曹德旺"捐股"的法律思考》，载《生产力研究》2011 年第 9 期。

50. 马荣伟：《金融监管与司法审查的边界》，载《中国金融》2018 年第 20 期。

51. 梁上上：《论表决权信托》，载《法律科学（西北政法学院学报）》2005 年第 1 期。

52. 李清池：《作为财团的信托——比较法上的考察与分析》，载《北京大学学报（哲学社会科学版）》2006 年第 4 期。

53. 刘文兵：《股权公证问题探析》，载《中国司法》2005 年第 6 期。

54. 崔之元：《美国二十九个州公司法变革的理论背景》，载《经济研究》1996 年第 4 期。

55. 徐孟洲、席月民：《论我国信托税制构建的原则和设计》，载《税务研究》2003 年第 11 期。

56. 郝琳琳：《论信托避税及其防范规则》，载《北京工商大学学报（社会学科学版）》2011 年第 5 期。

57. 李生昭：《中国信托税收机理研究——基于信托本质分析基础》，载《中央财经大学学报》2014 年第 6 期。

58. 刘倚源：《构建我国的表决权信托制度——以中小股东利益保护为中心》，载《甘肃政法学院学报》2014 年第 6 期。

59. 聂德宗：《职工持股与我国国有企业的股份化》，载《政法论坛》1999 年第 2 期。

60. 王保树：《职工持股会的法构造和立法选择》，载《法商研究（中南政法学院学报）》2001 年第 4 期。

61. 冯果、罗小洋：《职工持股会法律性质刍议》，载《法制与社会发展》2001 年第

2 期。

62. 叶林、李辉:《劳动契约下公司社会责任的实现机理》,载《扬州大学学报(人文社会科学版)》2015 年第 1 期。

二、英文类

(一)英文类著作

1. William G. Roy, *Socializing Capital: The Rise of the Larger Industrial Corporation in America*, Princeton University Press, 1997.

2. F. W. Maitland, *Selected Essays* (H. D. Hazeltine, G. Lapsley, and P. H. Winfield), Cambridge University Press, 1936.

3. Frank H. Easterbrook and Daniel R. Fischel, *The Ecomomic Struckture of Corporate Law*, Harvard University Press, 1991.

4. Harry A. Cushing, *The Voting Trusts: A Chapter in Recent Corporate History*, The Macmillan Company, 1927.

5. Alfred D. Chandler Jr., *The Visible Hand: The Managerial Revolution in American Business*, Harvard Belknap Press, 1977.

6. William G. Roy, *Socializing Capital: The Rise of the Large Industrial Corporation in American*, Princeton University Press, 1997.

7. Robert S. Pindyck & Daniel L. Rubinfeld, *Microeconomics* (third edition), Printice-Hall International Inc., 1995.

8. Ruth V Aguilera, *Corporate Governance and Director Accountability: an institutional Comparative Perspective*, BRIT. MGMT., 2005.

9. [日] 新井诚:《信托法》(第 3 版),有斐閣 2008 年版。

10. [日] 四宫和夫:《信托法〔新版〕》,有斐閣 1989 年版。

11. Julius Stone, *The Province and Function of Law, Chapter V. Hohfeld's Fundamental Legal Conception*, Maitland Publications PTY. Ltd., 1947.

12. Robert W. Hanmilton, *The Law of Corporate*, West Group, 1996.

13. Paull. Davies, D. D. Prentice, *Gower's Principles of Modern Company Law*, Six Edition, London Sweet & Maxwell, 1997.

14. Gary Watt, *Trusts and Equity*, 5th edition, Qxford University Press, 2012.

15. Jill E. Martin, *Modern Equity*, 17th edition, Sweet & Maxwell Ltd, 2005.

16. Solomon, *Corporations: Law and Policy*, 3rd, ed., West Publishing Co., 1994.

17. David B. Parker and Anthony R. Mellow, *The Modern Law of Trusts*, 3rd, Sweet & Maxwell, 1975.

18. Marco Becht & J. Bradford DeLong, *A History of Corporate Governance Around the World: Family Business Groups to Professional Managers*, University of Chicago Press, 2005.

(二) 英文类论文

1. Simon E. Baldwin, "Voting Trust", *Yale Law Journal*, 24 (10), 1891.

2. Maurice Wormer, "The Legality of Corporate Voting Trust and Pooling Agreement", *Colubia Law Review*, Vol. 18, No. 2, 1918.

3. Maurice Finkelstein, "Voting Trust", *Michigan Law Review*, Vol. 24, No. 4, 1926.

4. M. Schmitthoff, "The Origin of the Joint-Stock Company", *University of Toronto Law Journal*, 24 (19), 1939.

5. Simeon E. Baldwin, "Voting-Trusts", *Yale Law Journal*, Vol. 1, No. 1, 1893.

6. Edward Avery, "Voting Trusts and Holding Companies", *Yale Law Journal*, Vol. 13, 1904.

7. Marion Smith, "Limitations on the Validity of Voting Trusts", *Columbia Law Review*, Vol. 22, 1922.

8. Bozert Cott., "Abridgment of the Law of Trust", *Michigan Law Review*, 1963.

9. Gary D. Berger, "The Voting Trust: California Erects a Barrier to a Rational Law of Corporate Control", *North Carolina Law Review*, Vol. 48, 1970.

10. Gary D. Berger, "The Voting Trust", *Stanford Law Review*, Vol. 18, No. 6, 1966.

11. Christopher D. Stone, "The Place of Enterprise Liability in the Control of Corporate Conduct", 90 (1), 1980.

12. Melvin Aron Eisenberg, "The Structure of Corporation Law", *Columbia Law Review*, No. 7, 1989.

13. F. W. Stevens, "The beginnings of the New York Central Railroad", *Michigan Law Journal*, Vol. 22, 1926.

14. Michael C. Jensen, William H. Meckling, "Theory of the Firm: managerial behavior, Agency Costs, Ownership Structure", *The Journal of Financial Economics*, 3 (4), 1926.

15. Rpbert B. Thompson, "Preemption and Federalism in Corporate Governance: Protecting Shareholder Rights to Vote, Sell and Sue", 62 *Law & Contemp. Probs*, 1999.

16. Robert C. Clark, "The hour Stages of Capitalism: Reflections on Investment Management Treatises", 94 *Harvard Law Review*, 1981.

17. N. E. H. Hull, "Vital Schools of Jurisprudence: Roscoe Pound, Wesley Newcomb Hohfeld, and the Promotion of an Academic Jurisprudential Agenda", *Journal of Legal Education*, vol. 45, 1995.

18. Easterbrook, Fischel, "Corporate Control Transaction", *Yale Law Journal*, vol. 91, 1982.

19. Austin Scott, "The Natue of the Rights of the Cestui Que Trust ", 17 Colum. L. Rev., 269, 1917.

20. Harlan F. Stone, "The Natue of the Rights of the Cestui Que Trust", 17 Colum. L. Rev., 467, 1917.

21. Thomas W. Merrill, Henry E. Smith, "The Property/Contract Interface", *Columbia Law Review*, Vol. 101, 2001.

22. Gilson, Ronald J., Gordon, Jeffrey N., "Doctrine and Markets: Controlling Controlling Shareholders", U. PA. L. Rev., 785, 2003.

三、其他类

1. 漆丹:《我国股份公司股东表决权信托之法律问题研究》,中南大学 2006 年博士学位论文。

2. 李兴华:《表决权信托法律问题研究》,中国政法大学 2007 年硕士学位论文。

3. 雷晓冰:《表决权信托制度研究》,华东政法大学 2007 年博士学位论文。

4. 王涌:《私权的分析与建构》,中国政法大学 1999 年博士学位论文。

5. 范黎红:《论上市公司委托书征集的法律规制——以美国法为研究中心》,厦门大学 2003 年博士学位论文。

6. 王丽萍:《论美国法上的"表决权信托"及对我国的借鉴意义》,对外经济贸易大学 2003 年硕士学位论文。

7. 陈亨伦:《上市公司员工持股信托制度研究》,华东政法大学 2016 年硕士学位论文。